·河大百年 法学论丛·

宪法学专题研究

伊士国　著

實事求是

知识产权出版社
全国百佳图书出版单位
——北京——

图书在版编目（CIP）数据

宪法学专题研究/伊士国著. —北京：知识产权出版社，2022.6
ISBN 978-7-5130-8105-4

Ⅰ.①宪…　Ⅱ.①伊…　Ⅲ.①宪法学—专题研究—中国　Ⅳ.①D921.01

中国版本图书馆 CIP 数据核字（2022）第 048377 号

责任编辑：韩婷婷　　　　　　　　责任校对：潘凤越
封面设计：乾达文化　　　　　　　责任印制：孙婷婷

宪法学专题研究

伊士国　著

出版发行：	知识产权出版社有限责任公司	网　　址：	http://www.ipph.cn
社　　址：	北京市海淀区气象路 50 号院	邮　　编：	100081
责编电话：	010-82000860 转 8359	责编邮箱：	176245578@qq.com
发行电话：	010-82000860 转 8101/8102	发行传真：	010-82000893/82005070/82000270
印　　刷：	北京建宏印刷有限公司	经　　销：	新华书店、各大网上书店及相关专业书店
开　　本：	720mm×1000mm　1/16	印　　张：	14
版　　次：	2022 年 6 月第 1 版	印　　次：	2022 年 6 月第 1 次印刷
字　　数：	260 千字	定　　价：	79.00 元

ISBN 978-7-5130-8105-4

总序

　　一座城池，北控三关，南达九省；一段城垣，开满热血浇灌的民族之花；一座桃园，成就千古兄弟情谊。保定曾是中国北方的一座地标城市，长期因与京津呈三足鼎立之势而蜚声四海，在这片人杰地灵的土地之上，有一所建校已达百年的著名高等学府——河北大学。河北大学始建于 1921 年，经历了天津工商大学、天津工商学院、津沽大学、天津师范学院、天津师范大学等时期，在天津办学期间，赢得了"煌煌北国望学府，巍巍工商独称尊"的美誉。学校于 1960 年正式定名为河北大学，1970 年迁至保定市，接续发展到今天。

　　立校报国守初心，百年求实担使命。河北大学从成立之初就以科学救国为使命，在百年的接续传承中，吮吸着燕赵山川之灵气，汲取着京畿重地之底蕴，育就了"实事求是"的校训传统，"博学、求真、惟恒、创新"的校风精神。所谓大学者，非谓有大楼之谓也，有大师之谓也。在建校百年的历史中，一大批以德立身、以德立学、以德施教的学术大师在校执教，成为河大校史中闪亮的名片；满含青春的笑脸、奋力拼搏的精神、奔放且细腻的情感涌现在河大每位学子身上，掩映在河大每一个角落中，演绎着无尽的活力，百年来共有近 40 万名优秀学子在河大求学，努力向学、蔚为国用；不忘来时路，奋斗新百年，今天的河北大学，站在"部省合建"新平台上，全校师生齐心协力，攻坚克难，正向着一流大学的建设目标阔步前行！

　　世纪风华，法学展示，明法崇德，追求卓越。河北大学法学院的前身为创建于 1980 年的河北大学法律系，1981 年法律系法学专业开始招收本科生，这是河北省最早创办的法学专业，也是改革开放后全国第一批创办的法学专业之一。今年是河北大学法学专业创办 41 周年，招生 40 周年。

恰逢其时，春风拂面，何其幸也！河北大学法学专业的发展与我国的法治建设始终同向同行。自1978年党的十一届三中全会提出"发展社会主义民主、健全社会主义法制"以来，特别是1997年党的十五大提出"依法治国、建设社会主义法治国家"以来，我国的法治建设进入了快车道，河北大学法学专业的发展也进入了快车道，在2000年、2003年、2005年、2006年、2007年连续获批诉讼法学、民商法学、宪法学与行政法学、刑法学、经济法学、法学理论二级学科硕士学位授予权；2010年获批法学一级学科硕士学位授权点；2018年获批法学一级学科博士点；2019年获批法学一级学科博士后科研流动站，获批国家一流本科专业建设点。

国之肱股，法界栋才！40多年来，在"教学立院、科研兴院、人才强院、特色树院"的办学理念下，法学院师生在燕山山脉和太行山山脉合围成的千里沃野上，将自己的价值追求融入绵延不绝的燕赵文化之中，致力于京津冀区域生态环境治理、区域刑事法治与环境犯罪治理、冬奥会法治保障、公益诉讼等特色领域研究。同时，配合部省合建"燕赵文化学科群"，深度挖掘燕赵法治文化，产出一批高质量研究成果，生动诠释了河北大学法学院师生"立足中国特色，解决现实问题"的家国情怀，将成果奉献在祖国的大地上，让研究扎根在这片热土中。

今年恰逢中国共产党成立100周年和河北大学建校100周年"双重大喜"，生逢盛世，何其有幸！我们组织出版这套丛书，就是为了纪念和庆祝这一重要时刻，并希冀为我国的法治建设贡献绵薄之力！

"河大百年·法学论丛"编委会
2021年7月

目 录 contents

第一章
宪法与人性专题

　　人性问题是人类思想发展史上经久不衰的话题。人类的历史也是人类对自己（即人性）不断认识的历史，同时也是人类追求自我解放和自我价值的历史，对人性的认识，构成了所有时代、所有国家制度的根本出发点。宪法是人类社会中的社会现象，是人的创造物，规范的是人的行为，调整的是人的社会关系，实现的是人的价值。可以说，宪法是人存在的一个维度，也是人生存样式的一个方面。这就决定了任何对宪法的研究，如果要上升到理性或本原的高度，都必须以研究人的本性为出发点，这样才能抓住宪法现象的根本和找到理解宪法现象的钥匙。正如休谟所说："一切科学对于人性总是或多或少地有些联系，任何科学不论似乎与人类离得多远，它们总是会通过这样或那样的途径回到人性。"❶ 因此，从人性的意义上对宪法进行分析，不仅成为一种可能，也成为一种必要。我们只有从人性的角度去审视宪法，才能科学地揭示宪法的本原，才能正确地认识宪法的价值，才能进一步从根本上解决宪法的最终落实问题。本章拟在此意义上对宪法进行人性的分析。

一、宪法生成的基础源于对人性全面的认识

　　人性论作为哲学主题，在宪法层面上的价值即体现在人性作为宪法的基础而存在。"在时间不断流逝的长河中，在人类生活的千变万化后面，传统哲学家们总是希望发现经久不变的人性，曾提出了各种各样而又相互歧义的定义。"❷ 如性善与性恶之说、理性人与经验人之说、个体人与社会人之说等，但是它们都未能全面揭示出宪法的人性基础。例如，通常认为，双重的人性善恶假定或预设是宪法建构和运行的人性基础，正是这两方面的统一产生了

---

❶　休谟著：《人性论》（上册），关文运译，商务印书馆1980年版，第6页。
❷　紫竹编：《中国传统人生哲学纵横谈》，齐鲁书社1992年版，第21页。

宪法或宪治的基本精神即对权力的限制和对权利的保护。这种把宪法建构在抽象的人性基础上的假定或预设虽然有其合理性，但并未完全揭示出宪法的人性基础。这是因为，人本身是一个包含矛盾的丰富的多样性存在，而且人并不只是自然给予的现成存在，也并不是一经存在便不再变化，而是在社会文化背景中生成和发展的存在。人性不只是既成的，更是一个获得的过程，是社会塑造与主体选择的统一过程。人性是复杂的，是多层面的。❶ 宪法作为到目前为止最适合人性的制度，其建构和运作依赖于其对人性的深入细致的探析，建立在其全面的人性认识基础之上。因此，只有从多个维度探讨人性论在宪法上的价值问题，才能真正揭示出宪法建构和运行的人性基础。可以说，正是源于对人性的全面认识，才使宪法最终得以生成。具体说来，主要表现在以下几个方面。

（一）人性亦善亦恶可塑论使宪法的生成成为必要

传统的人性论都是在性恶或性善二元对立、非此即彼的思维模式中分析人性。由此导致要么对人性极度乐观，盲目自信，要么对人性极度自卑，悲观失望。不能对人性达到一个全面的认识，自然就建立不了合乎人性的法律和制度，就不能够压制人性中最坏的可能，调动人性中最好的东西。然而，西方思想家在历史的长河中逐渐调和和吸收了性恶论和性善论的优点和缺点，提出了人性亦善亦恶可塑论，从而对人性达到了一个比较全面的认识。❷ 如亚里士多德认为，人既有善的一面，也有恶的一面。"人类由于志趋善良而有所成就，成为最优良的动物。如果不讲礼法，违背正义，他就堕落为最恶劣的动物"。❸ 黑格尔则从辩证法的角度认识到人性有善、有恶，他认为"直接意志的各种规定，从它们是内在的从而是肯定的来说，是善的。所以说人性本善。但是，由于这些规定是自然规定，一般地与自由和精神的概念相对立，从而又是否定的，所以必须把它们根除。因此说人性本恶。在这个观点上，决定采取上述任何一个主张，都是主观任性"❹。而且他还认识到，善与恶是辩证的统一体，后者是前者发展的更高阶段，唯有恶才是人类历史发展的动

---

❶ 陈福胜著：《法治：自由与秩序的动态平衡》，法律出版社2006年版，第44页。

❷ 其实在中国也是存在人性可塑论的，其代表人物是告子和杨雄。如告子认为："性，犹湍水也，决诸东方则东流，决诸西方则西流。人性之无分于善不善也，犹水之无分于东西也。"（《孟子·告子章句下》）杨雄则认为："人之性也善恶混。修其善则为善人，修其恶则为恶人。"（杨雄：《法言·修身》）但令人遗憾的是，人性可塑论始终未能成为中国伦理学人性学说的主流。

❸ 亚里士多德著：《政治学》，吴寿彭译，商务印书馆1997年版，第9页。

❹ 黑格尔著：《法哲学原理》，范扬、张企泰译，商务印书馆1961年版，第28页。

力。而恩格斯则从人的来源和人的本身的角度，论证了人天生就具有善的一面和恶的一面。"人来源于动物界这一事实已经决定人永远不能完全摆脱兽性，所以问题永远只能在于摆脱的多些或少些，在于兽性或人性的程度上的差异。把人类分成人性的人和兽性的人，分成善人或恶人，绵羊和山羊，这样的分类，除现实哲学外，只能在基督教里才可以找到。"❶ 这就从人天生具有"兽性"，而且终身不能摆脱"兽性"的角度，说明了人既可为善又可为恶。这就在伦理学视域中对人性作出了一个全面的分析。

正因为人性亦善亦恶是可塑的，才使宪法的生成成为必要。人类为什么要构建宪法？因为宪法的产生与人性有着极大的关系。从一定意义上讲，宪法的产生是人性亦善亦恶的必然结果。这是因为，无论是"性恶"还是"性善"都不能作为宪法生成的基础。如果人性真是恶的，宪法就失去了其存在的正当性基础，则不论是对权力的制约还是对人权的保障，都是没有价值和意义可言的；如果人性真是善的，那么人人都是天使，人人都不会为恶，宪法的存在本身就是多余的，人们完全可以根据其道德水准和行为惯例来处理好彼此之间的关系，完全不需要宪法的存在。正因为人既不是恶魔，也不是天使，而是处于这两个极端之间的中间者，这一事实使得相互克制的制度既有必要又有可能。❷

从人性在特定社会中有善也有恶的具体表现出发，可以建构起宪法生成的必要性基础。一方面，人具有恶性，人人皆可为恶，"君子"与"小人"概莫能外，而且由人类的本性使然，人们更趋向于为恶，因此权力成为一种"必要的恶"。但人一旦掌握权力之后，为了自己的生存和发展，就可能与他人或社会的利益发生冲突，而在自己利益和追求与他人或社会的利益和追求不一致时，权力的异化便成为可能，人性中"可能的恶"便会变为"现实的恶"。因此，对权力所有者和权力的谨慎与防范成为一种现实的必要。人性自身缺陷的存在决定了这种"谨慎"与"防范"不能靠人本身，而必须靠客观化了的人性即合乎人性的制度与法律。❸ 正是由于人人皆有为恶的可能，才使宪法有了防范和抑制的对象，才使宪法的生成成为必要。正如柏拉图所言："人类必须有法律并且遵守法律，否则他们的生活将像最野蛮的兽类一样。……人类的本性将永远倾向于贪婪与自私，逃避痛苦，追求快乐而无任何理性，人们会先考虑这些，然后才考虑到公正和善德。这样，人们的心灵

---

❶ 《马克思恩格斯全集》（第20卷），人民出版社1971年版，第110页。

❷ 哈特著：《法律的概念》，张文显等译，中国大百科全书出版社1996年版，第191页。

❸ 杜承铭：《论宪政的人性基础》，载《法学》2000年第4期。

是一片黑暗，他们的所作所为最后使他们本人和整个国家充满了罪恶。如果有人根据神的理性和神的恩惠的阳光指导自己的行动，它们就用不着法律来支配自己；……但是，现在找不到这样的人，即使有也非常少；因此，我们必须做第二种最佳的选择，这就是法律和秩序。"❶ 另一方面，人具有善性，人人皆可为善，善才是人类不可或缺的本性，正是由于人类的善才使人类社会的发展与进步有了必要和可能。人的善性的重要性以及易受侵害性，使宪法的产生成为必要，甚至宪法的存在本身就是人性中善的表现。我们之所以要制定宪法，可以说是因为人性中恶的存在。事实如此，如果人性中没有恶的存在，宪法就成为一种多余。但是我们为什么既知有恶而又要去追求善，恰好说明了人性中不仅仅有恶，应当说，人性中在有恶的同时，更有善。与其说是人性之恶导致了宪法的产生，还不如说是人性之善导致了宪法的产生，后者更具有本源意义。人性之恶是宪法产生的前提，使宪法的产生具有了必要性；人性之善是宪法产生的动力，使宪法的产生具有了正当性和目的性。宪法本身就是为抑恶扬善而产生的。抑恶扬善是宪法的价值追求，善则是宪法的价值目标。没有人性的亦善亦恶就没有宪法的产生。因此，人性亦善亦恶可塑论才是宪法生成之必要性的人性基础，它说明了宪法存在的必要性和针对性。

（二）理性人与经验人的统一使宪法的生成成为可能

在西方文化传统上，从认识论与方法论的视角出发，理论上构成了差异较大的两大哲学流派，一派是以英国哲学家为主的所谓"经验主义"，另一派则以欧陆哲学家为主的所谓"理性主义"。前者由弗兰西斯·培根肇始，由霍布斯承继，而至洛克加以了系统化的论证。休谟则将这一理论推到了极端。后者由笛卡尔首创，而斯宾诺莎和莱布尼茨是后起的重要代表。前者主张认识源自经验，感觉经验比理性知识更可靠，认识对象是客观物质世界及其中的实在事物，认识主体是人，真理的标准是客观的。后者主张，认识源自天赋观念，理性知识比感觉经验更可靠，认识对象是精神性的东西，认识主体是不依赖于身体的精神实体的心灵，真理的标准是主观的。理性主义与经验主义之争成就了哲学的发展。❷ 而基于对人的本性是理性的还是经验的认识不同，在哲学层面上产生了理性人与经验人之争。理性人，是对人性的理性假

---

❶ 柏拉图著：《法律篇》，转引自《西方法律思想史资料选编》，北京大学出版社 1983 年版，第27 页。

❷ 高秦伟：《宪政建构的理性主义与经验主义》，载《河北法学》2004 年第 8 期。

设，是理性主义哲学的人性观。其是对人性的这样一种假设：任何一个人，其"真正的知识不能来自感官知觉或经验，而必然在思想或理性中有其基础。真理是理性天然所有或理性所固有的，那就是天赋，或与生俱来，或先验的真理。确实的真理起源于思想本身"❶。而经验人，是对人性的经验假设，是经验主义哲学的人性观。其是对人性的另外一种假设：任何一个人都是生活在社会中的，人的行为受各种社会的和自然的因素的制约与影响。因此，"没有与生俱来的真理，一切知识都发源于感官知觉或经验，因此，所谓必然的命题根本不是必然的或绝对真实的，只能给人以或然的知识。"❷ 在西方法律思想史上，正是基于理性人与经验人之争，才产生了以经验人为基础的英美法系和以理性人为基础的大陆法系的分离。

实际上，理性人与经验人的争论，单就人性本身而言并无太大意义，因为人性是个先验的、事实层面和价值层面相结合的概念，理性人或经验人仅作为对人性的形而上价值预设，并无优劣之分。而且人类认识的实践又进一步证明，人性中既具有理性，又具有经验性；人性既具有共同性，又具有特殊性，这两者具有辩证统一性。因此，理性人与经验人并不是截然对立的，而是辩证统一的。理性与经验性不是有或者无的差别，只是一个主次的差别而已。有限的理性论就很好地坚持了理性人与经验人的统一，在重视人类理性的同时，并不排斥经验的重要性及其作用，认为二者可以相辅相成。❸ 在它看来，尽管"法律不是别的，而是一种由管理社会的人所公布的、以共同福利为目的的理性的命令"❹，但人的理性并不是无限的，而是相当有限的，不得不依靠经验的作用，才能制定出理性的法律。因此，在一定意义上，"法律的生命是经验，而不是逻辑"❺。正是理性人与经验人的统一，才使宪法的生成成为可能。

首先，理性人与经验人的统一使人能够正视人性中的冲突与缺陷，克服本能的冲动，使人在法律与制度的引导下对人性缺陷的修复和人性冲突的平衡成为可能。这种可能变成现实的途径之一就是宪法的建构与运行。

宪法作为一种合乎人性、关怀人性的制度，其建构和运行离不开对人性

---

❶ 梯利著：《西方哲学史》（增补修订版），葛力译，商务印书馆2001年版，第282页。转引自陈福胜著：《法治：自由与秩序的动态平衡》，法律出版社2006年版，第48页。

❷ 梯利著：《西方哲学史》（增补修订版），葛力译，商务印书馆2001年版，第282页。转引自陈福胜著：《法治：自由与秩序的动态平衡》，法律出版社2006年版，第49页。

❸ 陈福胜著：《法治：自由与秩序的动态平衡》，法律出版社2006年版，第51页。

❹ 转引自张宏生主编：《西方法律思想史》，北京大学出版社1983年版，第35页。

❺ 信春鹰：《当代西方法哲学的认识论和方法论》，载《外国法译评》1995年第2期。

的深刻洞察。而理性人与经验人的统一使得对人性的洞察有了可能。这是因为理性人与经验人的统一既能发挥人的自觉能动性的理性的能力，又能发挥经验的作用，克服有限理性的弊端，从而不仅能够认识事物的现象，更能认识事物的本质。正如休谟所说："我们纵然承认，对于某种情形下的某种行为，理性可以近似地猜到它的结果，但是我们仍以为，没有经验的帮助，理性是不完全的，我们总以为只有经验可以使由研究和反省而来的公理稳固而确定起来。"❶

理性人与经验人的统一，使得人能够洞察人性并能正视人性中的缺陷和冲突。人本身就是一个复杂的矛盾综合体，既有善性又有恶性，既有理性又有非理性，既有自然性又有社会性等。这些人性内在的缺陷和冲突的存在，决定了人类社会需要社会规则来调整，决定了我们必须依靠合乎人性的法律和制度来调整可能发生的种种冲突，修复人性的缺陷，平衡理性与非理性、善性与恶性、自然性与社会性的斗争。于是宪法的生成就成为必需，而理性人与经验人的统一又进一步使宪法的生成成为可能。

其次，理性人与经验人的统一不仅使人能够洞察人性，更能使人根据自身的根本利益和需求建构起适合人性需求的各种对象性存在物，来平衡人性的种种冲突，保障人性的良好发展。而宪法无疑就是这种最为理想的对象性存在物。

理性人与经验人的统一最主要的意义不在于其能够洞察人性，能够正视人性的缺陷和冲突，而在于能够根据自身的根本利益和需求建构起适合人性需求的各种对象性存在物，来平衡人性中的冲突和修复人性中的缺陷，从而保障人性的良好发展。理性人与经验人的统一，不仅使人类认识到自身对于法这种社会规范的需求，更能使人自主地创设或者运用法来约束自我、规范自我。而宪法正是建立在这种对人性的体察和醒悟基础上的，宪法就是被设计用来调整人性冲突与弥补人性缺陷的，它正是人们通过自身的创造性活动建构的一种对象性存在。宪法作为理性和经验共同的产物，既是理性，也是经验。它是经过理性发展了的经验，又是经验检验过了的理性。除非制宪者的意志受到理性和经验的支配，否则我们就没有理由期待宪法能得到真正的设定和运用。正是基于理性人与经验人的辩证统一，才使宪法的生成成为可能。

---

❶　休谟著：《人类理解研究》，关文运译，商务印书馆1981年版，第42页。

（三）个体人与社会人的统一使宪法的生成本身成为一个实践的过程

在生存论视域内，人性有个体性与社会性之分。人的个体性是指表明人与人之间差异的特殊性，它主要表现为人的意识的个性化和人的行为的个别化。人的社会性是指人在实践中从他们所依存的社会文化环境中获得的特性，这包括人的社会角色以及按一定的社会生活和文化背景形成的价值理念、道德规范和人应该如何处理人的生物本能的一系列规则。● 在人的个体性与社会性之分基础上，产生了个体人与社会人之争。

实际上，个体人与社会人之争都是只见树木、不见森林，未能真正揭示人的属性。尽管"任何人类历史的第一个前提无疑是有生命的个体的存在"●，但人总是社会的人，必然具有社会性，而且"人的本质并不是单个人所固有的抽象物。在其现实性上，它是一切社会关系的总和"●。社会性才是人的根本属性。因此，人既具有丰富的个体性又具有深刻的社会性。正如马克思所说："人是一个特殊的个体，并且正是他的特殊性使他成为一个个体，成为一个现实的、单个的社会存在物，同样地他也是总体，观念的总体、被思考和被感知的社会的主体的自为存在，正如他在现实中既作为社会存在的直观和现实享受而存在，又作为人的生命表现的总体而存在一样。"● 因此，人既是个体人又是社会人，个人的生存和发展离不开社会，个人只能存在于人类社会之中。每个现实的人生存所需的一切，只有通过社会才能取得，而且人的才能、知识和经验本身也是社会所造成的精神文明与物质文明的产物。同时，社会的发展又是通过所有个人的集体努力而实现的，一切个人活动的总和构成社会的整体运动及其成就。●

人既有个体性又有社会性，既是个体人又是社会人。只有实现人的个体性与社会性的统一即实现个体人与社会人的统一，才能促进人的全面发展。个体人与社会人的统一绝不是否定人的个体性，更不是忽视人的社会性，而是实现两者的和谐一致，使个体人成为社会的个体人，社会人成为以个体人为基础的社会人。然而，人的个体性和社会性内在的特性决定了其不可避免地存在着矛盾冲突性，个体人与社会人统一的过程就是不断协调个体性与社

● 陈福胜著：《法治：自由与秩序的动态平衡》，法律出版社 2006 年版，第 52 页。

● 《马克思恩格斯全集》（第 3 卷），人民出版社 1960 年版，第 23 页。

● 《马克思恩格斯全集》（第 1 卷），人民出版社 1972 年版，第 18 页。

● 《马克思恩格斯全集》（第 42 卷），人民出版社 1982 年版，第 167 页。

● 刘启林：《个人与社会》，http://www.chinabaike.com/article/baike/1000/2008/200805111457781.html，最后访问日期：2008 年 3 月 25 日。

会性矛盾冲突的过程。正如博登海默所言，在人类的共性中"最重要的是如何协调正常人所具有的个人冲动和共有冲动"❶。而在这个协调的过程中宪法的生成就成为必需，这就决定了宪法生成的过程就是一个不断实践的过程。

这是因为，人的个体性主要源于人的自然属性，从其自然属性出发，人人都是利己主义者，都倾向于过无拘无束的生活，追求一种自由的状态。而人的社会性则主要源于人的社会属性，从其社会属性出发，人人需要交往，但只有在一定的秩序下才能使交往成为可能，必须追求一种有序的状态。因此，人的个体性与社会性的冲突就主要表现为人的自由本性和秩序本性的冲突。人的自由本性是人生而具有的属性，是对任何人都不可缺少的一种生命要求和生命体现。正如马克思所说，"自由确实是人所固有的东西，连自由的反对者在反对自由的同时也实现着自由；他们想把曾被他们当作人类天性的装饰品而否定了的东西攫取过来，作为自己最珍贵的装饰品"，❷ 因此"对人来说只有体现自由的东西才是好的。"❸ 而人的秩序本性是作为群体的人类所必需的，是维系人类自身作为类的存在物的需要，是人的社会性的表现与需要。"历史表明，凡是在人类建立了政治或社会组织单位的地方，他们都曾力图防止出现不可控制的混乱现象，也曾试图确立某种适于生存的秩序形式。这种要求确立社会生活有序模式的倾向，绝不是人类所做的一种任意专断或'违背自然'的努力。"❹

自由与秩序都是人类的本性，两者既有冲突又有和谐。一方面，秩序是实现自由目的的手段和条件，自由则是秩序建立的目的所在，自由与秩序的和谐一致是人类社会孜孜不断追求的目标。但自由与秩序冲突的存在，决定了人类社会需要规则来调整，决定了人类必须依靠自身之外的合乎人性的制度来协调可能发生的种种冲突，在自由与秩序之间形成一种平衡状态，使社会生活既有良好的秩序又有充分的自由，于是宪法的生成就是自然了。宪法是人类对秩序和自由的要求，是人类自由和秩序意识的外在化，它是被用于调节自由和秩序关系的手段，是人类实现自我控制、自我教育与自我完善的规范。另一方面，自由与秩序作为人的本性，自由总是对现有秩序的否定，而现有秩序则始终是对自由的束缚，因此自由与秩序是无法在静态中达到平

---

❶ 博登海默著：《法理学：法律哲学与法律方法》，邓正来译，中国政法大学出版社 1999 年版，第 6 页。

❷ 《马克思恩格斯全集》（第 1 卷），人民出版社 1956 年版，第 63 页。

❸ 《马克思恩格斯全集》（第 1 卷），人民出版社 1956 年版，第 67 页。

❹ 博登海默：《法理学：法律哲学与法律方法》，邓正来译，中国政法大学出版社 1999 年版，第 220 页。

衡的，而只能在动态中达到和谐一致，这就决定了宪法的生成是一个不断实践的过程。

二、宪法的基础价值是人性的健康发展

宪法既反映事实关系，也反映价值关系。❶ 宪法是由人选择和建立的，体现了人的主观意志和价值追求，适应了人性的发展要求。宪法作为价值客体，它是以满足主体人的需要为目的的，这种满足并非以主体人的一次性需求来实现的，而是主体人把宪法从终极目的上当作工具来实现的，它应该有利于实现人性的健康发展并为这一目的服务。正如康德所言："人之为物，其本身就是目的。"❷ 宪法作为基于人性、体现人性、适应人性的规范、规范体系，那么，宪法的基础价值自然就是人性的健康发展。

(一) 宪法其他各项价值的实现必须以人性的健康发展为基础

宪法的价值是多元的，但宪法的诸多价值在宪法的体现和保护上却分属于不同的层次，有基础价值与非基础价值之分。而人性的健康发展则是这一体系中最基础的价值，人性的健康发展高于宪法的其他一切价值。传统理论认为宪法的基础价值是人民主权、宪法秩序、社会发展、社会正义等，但这并未真正揭示宪法的基础价值之所在。因为无论是人民主权、宪法秩序、社会发展、社会正义等实现的基础，还是其实现的目的，都是人性的健康发展。主要表现在：宪法所促进的人民主权、宪法秩序、社会发展和社会正义等价值，无不以人性的健康发展为自己的实现基础和根本指引。如果宪法不能促进人性的健康发展，人民主权内含的少数人和多数人的人性发展的矛盾便无法得以解决；宪法秩序的构建只能以暴力为基础，而无法适应人性发展的要求，必然异化为专制的统治秩序；社会发展就失去了根本动力和实际意义；社会正义也必然会成为空谈。只有在确保人性健康发展实现的情况下，才能真正促进其他价值的实现，或者说其他价值的实现才具有实质上的意义。

(二) 宪法引导和促进人性的健康发展

宪法保护和促进人性的健康发展，主要是通过给予健康的人性倾向以更多的活动余地，并抑制有害的人性倾向来实现的。主要表现在：

第一，宪法引导人性的健康发展。人性的发展要受人们所处的具体的社

---

❶ 周叶中主编：《宪法》，高等教育出版社、北京大学出版社 2000 年版，第 152 页。

❷ 康德著：《判断力批判》(下卷)，韦卓民译，商务印书馆 1964 年版，"关于目的论的一般解说"。

会关系、社会制度的制约和塑造。宪法作为一国的根本大法，规定了一个国家政治、经济、文化和社会等各个方面的主要内容及其发展方向，从社会制度和国家制度的根本原则上引导着人性的健康发展。宪法既是人的活动的产物，也是人的活动展开的依据，宪法是保证社会良好运行的规范，也是限制人们活动界域的框架，宪法通过告诉人们能够、应该、必须做什么，也就告诉了人们不能做什么。它通过规范人的活动引导人性的发展方向，这正是宪法对人性发展质的方面的引导。同时宪法的发展程度也在一定程度上限制和影响了人性的发展程度，有什么样的宪法，就有什么样的具体制度，也就有什么样的人性发展表现，这是宪法对人性发展作用的量的表现。

第二，宪法促进人性的健康发展。宪法具有激励功能，它通过宪法规范在政治、经济或社会等方面的规定，构造了人性健康发展的激励结构。从理论上讲，宪法是人类从自身利益出发而设定的规范体系，它作为一种客观条件、客观环境，必然有利于人性的健康发展。宪法为人性的健康发展而存在，它只有服务于人、促进人性的健康发展才有存在的意义和价值。如若不然，宪法违背了人性发展的要求，阻碍了人性的健康发展，成为人性健康发展的桎梏，就必然得不到人们的认同和遵守，最终必然被人们所抛弃。在宪法的实际运行中，宪法通过压制某种行为而激励另一种行为，通过反对某种行为而褒扬另一种行为，从而传递某种信号，改变人们的某种偏好，影响人们的行为选择，激发人的能力的发挥，引导和促进人的健康发展。但它对人的活动、行为的限制和支持只是一种手段，是通过对人的行为的必要规制，形成稳定的、良好的社会环境，其目的是适应人性的发展要求、促进人性的健康发展。这是因为，在没有规则的情况下，人作出行动往往是根据自己的喜好、从自己的本能出发，往往随心所欲，这必然导致社会走向无序，最终导致对人性的践踏。

（三）宪法以人性的健康发展为最终归宿

由人性与宪法的关系来看，宪法是人性的必然产物，宪法的起源、确立、变迁等均体现着人性发展的要求。以人性为基础的宪法，可以说是人类的道德原则或道德理想，其形成的基本原则和理念，始终是出于对人性的关注，或者是对人性内容的关注。宪法的精神必然是对人性的张扬，以人为关怀对象，对人的尊重和保护是宪法的内在价值追求。那么，宪法构建和运行的最终归宿必然是促进人性的健康发展。

宪法有着丰富的人本主义内涵。宪法的人本主义精神使其将人视为宪法的基础和意义所在，将人的本性要求作为宪法的基本要求，宪法以人本身的需求为动机，以人性及其发展为标准，并通过一系列权利和义务的规定来加以保障。因此，宪法通过建立一定的民主政治制度，维护一定的宪法秩序，促进社会、经济、政治和文化的发展，保证社会正义，其根本目的就是在这种制度和秩序下，通过社会的全面发展，不断提高人在政治和社会关系中的地位和作用，实现人自身的全面解放，促进人性的健康发展。因而宪法归根结底是人们争取自己的权利、实现自身价值的，历史发展到一定阶段出现的一种重要法律形式，最终是为人性的健康发展服务的。

三、宪法实现的基础力量是人性的觉悟

宪法规范只是一种可能的规定，要使这种可能转化为现实，就必须使宪法规范得到实施，真正落实到社会关系和人们的行为中去，这就是宪法的实现问题。宪法的实现是宪法的生命。宪法的实现以宪法的实施为中介，但不能等同于宪法实现。宪法作为一种规范、一种规范体系，其选择、设计、变革都是由人完成的，是人性的对象化产物，它是人性的发展水平和发展要求的反映和体现。人性的发展要求是宪法发展的内在动因，那么宪法实现的基础力量就只能是人性的觉悟。只有实现人性的觉悟，才能真正保障宪法的实现。

（一）制宪者人性的觉悟

制定一部符合人性发展要求的宪法，是宪法实现的前提和基础，而制定一部人性的宪法又不得不依赖于制宪者人性的觉悟。这是因为，宪法是人性的必然产物，是基于人性、体现人性、适应人性的法律制度。而人性则既是抽象的又是具体的，并且是不断发展的，制宪者只有实现人性的觉悟，才能够从他们所处的社会历史条件下理解人性，了解现阶段人性发展的要求，才能够从具体的人性出发构建宪法，才能在宪法构建时体现人性发展的要求。另外，当宪法不再适合人性发展要求时，制宪者就能够适时地对宪法予以变更，从而适应人性发展的要求，促进人性的健康发展。而如果制宪者没有实现人性的觉悟，或对人性重视不够，就必然不能制定出适应人性的良宪。

（二）宪法实施主体人性的觉悟

宪法实现即宪法规范和宪法价值的落实，是指宪法的规范要求转化为宪法主体的行为，从而形成现实宪法关系的状态。❶ 宪法实现离不开宪法实施，

---

❶ 周叶中主编：《宪法》，高等教育出版社、北京大学出版社 2000 年版，第351页。

宪法实施是宪法实现的中心环节和主体部分，这就需要实现宪法实施主体人性的觉悟。这是因为，宪法是抽象的，而社会生活是具体的并且是不断变化的，要想将宪法文字上的、抽象的权利义务关系转化为现实生活中生动的、具体的权利义务关系，并进而将宪法规范所体现的人民意志转化为具体社会关系中人的行为，就必须实现宪法实施主体人性的觉悟。

这是因为，抽象的宪法规范与具体的社会现实结合起来的桥梁就是宪法实施主体，但宪法对结合的细节不可能作出具体规定。宪法虽有一定预见性，但在我国处于社会转型期的新阶段，新情况、新问题层出不穷，宪法不可能亦步亦趋，因此，宪法的滞后性就不可避免。而且制宪者不是圣人，可能会出现对人性认识和把握的偏差，暂时制定不出完全适应人性发展要求的宪法。因此，必须实现宪法实施者人性的觉悟，这样才能透彻理解宪法内含的人性理念，才能采取人性的措施去保证宪法的落实。而且实现宪法实施者人性的觉悟，可以使其怀着人性的理念，对宪法实施过程中的细节以及出现的问题，包括宪法本身的缺陷，有一种人性的判断力，可以及时采取人性化的措施予以解决，不至于出现宪法实施的异化，导致宪法无法得以实现。当然，如果制宪者把一切都设计好了，宪法实施者只要照葫芦画瓢，就不需要实现人性的觉悟了。

（三）社会大众人性的觉悟

宪法实现最终离不开社会大众人性的觉悟，离不开社会大众的普遍信仰和服从。只有这样，才能为宪法实现奠定坚实的社会基础和群众基础，也才能真正保障宪法的实现，使宪法的规范要求真正转化为社会大众每一个人的行为，使宪法所规定的权利和义务得以具体落实，并形成良好的宪法秩序，从而真正形成现实的宪法关系的状态。因此，要通过法制宣传教育，使人们懂得，宪法不是统治的工具，宪治不是统治的方式，而是人性的需要和人性发展的产物。宪法的主体是人，规范的是人的行为，调整的是人的社会关系，实现的是人的价值。宪法是人的存在的一个维度，是人的生存样式的一个方面。而宪治则是由人自身所选择和设定的一种生存方式，它表征的是人的一种生活态度，标志着人的一种生活式样。宪法是社会成员的共同意志的体现，特别是随着社会的发展和进步，宪法的公共性越来越强化和普遍化。按照宪法的方式生活就是宪治，宪治就是个人和社会的理想生活方式。人的生存、尊严、自由和发展构成宪法的基本内容，宪法就是人性的产物，宪法为一切人的健康发展提供最根本的保障。如果绝大部分社会成员能够实现人性的觉悟，达成以上的共识，宪法的实现就有了坚强的社会基础和群众基础。

（四）违宪者人性的觉悟

宪法实现的过程中将不可避免地出现违宪的现象，其实宪法实现的过程就是遵守宪法与违反宪法博弈的过程。违反宪法的行为从表面上来看，似乎只是违反具体宪法规范的行为，实质上却是违宪者的人性与作为宪法基础的社会大众的人性的冲突，是少数人的人性与大多数人的人性的矛盾。要想保障宪法的实现，就必须对违宪者的人性进行修复，实现其人性的觉悟。

宪法的基础价值是人性的健康发展，在人性发展道路上，可能会出现某些曲折，即人性的失落，宪法实现的任务之一就是修复人性。而违宪制裁就是修复人性的基本方式。因此，对违宪者而言，违宪制裁的价值就绝不是惩罚、教育、改造和预防，而是对其人性的修复，实现其人性的觉悟。违宪的本质在于违宪者人性的"病态"或恶化，而违宪制裁就是"治病"的良药，其目的就是"治病"，使"病人"的人性得以康复。由于违宪者人性的裂变，所以作出了伤害他人人性权利的行为，宪法实施保障机关强迫违法者承担违宪责任，使违宪者产生痛苦、反思、悔恨、自新，对其人性进行修复，从而恢复其人性的健康状态。因此，衡量违宪者改造的质量，关键看其人性修复的程度如何。

正因为如此，对违宪者的人性权利不仅不能剥夺，而且要设法加强保护，以保留其人性的根，在其基础上进行人性的修复，以期在这根上长出人性的新的"枝丫"，这就是违宪制裁最终目标之所在。

第二章

宪法实施专题

　　博登海默曾指出："如果包含在法律规则部分中的'应然'内容仍停留在纸上，而并不对人的行为产生影响，那么法律只是一种神话，而非现实。"❶遗憾的是，长期以来，我国宪法的实施状况恰好陷入了博氏上述的尴尬境地。1982 年《中华人民共和国宪法》（以下简称《宪法》，下文所提及法律均为简称）颁布实施以来，尽管我们不断健全宪法实施监督和保障机制，不断强化宪法实施，但是我国宪法的实施状况依然难以适应全面依法治国的需求。正如习近平总书记在纪念 1982 年《宪法》公布施行 30 周年大会上的讲话中指出："在充分肯定成绩的同时，我们也要看到存在的不足，主要表现在：保证宪法实施的监督机制和具体制度还不健全，有法不依、执法不严、违法不究现象在一些地方和部门依然存在；……公民包括一些领导干部的宪法意识还有待进一步提高。"❷基于此，党的十九届四中全会提出了"保证宪法全面实施"的目标和任务。但要实现这一目标和任务，就需要我们从理论上对我国宪法实施的一些基本问题予以探讨，以明确我国宪法实施的特点、难点、关键以及路径所在，为"保证宪法全面实施"提供一定的参考。

一、"宪法实施"内涵之界定

　　1982 年《宪法》颁布实施三十多年来，学者围绕"如何实施宪法"问题进行了大量研究，提出了诸多建议。但是学界对宪法实施的一些基本问题却缺乏共识，争议较大，"宪法实施"的概念即是其中之一。而"宪法实施"

---

❶ 博登海默著：《法理学——法律哲学与法律方法》，邓正来译，中国政法大学出版社 1999 年版，第 239 页。

❷ 习近平：《在首都各界纪念现行宪法公布施行 30 周年大会上的讲话》，载《中国人大》2012 年第 23 期。

基本概念不清，无疑会影响我国宪法的实施成效。正如蔡定剑先生指出的："由于长期以来对宪法实施的一套基本概念没有准确地把握，严重影响到我国宪法实施制度的建设。"❶ "准确地理解区分有关概念，或者说在一些概念上形成共识，对建立什么样的宪法实施机制至关重要。"❷ 因而，我们有必要对传统的"宪法实施"概念进行反思，对其进行科学界定，以完整涵盖宪法实践行为，保证宪法全面实施。

（一）传统的"宪法实施"内涵及其分析

宪法实施问题是宪法学研究的一个热门话题，"宪法实施"也成了宪法学研究的一个热门词汇。总结起来，目前宪法学界对"宪法实施"内涵的界定，主要有以下几种观点：其一，"宪法实施在我国宪法学中并无严格界定的内涵，通常是指宪法主体按照成文宪法的规定所从事的一定的行为，有时也指基于成文宪法的规定而形成的某种制度"❸。其二，"宪法实施就是指宪法规范在现实生活中的运用与体现"❹。其三，"宪法实施是法律实施的一种具体形式，是指宪法规范在现实生活中的贯彻落实，即将宪法文字上的、抽象的权利义务关系转化为现实生活中生动的、具体的权利义务关系，并进而将宪法规范所体现的人民意志转化为具体社会关系中的人的行为"❺。等等。

综观上述观点，尽管其表述方式、侧重点各异，但都强调"宪法实施"内涵是指宪法规范在现实生活中的贯彻落实。这无疑正确揭示了"宪法实施"内涵的基本内容，但只是表面上的或文义上的内涵，还不够全面和深入，可以说，还没有揭示出"宪法实施"内涵最主要或最本质的内容。因而，目前我国宪法学界对于"宪法实施"内涵的认识，并没有完全准确地揭示出"宪法实施"的基本内涵，并不能够对宪法实施这样的一个庞大系统工程作出准确概括，也无法对宪法实施过程中的种种行为和现象全部作出合理的解释。正因为如此，莫纪宏教授提出了对"宪法实施"概念的质疑，认为该概念存在法理缺陷。在他看来，"宪法实施作为一个法学概念不具有严格的内涵，在使用过程中很容易引起歧义，特别是容易混淆宪法制度行为与宪法事实行为之间的价值区分，使宪法事实行为失去独立的理论价值"❻。对此，我们认为，

---

❶ 蔡定剑著：《论道宪法》，译林出版社 2011 年版，第 59 页。
❷ 蔡定剑著：《论道宪法》，译林出版社 2011 年版，第 59 页。
❸ 蒋碧昆主编：《宪法学》，中国政法大学出版社 2002 年版，第 46 页。
❹ 李龙主编：《宪法基础理论》，武汉大学出版社 1999 年版，第 248 页。
❺ 周叶中主编：《宪法》，高等教育出版社 2011 年版，第 338 页。
❻ 莫纪宏著：《实践中的宪法学原理》，中国人民大学出版社 2007 年版，第 585~587 页。

莫纪宏教授的说法不无道理，但是，引起上述状况发生的主要原因却是我们缺乏对"宪法实施"基本内涵的全面、正确的把握。可以说，正是因为我们对"宪法实施"基本内涵认识的不够全面，才导致该概念在使用过程中很容易引起歧义，才容易混淆宪法制度行为与宪法事实行为之间的价值区分，使宪法事实行为失去独立的理论价值。因而，要解决上述问题，关键在于从宪法文本出发，重新界定"宪法实施"的内涵。

（二）我国宪法文本对"宪法实施"的规定及其分析

"宪法实施"是中国特有的宪法学概念，为我国 1954 年《宪法》所首创。无论是欧美国家宪法，还是原苏东国家宪法，均无相同或类似表述。1977 年苏联《宪法》只是提到了"遵守宪法"，这与我国"宪法实施"的内涵相差甚远。因而，我们对"宪法实施"内涵的理解和界定，必须从中国特有的语境和宪法实施实践出发，而不能从纯粹的理论思辨出发，也不能"言必谈希腊"。正如蔡定剑先生指出的："造成宪法实施的有关概念混乱的原因，与我国作为宪法制度的引进国，翻译不同国家违宪审查制度用的外来语有关。"[1]这就要求我们首先必须回到我国宪法文本，从理解我国宪法文本的原意出发。

我国 1954 年《宪法》首创了"宪法实施"概念。1954 年《宪法》第 27 条在规定全国人民代表大会的职权时，规定全国人民代表大会有"监督宪法的实施"的职权。尽管"监督宪法的实施"与"宪法实施"有很大的不同，但学界公认，"宪法实施"的概念即来源于此。刘少奇同志在《关于中华人民共和国宪法草案的报告》（1954 年）中对宪法实施问题进行了说明，强调不仅要制定宪法，还要实施宪法。他指出："宪法是全体人民和一切国家机关都必须遵守的。""中国共产党的党员必须在遵守宪法和一切其他法律中起模范作用。一切共产党员都要密切联系群众，同各民主党派、同党外的广大群众团结在一起，为宪法的实施而积极努力。"[2] 1975 年修改 1954 年《宪法》时，由于国家政治生活的非正常化，全国人民代表大会"监督宪法的实施"职权被废除，因而 1975 年《宪法》没有任何关于"宪法实施"的规定，这无疑是一个巨大的退步。1978 年修改 1975 年《宪法》时，由于国家政治生活的拨乱反正，因而 1978 年《宪法》恢复了 1954 年《宪法》原来的关于"宪法实施"的规定，其第 22 条规定，全国人民代表大会行使"监督宪法和法律的实

---

[1] 蔡定剑著：《论道宪法》，译林出版社 2011 年版，第 60 页。
[2] 《中华人民共和国人民代表大会文献资料汇编》（1949—1990），中国民主法制出版社 1991 年版，第 85~86 页。

施"的职权。叶剑英在《关于修改宪法的报告》（1978 年）中专门强调要加强"宪法的实施"。他指出："宪法通过以后，从宪法的原则精神到具体条文规定，都要保证全部实施。不论什么人，违反宪法都是不能容许的。"❶ 在这里，叶剑英明确指出，宪法实施不仅包括宪法具体条文规定的实施，还包括宪法原则精神的实施，这就明确了宪法实施内容的两个层次，无疑具有重要意义。

1982 年修改 1978 年《宪法》时，由于国家已全面进入改革开放的新时期，因而，1982 年《宪法》在 1978 年《宪法》的基础上，对"宪法实施"作了较全面的规定，共有四处：一是《宪法》"序言"部分规定："全国各族人民、一切国家机关和武装力量、各政党和各社会团体、各企业事业组织，都必须以宪法为根本的活动准则，并且负有维护宪法尊严、保证宪法实施的职责。"二是《宪法》第 62 条规定，全国人民代表大会行使"监督宪法的实施"的职权。三是《宪法》第 67 条规定，全国人民代表大会常务委员会行使"解释宪法，监督宪法的实施"的职权。四是《宪法》第 76 条规定："全国人民代表大会代表必须模范地遵守宪法和法律，保守国家秘密，并且在自己参加的生产、工作和社会活动中，协助宪法和法律的实施。"彭真委员长在《关于中华人民共和国宪法修改草案的报告》（1982 年）中对宪法实施问题进行了说明和强调，他指出："我们相信，新的宪法必定能够得到严格遵守和贯彻执行。""中国共产党领导中国人民制定了新宪法，中国共产党也将同全国各族人民一道，同各民主党派和各人民团体一道，共同维护宪法尊严和保证宪法实施。"❷

综上所述，总结我国历部宪法文本对"宪法实施"的规定，可以得出如下结论：其一，宪法实施是与宪法制定、宪法制度相对应的一个概念，其意在强调宪法文本在现实生活中的贯彻落实。因而，"宪法实施"的内涵很宽泛，不能做狭义解释。否则，就不能正确揭示出"宪法实施"的真正内涵。正如蔡定剑先生指出的："宪法实施是相对宪法制定而言的概念，是指把宪法文本转变为现实制度的一套理论、观念、制度和机制。宪法实施是很广义、宽泛的宏观意义上的概念。"❸ 其二，宪法实施的内容包括两个层次，第一个层次是宪法具体条文规定的实施，第二个层次是宪法原则和宪法精神的实施，

---

❶ 《中华人民共和国人民代表大会文献资料汇编》（1949—1990），中国民主法制出版社 1991 年版，第 99 页。

❷ 《中华人民共和国人民代表大会文献资料汇编》（1949—1990），中国民主法制出版社 1991 年版，第 121 页。

❸ 蔡定剑著：《论道宪法》，译林出版社 2011 年版，第 61 页。

后者更为重要。其三，宪法实施的主体广泛。全国各族人民、一切国家机关和武装力量、各政党和各社会团体、各企业事业组织，都是我国宪法实施的主体。其四，宪法实施的方式多样。我国宪法实施主体的广泛性决定了宪法实施方式的多样性。但总结起来，宪法实施的方式主要包括宪法遵守和宪法适用两种。在此需要说明的是，我国宪法文本中并无"宪法适用"的表述，而是用了"宪法执行"，但学界一般认为，两者并无实质区别，可以画等号。❶ 其五，由全国人大及其常委会监督宪法的实施。当然，这里的"监督"是最高层次的监督。因为国务院、地方人大及其常委会、县级以上人民政府在某种程度上也负有监督宪法实施的职责。❷ 其六，全国人大代表不仅要模范地遵守宪法，还要在自己参加的生产、工作和社会活动中，协助宪法的实施。这是因为全国人大代表是最高国家权力机关的组成人员，因而宪法对其提出了"协助宪法的实施"的额外要求。

（三）对"宪法实施"内涵的科学界定

基于上面的分析，我们有必要据此对"宪法实施"的内涵进行科学界定。在此，我们首先必须明确的一点是，"宪法是一种价值法，宪法的价值不完全存在于宪法条文中，更多地存在于一个国家和一个社会的政治哲学观念中，而这些宪法价值观念对于建立一个完善的宪法制度来说是非常重要的"❸。因而，宪法规范在现实生活中的贯彻落实，只是"宪法实施"基本内涵的第一层次，而宪法价值和宪法理念（表现为宪法原则和宪法精神）在现实生活中的贯彻落实，则是"宪法实施"基本内涵的第二层次，且是最主要的层次。这是因为，"宪法原则和宪法精神是体现在宪法制度与程序中的价值和理念，是构成宪法价值共同体的基础和连接点"，"宪法原则的基本功能是指导宪法

---

❶ 当然学界也有不同意见，认为宪法执行与宪法适用是两码事。代表性观点如下："宪法的执行通常指国家代议机关和国家行政机关贯彻落实宪法内容的活动。宪法适用则通常指国家司法机关在司法活动中贯彻落实宪法的活动。"参见《新编常用法律词典》，中国法制出版社 2012 年版，第 73 页。

❷ 例如，1982 年《宪法》第 89 条规定，国务院有权"改变或者撤销各部、各委员会发布的不适当的命令、指示和规章"，"改变或者撤销地方各级国家行政机关的不适当的决定和命令"。第 99 条规定："地方各级人民代表大会在本行政区域内，保证宪法、法律、行政法规的遵守和执行"，"县级以上的地方各级人民代表大会有权改变或者撤销本级人民代表大会常务委员会不适当的决定。"第 104 条规定，县级以上的地方各级人民代表大会常务委员会有权"撤销本级人民政府的不适当的决定和命令；撤销下一级人民代表大会的不适当的决议"。第 108 条规定，县级以上的地方各级人民政府"有权改变或者撤销所属各工作部门和下级人民政府的不适当的决定"。

❸ 莫纪宏著：《实践中的宪法学原理》，中国人民大学出版社 2007 年版，第 586 页。

规范与宪法制度运行的过程和程序，使宪法发展具有统一的基础和依据"❶。因而，只有使宪法原则和宪法精神在现实生活中得到贯彻落实，也就是宪法规范背后的价值和理念得到公民理解、认同和践行时，公民的宪法意识才能得以生成，如前所述，这时宪法实施的任务才算真正完成。正是在这个意义上，我们才说宪法原则和宪法精神在现实生活中的贯彻落实，才是"宪法实施"的最本质、最根本的内涵。诚如莫纪宏教授指出的："事实上，宪法不同于普通的法律的一个重要特征就是，宪法除了存在于宪法条文的规定之中，还以观念和价值的形态存在于人们的日常生活中，这是两个相互联系的方面，也就是说，宪法的规范指引作用既可以在宪法规范中体现出来，又可以在宪法原则中体现出来。仅仅以落实宪法规范的规定来实施宪法，这种要求是不到位的，宪法实施的后果也不可能如人所愿。"❷

当然，不可否认的是，宪法原则和宪法精神是体现在宪法规范中的，宪法原则和宪法精神在现实生活中的贯彻落实，一般是通过宪法规范在现实生活中的贯彻落实来实现的。离开宪法规范来谈宪法原则和宪法精神，便会陷入"空中楼阁"的境地；离开宪法原则和宪法精神来谈宪法规范，便会导致"宪法工具主义"的盛行。但两者毕竟不是一回事。宪法规范属于制度的范畴，而宪法原则和宪法精神则属于文化的范畴。宪法规范的贯彻落实，并不能一定意味着宪法原则和宪法精神的贯彻落实。因而，完全有必要将两者予以区分。此外，张千帆教授从程序与实体两分的角度，将宪法实施分为程序性实施与实体性实施两类，并指出宪法的程序性实施并不能保证带来宪法的实体性实施。这也从另一个角度论证了宪法规范的实施并不能保证带来宪法原则和宪法精神的实施。正如他指出的："现行宪法之所以给人造成实施不力的印象，根本在于程序性实施不足以保证宪法实体规定得到有效的贯彻落实。首先，假如依宪立法就是对宪法的'实施'，那么哪个国家都可以说自己有效实施了宪法，但现实是许多国家都难免存在侵犯公民宪法权利的法律规范。其次，即便各级政府高度尊重宪法与公民基本权利，严格按照宪法规定的程序和实体原则办事，如果缺乏有效的行宪机制，那么也很容易造成宪法搁置不用的普遍印象。"❸

那么，可以说，当代中国宪法实施不畅的一个重要原因就是我们只强调

---

❶ 韩大元、林来梵、郑贤君著：《宪法学专题研究》，中国人民大学出版社 2008 年版，第 138~139 页。

❷ 莫纪宏著：《实践中的宪法学原理》，中国人民大学出版社 2007 年版，第 586 页。

❸ 张千帆：《宪法实施的概念与路径》，载《清华法学》2012 年第 6 期。

宪法规范在现实生活中的贯彻落实，以为宪法规范的贯彻落实必然意味着宪法原则和宪法精神的贯彻落实，而忽视了宪法原则和宪法精神在现实生活中的贯彻落实，结果导致人们对宪法知之者甚多，但对宪法价值和理念知之者甚少，对立宪、行宪、护宪目的知之者甚少，自然公民的宪法意识也无从培养，宪法实施的目的也无法真正实现。此外，由于宪法规范具有原则性、抽象性的特点，且宪法条文数量有限，不可能穷尽对一切事物的规定。这样便导致现实生活中大量的事实行为尽管在现行《宪法》中并无依据，表面上是"违宪"的，但由于其符合宪法原则和宪法精神，事实上又是"合宪"的。这样的情况，用现行的宪法实施理论是解释不通的，无法包含在现行的"宪法实施"的基本内涵中。正如莫纪宏教授指出的："事实上，有大量的事实行为虽然在宪法上无法找到明确的依据，但是，这些行为所产生的结果是与宪法原则相一致的，应当归纳到合宪的范畴。而这样的合宪性在宪法实施概念中是很难得到充分肯定的。"❶ 因此，我们必须科学界定"宪法实施"的基本内涵，将其基本内涵从第一层次即宪法规范在现实生活中的贯彻落实，扩展至第二层次即宪法原则和宪法精神在现实生活中的贯彻落实。上官丕亮教授也持类似观点，他指出："宪法实施是宪法的具体条文规定及其原则精神在现实生活中的贯彻落实。"❷ 这也应是宪法全面实施的应有之义。

二、宪法全面实施之基本要求

如前所述，宪法全面实施不仅要求将宪法规范在现实生活中全面贯彻落实，还要求将宪法原则和宪法精神在现实生活中真正贯彻落实，这就对宪法实施提出了更高的要求。正如范进学教授指出的，宪法全面实施"要求从宪法序言到宪法正文，从宪法规定的国家根本制度、基本制度与重要制度，到宪法规定的基本原则与基本规范确立的所有内容，在主权管辖的空间区域内，都必须得到普遍的落实"❸。总结我国宪法实施的基本历程，特别是1982年《宪法》实施三十余年的基本历程，归纳其中的经验教训，我们认为，要保证宪法全面实施，就必须遵守以下基本要求。

（一）法律的实施方式是宪法全面实施之方式

尽管我国存在多种宪法实施方式，但总结起来，主要存在两种宪法实施

---

❶ 莫纪宏著：《实践中的宪法学原理》，中国人民大学出版社2007年版，第588页。
❷ 上官丕亮：《宪法文本中的"宪法实施"及其相关概念辨析》，载《国家检察官学院学报》2012年第1期。
❸ 范进学：《论宪法全面实施》，载《当代法学》2020年第5期。

方式，一是法律的实施方式，"基本形式包括法律执行、法律适用和法律遵守，以及法律实施的监督"[1]。二是政治的实施方式，基本形式包括宣传和动员。正如翟国强研究员指出的："中国宪法的实施有两种方式：作为政治过程的宪法实施和作为法律过程的宪法实施。"[2] 过去由于我们一直强调宪法的政治色彩，将宪法作为政治法或政治文件，所以在实施宪法的方式上主要采取了"宣传和动员"这样的政治实施方式。具体而言，一是强调对宪法内容的宣传，要求通过各种途径和形式广泛宣传宪法，使全社会都能够知悉宪法、熟悉宪法；二是强调对宪法遵守的动员，要求人人养成自觉遵守宪法的观念和习惯。正如彭真委员长在《关于中华人民共和国宪法修改草案的报告》中指出的："宪法通过以后，要采取各种形式广泛地进行宣传，做到家喻户晓。十亿人民养成人人遵守宪法、维护宪法的观念和习惯，同违反和破坏宪法的行为进行斗争，这是一个伟大的力量。"[3] 应该说，政治实施方式主要目的是增强社会大众的宪法观念和宪法意识，使其养成自觉遵守宪法的观念和习惯，以为我国宪法实施提供坚实的社会基础。但是，以政治的实施方式实施宪法容易使人们忽视宪法本身的法律性，容易忽视宪法作为法律自身具有的实施规律和要求。正如蔡定剑先生指出的："过去，由于我们对宪法政治性特点的过分强调，使人们忽视了宪法本身的特性——法律性。"[4] 在这种情况下，我国宪法实施的效果自然难以保证。

汲取上述经验教训，为了保证宪法的全面实施，我们就应坚持以法律的实施方式全面实施宪法。因为宪法虽然具有政治和法律的双重属性，但法律性才是宪法的本质属性，"宪法是法律的一种。就其实质说，它和其他法律一样"[5]。因而，从法律实施的基本规律和一般要求出发，我们应以法律的实施方式来实施宪法，通过"法律执行、法律适用和法律遵守，以及法律实施的监督"等形式来保证宪法的全面实施。具体言之，一是宪法适用。目前"宪法适用"并无严格界定的内涵。一般认为，宪法适用是一定国家机关对宪法实现所进行的有目的的干预。[6] 但对于"一定的国家机关"为何，学者却存

[1] 《法理学》编写组：《法理学》，人民出版社、高等教育出版社2010年版，第317页。

[2] 翟国强：《全面贯彻实施宪法的两种主要方式》，载《人民法治》2015年第Z1期。

[3] 《中华人民共和国人民代表大会文献资料汇编》（1949—1990），中国民主法制出版社1991年版，第121页。

[4] 蔡定剑：《论道宪法》，译林出版社2011年版，第6页。

[5] 李步云主编：《中国法学——过去、现在与未来》，南京大学出版社1988年版，第71页。

[6] 周叶中主编：《宪法》，高等教育出版社2011年版，第338页。

在一定的争论。不过考虑到宪法是"整体权力来自被统治者的政府宪章"❶，我们可以得知，既然任何国家机关的职权都来源于宪法的授予，任何国家机关就都必然承担着依宪履行职责、保证宪法实施的重任。只不过受一国政权组织形式的影响，不同国家机关在保证宪法实施中的具体地位与作用不同。就我国而言，受我国政权组织形式即人民代表大会制度所决定，我国宪法适用的主体主要是各级人大及其常委会，特别是全国人大及其常委会。而其他国家机关只能起较次要的作用。这一点从我国宪法文本的相应规定也可以看出。所以，学者普遍认为，我国存在着双轨的宪法适用。"双轨的宪法适用是说，我国宪法适用包括直接适用和间接适用，前者的主体主要是最高代表机关，后者的主体主要是其他公权机关。"❷ 综上，我们可以得知，宪法适用的目的就是为了保证宪法实施，且其本身就是宪法实施的一种主要方式。因为离开了有关国家机关"有目的的干预"，宪法根本就不会自动得到实施。二是宪法遵守。宪法遵守是宪法实施的一种方式，且是最基础的方式。因为只有所有的主体都自觉遵守宪法，才能为宪法实施奠定坚实的社会基础，才能保证宪法真正得以贯彻落实。这里的问题是，宪法遵守与宪法适用是什么关系？应如何对两者进行区分？对此，我们认为，两者的联系之处在于，两者都是宪法实施的一种方式，两者目的都是为了保证宪法实施。而两者的区别之处在于，①主体范围不同。宪法适用的主体仅限于国家机关，而宪法遵守的主体除国家机关外，还包括各政党、社会团体、各企业事业组织和公民个人等。②实施方式不同。宪法遵守是宪法实施的一种方式，但其主要以消极的方式来表现，即只要所有的主体消极地遵守宪法，不违反宪法，就可以达到宪法实施的目的。而宪法适用则主要以积极的方式来表现，即有关国家机关不仅要消极地遵守宪法，还要积极地履行宪法职责，有所作为，承担起保证宪法实施的重任。正如殷啸虎教授指出的："宪法遵守行为主要是以消极的方式表现的，这也是与以积极方式表现出来的宪法适用的区别所在。"❸ 三是宪法监督。宪法监督即我国宪法文本中"监督宪法的实施"的简称。宪法监督是宪法实施的应有之义和核心环节，离开了宪法监督，宪法就不可能得到顺利实施。但是，必须要说明的是，宪法监督尽管重要，但并不是所有的宪法实施活动都涉及宪法监督。只有出现违宪行为，宪法得不到良好实施时，才涉及宪法监督。也就是说，宪法监督一般在消极意义上使用，而宪法实施则一般

---

❶ 转引自张千帆著：《宪法学导论》，法律出版社 2008 年版，第 11 页。

❷ 翟小波著：《论我国宪法的实施制度》，中国法制出版社 2009 年版，第 38 页。

❸ 殷啸虎著：《宪法》，清华大学出版社 2012 年版，第 268 页。

在积极意义上使用。

（二）"自上而下与自下而上相结合"是宪法全面实施之模式

由于宪法实施是法治建设的首要任务和基础性工程，因此，一国宪法实施模式与其法治建设模式息息相关，两者基本上是一致的。一般来说，目前主要有两种法治建设模式，一是"自下而上"法治建设模式，又称"自然演进型"法治建设模式，其特点是将社会作为法治建设的主要推动力量；二是"自上而下"法治建设模式，又称"政府推动型"法治建设模式，其特点是将国家作为法治建设的主要推动力量。相应地，宪法实施的主要模式也分为"自下而上"和"自上而下"两种。从宪法实施的一般规律来说，"自下而上"应是一国宪法实施的基本模式。这是因为宪法的根本精神在于对国家权力的限制和对公民权利的保障，只有以公民权利制约国家权力，才能从根本上保证宪法规范和宪法价值的落实。但"自下而上"的宪法实施模式存在着时间长、成本高、不确定性强等缺点，对于后发展国家来说，并不一定适用。后发展国家一般面临着经济发展和民主法治建设的双重压力，时间成本和机会成本大大减小。只有采取"自上而下"的宪法实施模式即以国家为主要推动力，合理地利用强势的政府资源，才能保证宪法实施过程中手段、策略的灵活性和发展进程、态势的可控性，减少时间成本和机会成本，尽快全面实施宪法，建成法治国家。但"自上而下"的宪法实施模式也存在着明显的缺陷，最主要的是容易强化宪法的工具主义，将宪法作为一国推行现代化建设的工具，使宪法在一定意义上成为执政党路线和政府政策获取公信力和合法性的工具❶，因而，执政党路线和政府政策的频繁变动会导致宪法的频繁修改，从而使宪法的稳定性受到影响，弱化宪法本身的至上性和权威性。此外，执政党和政府往往注重体现执政党路线和政府政策的宪法规范的实施，而容易忽视公民权利宪法规范的实施，从而难以实现实施宪法的目的。因此，"自上而下"与"自下而上"相结合才是一国宪法实施的基本模式，只是不同时期应以不同的方式为主。❷

然而，长期以来，我们一直采取了"自上而下"的宪法实施模式，这虽有一定的合理性和必然性，但不可避免地在宪法实施过程中出现了上述问题，影响了我国宪法实施和法治建设的成效。可能正是基于对我国法治建设成效

---

❶　秦前红主编：《新宪法学》，武汉大学出版社 2005 年版，第 2 页。

❷　伊士国：《1982 年宪法实施三十余年的反思与展望》，载《中国社会科学院研究生院学报》2014 年第 2 期。

的总结，我们逐渐改变了过去单一的"自上而下"的法治建设模式，开始探索一种"自上而下与自下而上相结合"的法治建设模式。例如，党的十八届三中全会明确提出，要"坚持法治国家、法治政府、法治社会一体建设"。正如章志远教授指出的："我国法治建设实践样本观察显示，一种自下而上与自上而下相结合、坚持党的领导和坚持以人民为中心辩证统一的地方试验型法治一体建设模式已初步生成。地方试验、中央认可、稳步推广和法治固化是其运作的基本逻辑，分别构成了这一模式的基础、关键、重心和归宿。"❶ 因此，要保证我国宪法的全面实施，也要逐渐改变过去单一的"自上而下"的宪法实施模式，采用"自上而下与自下而上相结合"的宪法实施模式，发挥国家与社会在宪法全面实施中的合力。具体言之，一要继续发挥执政党和政府在我国宪法实施中的主导作用，这是由我国后发展国家的实际情况决定的。这种主导作用主要体现在执政党和政府既是我们宪法实施的领导者，也是我国宪法实施的组织者和推动者，还是我国宪法实施的主要落实者。正如习近平总书记指出的："党领导人民制定宪法和法律，党领导人民执行宪法和法律，党自身必须在宪法和法律范围内活动，真正做到党领导立法、保证执法、带头守法。"❷ 例如，2018 年组建的中央全面依法治国委员会体现了执政党在我国宪法实施中的领导者角色。党的十九届四中全会提出的"健全保证宪法全面实施的体制机制"命题及其顶层设计，体现了执政党在我国宪法实施中的组织者和推动者角色。党的十九届四中全会提出的"坚持依法治国、依法执政、依法行政共同推进"，体现了执政党和政府在我国宪法实施中的主要落实者角色。二要坚持以人民为中心的法治观，注重发挥人民群众在宪法实施中的积极性和主动性，培育人民群众的宪法观念和宪法意识，使实施宪法成为人民群众的自觉行动，为保证宪法全面实施奠定坚实的社会基础。正如习近平总书记指出的："宪法的根基在于人民发自内心的拥护，宪法的伟力在于人民出自真诚的信仰。只有保证公民在法律面前一律平等，尊重和保障人权，保证人民依法享有广泛的权利和自由，宪法才能深入人心，走入人民群众，宪法实施才能真正成为全体人民的自觉行动。"❸

---

❶ 章志远：《法治一体建设地方试验型模式研究》，载《中共中央党校（国家行政学院）学报》2021 年第 2 期。

❷ 习近平：《在首都各界纪念现行宪法公布施行 30 周年大会上的讲话》，载《中国人大》2012 年第 23 期。

❸ 习近平：《在首都各界纪念现行宪法公布施行 30 周年大会上的讲话》，载《中国人大》2012 年第 23 期。

（三）中国特色宪法实施之路是宪法全面实施之道路选择

当今世界和我国宪法实施的实践表明，一个国家选择什么样的宪法实施道路，关系其宪法实施的成效，关系其法治国家建设的成败。一个国家要想实现宪法的全面实施，建设法治国家，就必须找到既符合宪法实施的普遍规律、又适合自己国情的宪法实施之路。此外，我国宪法实施之所以要追寻和探索中国特色宪法实施之路，是因为从根本上讲，每个国家的宪法实施之路都有其深刻的政治、经济、社会、文化背景，都是在一定土壤中发展起来的，其中经济起着根本的作用。而由于我国传统社会结构、经济制度、政治制度、法律及其文化与西方国家有着很大不同，这就注定了我们国家的宪法实施之路与西方国家的宪法实施之路必然存在很大不同，因此，我们理应在认清中国国情的前提下，从自身实际出发，把宪法实施基本原理同中国实际相结合，探索出一条适合中国国情、具有中国特色的宪法实施之路，从而实现宪法实施的固有传统和现代性理念、宪法实施的本土化和国际化、宪法实施的自我创新和学习借鉴的有机统一。

可以说，追寻和探索中国特色宪法实施之路，推进宪法全面实施，已成为新时代中国建设社会主义法治国家的首要选择。那么，什么是中国特色宪法实施之路呢？结合中国特色社会主义法治道路的内涵及其特色，我们认为，中国特色宪法实施之路应具有以下内涵：第一，具有鲜明的中国特色。一是具有深刻的社会主义本质。我国宪法是具有鲜明中国特色的社会主义宪法，其"以国家根本法的形式，确立了中国特色社会主义道路、中国特色社会主义理论体系、中国特色社会主义制度的发展成果"❶，这就必然要求中国特色宪法实施之路具有深刻的社会主义本质。唯有如此，才能保证我国宪法实施的正确方向；二是具有强烈的人民民主性质。民主是法治的前提，法治是民主的保障。全面实施宪法，建设法治国家，最终目的是为了保证人民当家作主。广大人民群众既是我国宪法实施的主体，又是我国宪法实施的最终受益者。因此，中国特色宪法实施之路必然具有强烈的人民民主性质；三是以坚持党的领导为根本保证。坚持党的领导是社会主义法治与资本主义法治的根本区别所在。坚持党的领导，是我国《宪法》确立的政治原则，是我国宪法实施的前提和保证。因此，党必须在全面实施宪法中始终发挥总揽全局、协调各方的领导核心作用。这也是中国特色宪法实施之路最为特色之处。第二，

---

❶　习近平：《在首都各界纪念现行宪法公布施行 30 周年大会上的讲话》，载《中国人大》2012年第 23 期。

坚持宪法实施的基本原则，体现宪法实施的基本规律，借鉴国外宪法实施的成功经验。我们党对中国特色的高度自觉追求，本身就包含了高度自觉地学习和借鉴国外宪法实施的有益经验。这是因为，全面实施宪法，建设中国特色社会主义法治国家，如同社会主义其他事业一样，都是马克思主义发展史上的崭新课题，因而必须借鉴国外宪法实施的成功经验，吸收国外宪法实施的有益成果。但这种借鉴和吸收绝不是照搬照抄，而是立足我国国情，把宪法实施的基本原理与我国实际相结合，不断探索宪法实施规律，在实践中开辟一条中国特色的宪法实施之路。

三、宪法全面实施之关键环节

宪法全面实施是一个庞大的系统工程，涉及多个主体和多个方面，也涉及多个环节。例如，对于公民来说，主要是遵守宪法的问题；对于全国人大及其常委会来说，主要是依宪立法，将宪法法律化的问题；对于行政机关来说，主要是依宪行政、依法行政的问题；对于司法机关来说，主要是司法机关依据宪法独立行使司法权，不受行政机关、社会团体和个人的干涉的问题；对于执政党来说，主要是依法执政、依宪执政，坚持在宪法和法律范围内活动的问题。但在诸多环节中，依法执政却是宪法全面实施的最关键环节。这是由我们党的领导地位和执政地位所决定的，也是由执政党在法治国家建设中的主导作用所决定的。正如强世功教授指出的："法治不仅是法院的事情，不仅仅建立一个公正的司法，而是执政党和政府的事情，其目标就是让整个国家、社会和公民个人都服从于规则的治理。而在实现法治理想过程中，当前面临的首要问题在于执政党能不能做到'依法执政'。"❶ 可以说，在新的历史条件下，中国共产党只有坚持依法治国，并将法治作为自己执政的基本方式，实现从依政策执政到依法执政的转变，才能保证宪法的全面实施，才能保证依法治国的全面推进，因为"依法执政本质上就是依宪执政"❷。具体表现在以下方面。

（一）依宪授权是依法执政的前提和基础

一般来说，依法执政既是依法治国的基本内容和重要组成部分，又是现

---

❶ 《"依法执政"应成为建设"法治中国"的重心——专访北京大学法学院教授强世功》，载《21世纪经济报道》2014年3月4日，第23版。

❷ 邓联繁：《依宪执政：依法执政之实质》，载《武汉大学学报》（哲学社会科学版）2005年第1期。

代政党政治的普遍要求。但依法执政的前提和基础却在于依宪授权。这是因为，宪法是"整体权力来自被统治者的政府宪章"❶。因而，只有依宪授权，执政党才能获得自身执政的合法性地位，才能真正解决自身执政权来源的正当性与合法性问题。一般来说，依宪授权包括两种方式和途径：一是指在两党制或多党制的国家，各政党依宪参加竞选，由获胜者依宪获得执政地位，依宪成为执政党，依宪获得执政权和掌握国家权力；二是指在殖民地或半殖民地国家，政党通过革命武装斗争的方式推翻旧政权，建立新政权。在成为执政党后，废除旧法统，建立新法统，对执政党的执政地位和执政权依宪进行确认。那么，具体来说，西方国家的政党基本上属于第一种情况，而包括中国共产党在内的无产阶级政党则基本上属于第二种情况。❷

在第一种情况下，由于西方国家政党的执政党地位是在现有体制内依宪取得的，其获取执政地位的法定途径和方式是本国宪法所确立的"选举制度"及据此开展的"选举活动"，其执掌的执政权和国家权力是人民依宪授予的。因而，西方国家政党在执政时，就必须要坚持依法执政，特别是首先要坚持依宪执政，即必须要依宪法、法律从事执政活动。否则，其就会违背人民依宪授权的目的。在下次选举时甚至在执政过程中，人民就可依宪收回对该执政党的"授权"。这时，该执政党的执政地位就会丧失。正如劳伦斯·迈耶指出的："民主的政党制度模式的精髓通常被称为责任政党政府（responsible party government）。这个术语概括出一个制度，在这个制度中，一个政党有效地控制着国家的政治决策过程，并根据从上次大选里的大众投票中所获得的授权进行统治。'授权'在这里是指选民们同意将用来维持和执行一定政策及价值的权力委托出去。为使'授权'这个概念具有实质意义，政党在竞选中不得不坚持一些显得相对不那么含糊的原则或政策。当赢得竞选的政党根据授权获得统治权力时，它就必须对统治的后果负责。"❸

在第二种情况下，包括中国共产党在内的无产阶级政党的执政党地位似乎不是"依宪"取得的，而是在夺取国家政权即取得"事实上"的执政党地位后，领导人民制定宪法并"依宪"予以确认的，因而，其似乎根本不存在"依宪授权"的问题。对此，我们应从宪法的本质内容着手进行分析。众所周知，宪法不外是人民根本利益和意志的体现，因而，"依宪授权"实质上就是

❶ 张千帆著：《宪法学导论》，法律出版社 2008 年版，第 11 页。

❷ 蔡玉龙、伊寿康：《依法执政的宪法学分析》，载《河北学刊》2015 年第 2 期。

❸ 劳伦斯·迈耶、约翰·伯内特、苏珊·奥格登：《比较政治学——变化世界中的国家和理论》，罗飞等译，华夏出版社 2001 年版，第 114~115 页。

人民授权。中国共产党执政地位的取得，尽管从表面上看，是通过革命武装斗争的途径，而不是通过"选举"的途径，但其实质上是人民的选择、人民的授权。人民虽然没有在现有体制内通过"民主选举"的方式依宪授权，但是已经按照自己的意志和利益"用脚"进行了投票。因此，中国共产党执政地位的取得，就表明中国共产党实质上已经得到了人民的"依宪"授权。其后，中国共产党领导人民制定了宪法和法律，依宪确立了中国共产党的执政党地位、赋予了中国共产党执政权，只是形式上"依宪"对这一事实和状态的确认。但这绝不能否认人民对中国共产党实质上"依宪"授权的存在。这里特别要明确的一点是，人民对中国共产党执政地位的依宪授权，是从宏观上和总体上对中国共产党整个政党的授权，而不是从微观上对一些具体党员的授权。因而，在中国共产党"依宪"获得执政地位和执政权后，中国共产党的各级领导干部要想进入国家政权，行使国家权力，还必须得到人民的依宪授权。而人民依宪授权的法定途径就是人民代表大会制度下的"民主选举"。那么，综上所述，中国共产党在取得执政地位后，就必须依法执政特别是依宪执政，就必须依宪、依法管理国家和社会事务。

（二）依宪用权是依法执政的核心

"政党是国家权力的轴心。"[1] 政党的两大职能就是夺取国家政权和维护国家政权，也即掌握国家权力和运用国家权力，而这正是其与利益集团等社会团体的本质区别所在。因此，政党执政的核心就在于掌握并运用国家权力。那么，政党依法执政的核心就在于依法特别是依宪掌握并运用国家权力。这是因为政党依法执政的前提和基础是人民的依宪授权，因而，政党一旦依宪获得执政地位，依宪掌握或进入国家政权后，就必须依宪用权，包括依照宪法和法律规定的方式、途径、范围运用国家权力，否则，政党就丧失了其执政的合法性基础，也难以有效运用国家权力；另外，在现代民主法治的条件下，国家的权力都是由宪法和法律加以规定和限制的。其中，宪法规范正是一种组织国家权力的规范，其特点之一就是"组织性"与"限制性"并存，即宪法在组织国家机构并对其"授权"的同时又对其进行"限权"，因为宪法授权的范围也即权力运行的边界，宪法规定的方式、途径、程序也即权力运行的依循。这就为执政党运用国家权力提供了依据，同时也为执政党运用国家权力划定了界限。因而，执政党运用国家权力就必须遵循宪法和法律的

---

[1] 龚祥瑞著：《比较宪法与行政法》，法律出版社 2012 年版，第 286 页。

规定，即必须依宪用权。

对于中国共产党来说，强调依宪用权，一是指中国共产党必须通过法定的方式运用国家权力。由于法治是我们国家宪法规定的治国理政的基本方略，也是中国共产党执政的基本方式。这就要求，中国共产党在执政的过程中必须摒弃人治，必须通过法治的方式治国理政，必须领导立法、保证执法、带头守法。二是指中国共产党必须在法定的范围内运用国家权力。根据宪法学原理，无论是执政党的执政权还是国家机关的具体权力，都是人民依宪授予的，都应有法定的范围。因此，执政党运用国家权力必须在法定范围内，而不能逾出这个边界。三是指中国共产党必须通过法定程序运用国家权力。正当法律程序原则是法治的基本原则之一，遵循正当法律程序是法治的基本要求。因为"正是程序决定了法治与恣意的人治之间的基本区别"❶。因此，中国共产党不仅要在法定的范围内运用国家权力，还必须要通过法定的程序运用国家权力。四是指中国共产党必须通过法定的途径运用国家权力。政党与国家政权既有区别又有联系。就区别而言，两者存在本质的不同，政党的本质是一定阶级、阶层或集团的积极分子所组成的政治组织，而国家政权的本质是抽象国家的代表，是国家权力的物质载体，因此，两者绝不能相互代替。就联系而言，由于近现代民主政治都是政党政治，政党只有通过掌握或参与国家政权，才能掌握和运用国家权力。因此，政党与国家政权又密不可分。这就决定了中国共产党在取得执政地位、掌握国家政权后，必须要按照依法执政、依宪执政的要求，依法通过国家政权运用国家权力，而不能代替国家政权行使国家权力。

（三）依宪监督是依法执政的重要保障

"一切有权力的人都容易滥用权力，这是万古不易的一条经验。"❷ 执政党在执政的过程中如果不受监督和制约，必然就会滥用权力，必然就会导致腐败，这是对中外执政党长期以来执政经验教训的深刻总结。因此，要避免执政权与国家权力的滥用，避免执政党的变质，就必须对执政党的执政活动依法特别是依宪进行监督和制约。在此需要说明的是，之所以强调"依宪进行监督和制约"，这既是由宪法的根本大法地位所决定的，也是由宪法规范既"授权"又"限权"的特性所决定的。也就是说，既然执政党的执政地位来自人民的依宪授权，执政党又要依宪用权，就应该依宪对执政党的执政活动

❶　转引自季卫东著：《法治秩序的建构》，商务印书馆 2014 年版，第 3 页。

❷　孟德斯鸠：《论法的精神》上卷，张雁深译，商务印书馆 1961 年版，第 154 页。

进行监督和制约。

　　而依法执政的重要内容和应有之义，就是运用宪法和法律的手段对执政党的执政活动进行监督和制约，使执政党在宪法和法律规定的范围内运用国家权力。只不过由于基本国情、社会制度、历史文化传统等的不同，中西方国家对执政党执政活动依宪监督和制约的模式和侧重点不同，西方国家主要是"依宪制约"，中国则主要是"依宪监督"。具体言之，在西方国家，由于奉行三权分立原则，"以权力制约权力"是西方国家防止国家权力滥用的主要途径，因而，西方国家宪法将立法权、行政权和司法权分别授予三个不同的国家机关，并使这三种权力保持"动态"的平衡，相互监督、相互制约，这样就可以有效防止国家权力的滥用，保证国家的权力始终在法定的范围内运行。正如汉密尔顿指出的："把权力均匀地分配到不同部门；采用立法上的平衡和约束；设立由法官组成的法院，法官在忠实履行职责的条件下才能任职；人民自己选举代表参加议会——凡此种种，完全是崭新的发现，或者是在现代趋向完善方面取得的主要进步。这些都是手段，而且是有力的手段，通过这些手段，共和政体的优点得以保留，缺点可以减少或避免。"❶ 同时，由西方国家宪法确立的宪法体制所决定，使得任何政党不可能同时拥有这三种权力，这样，就可以通过"以权力制约权力"的途径，"依宪制约"执政党运用国家权力的活动，防止其滥用国家权力。

　　在我国，由于奉行民主集中制原则，"以权利制约权力"是我国防止权力滥用的主要途径。在我国，人民既是国家和社会的主人，又是宪法和法律上的"主权者"，人民虽然将国家权力授予了各级国家机关，但人民始终握有"最后的控制权"，可以依宪通过人民代表大会制度的途径对国家权力的行使进行监督，这包括人民的直接监督和通过人大的间接监督。正如马克思指出的："国民议会本身没有任何权利——人民委托给它的只是维护人民自己的权利。如果它不根据交给它的委托来行动——这一委托就失去效力。到那时，人民就亲自出台，并且根据自己的自主的权力来行动。"❷ 这样，就可以有效地防止国家权力的滥用。因此，我国《宪法》明确规定，国家的一切权力属于人民，人民行使国家权力的途径是全国人大和地方各级人大，再由各级人大产生"一府一委两院"，"一府一委两院"对人大负责、受人大监督。这样，人民既可以直接监督国家机关及其工作人员，也可以通过各级人大对"一府一委两院"及其工作人员间接进行监督，以保证国家的权力始终服务于

---

❶ 汉密尔顿、杰伊、麦迪逊著：《联邦党人文集》，程逢如等译，商务印书馆1980年版，第40~41页。
❷ 《马克思恩格斯全集》第6卷，人民出版社1961年版，第305页。

人民的意志和利益。而由于中国共产党必须在宪法和法律规定的范围内活动，"必须通过人民代表大会执政"❶，因而，人民通过对国家机关及其工作人员的依宪监督，也就对各级党组织的执政活动进行了依宪监督。这里的问题是，人民要想依宪对国家机关及其工作人员的活动进行有效监督，前提在于健全人民代表大会制度和发展中国式代议民主政治。当前，正是由于人民代表大会制度不完善，中国式代议民主政治不发达，人民才无法有效地对国家机关及其工作人员进行依宪监督，这就影响了依法执政目的的实现。但必须要说明的是，"宪法本身已供应了许多有效的监督适用条款，只是因为权力机关面对风险社会中遭遇的重大特定问题时，惯性奉行'鸵鸟政策'而长期闲置"❷。而这正是未来我们需要重点努力的方向。

四、宪法全面实施之重要保障

汉密尔顿曾指出："宪法的生效必须有宪法保障。"❸ 这是因为，任何一个国家的宪法实施都不是一帆风顺的，也不是一蹴而就的，必然会遇到各种阻力和障碍，如果没有相应的保障条件和措施，宪法实施便会受阻，法治国家便难以真正建成。因此，如何保障宪法实施是世界各国法治建设中十分重要的问题。从某种意义上说，宪法实施保障体系的完善与否，是衡量一国法治建设程度的重要标尺。所以，我们要保证宪法全面实施，就必须要形成有力的宪法实施保障体系。而在宪法实施保障体系中，宪法解释无疑具有举足轻重的地位。因为历史和经验都证明，运用宪法解释手段，可以在最大限度保持宪法稳定的情况下，使宪法"与时俱进"、不断适应社会实践变迁，保证宪法全面实施。特别是在社会转型时期，宪法实施理论与宪法实施实践的良性互动更应该通过宪法解释活动来实现。基于此，我国现行《宪法》第 67 条第 1 项建立了我国的宪法解释制度，明确了我国宪法解释的主体，但对宪法解释的程序、效力等问题并没有作出规定，导致我国宪法解释工作难以操作和常态化开展，没有充分发挥宪法解释制度在保障我国宪法实施中的应有作用。例如，我国宪法的频繁修改就与我国宪法解释不发达直接相关，而在宪法解释发达的国家，其宪法很少被修改。因此，为了保证宪法全面实施，应健全我国的宪法解释制度，构建常态化的党内法规解释制度，具体言之：

---

❶ 周叶中、庞远福：《论"法治中国"的内涵与本质》，载《政法论丛》2015 年第 3 期。

❷ 杨力：《认真对待法治思维》，载《政法论丛》2015 年第 2 期。

❸ 汉密尔顿、杰伊、麦迪逊著：《联邦党人文集》，程逢如等译，商务印书馆 1980 年版，第 399 页。

（一）进一步明确宪法解释的主体

根据我国现行《宪法》第 67 条第 1 项之规定，全国人大常委会有权解释宪法，是我国宪法解释的法定主体。这里的问题是，全国人大常委会是不是我国宪法解释的唯一法定主体？或者说全国人大是否有权解释宪法？对此，理论界争议较大，有人认为全国人大常委会不是唯一的法定宪法解释主体，全国人大也有权解释宪法，理由主要包括：一是由全国人大和全国人大常委会的关系所决定，既然作为全国人大常设机关的全国人大常委会享有宪法解释权，全国人大也应享有宪法解释权，正如林来梵教授指出的："除全国人大常委会之外，其他机关是否有权解释宪法？宪法当中没有规定，不过学术界认为，在逻辑上，全国人大也应属于有权解释机关。"❶ 二是全国人大享有监督宪法实施的职权，这就内在地要求全国人大应具有宪法解释权，不然其难以准确判断某法律、法规、规章是否合宪；三是"按照宪法的规定，全国人大有修改宪法的权力，当然也有解释宪法的权力，它的立法本身就有解释宪法的性质"；❷ 四是虽然我国现行《宪法》并未赋予全国人大宪法解释权，但我国现行《宪法》第 62 条第 16 项的"兜底条款"即"应当由最高国家权力机关行使的其他职权"，意味着全国人大有权享有宪法解释权。而有人认为全国人大常委会是唯一的法定宪法解释主体，全国人大无权解释宪法，其理由主要包括：一是根据职权法定原则，我国现行《宪法》只是将宪法解释权赋予了全国人大常委会，并未赋予全国人大，全国人大自然无权解释宪法；二是尽管全国人大常委会是全国人大的常设机关，但两者毕竟是相对独立的国家机关，我国现行《宪法》以列举式方式分别赋予了两者职权，既然并没有赋予全国人大解释宪法权，全国人大也就无权解释宪法，不是法定的宪法解释主体。三是"修改宪法与解释宪法，是两种性质不同的国家权力，不仅中国是分开的，世界正常的立宪国家也都是分开的，绝无因有修宪权而'当然'获得宪法解释权的情况"❸。

对此，笔者认为，根据职权法定原则，所有国家机关均需依宪设立，依宪赋予其职权，既然我国现行《宪法》并未赋予全国人大宪法解释权，全国人大也就不是法定的宪法解释主体。另外，虽然我国现行《宪法》第 62 条第

---

❶ 林来梵著：《宪法学讲义》，清华大学出版社 2018 年版，第 152 页。

❷ 童之伟：《宪法学研究须重温的常识和规范——从监察体制改革中的一种提法说起》，载《法学评论》2018 年第 2 期。

❸ 童之伟：《宪法学研究须重温的常识和规范——从监察体制改革中的一种提法说起》，载《法学评论》2018 年第 2 期。

16 项的"兜底条款"授权全国人大可以行使"应当由最高国家权力机关行使的其他职权",但这些职权仅限于立法权可以赋予的范围,而不包括制宪权可以赋予的范围,显然宪法解释权是制宪权赋予的范围,而不是立法权赋予的范围,因此,全国人大并不能行使宪法解释权,不是法定的宪法解释主体。正如童之伟教授指出的:"立宪主义的基本要求是,宪法没有列举的国家机关不得设立,宪法没有列举的权力,包括国家机关在内的任何主体都不得行使。"❶

(二) 构建宪法解释程序机制

当前,我国宪法解释工作难以正常开展的主要原因是缺乏一套可操作的程序机制,导致我国宪法解释工作无所遵循。要保证我国宪法解释工作的常态化开展,我们就必须制定《宪法解释程序规定》,对宪法解释的启动、起草、审核、审批、公示等作出明确规定,以形成一套健全的宪法解释程序机制。具体言之,一是宪法解释的启动。宪法解释的启动应包括主动启动和被动启动两种,即全国人大常委会可以根据工作需要主动对宪法作出解释,也可以基于一定主体的书面请示、请求等被动对宪法作出解释。那么,这里的"一定主体"包括哪些范围呢?参照《中华人民共和国立法法》(以下简称《立法法》) 第 99 条关于提出合宪性审查主体的规定,我们可以将有权提出进行合宪性审查要求的主体即国务院、中央军事委员会、最高人民法院、最高人民检察院和各省、自治区、直辖市的人民代表大会常务委员会,再加上国家监察委员会,规定为有权提出进行宪法解释要求的主体,其一旦提出进行宪法解释的要求,全国人大常委会工作机构就应将该要求送全国人大宪法和法律委员会进行审查、提出意见。我们可以将上述主体之外的其他国家机关和社会团体、企业事业组织以及公民,规定为有权提出进行宪法解释建议的主体,其一旦提出进行宪法解释的建议,全国人大常委会就要进行研究,只有在必要时,才送全国人大宪法和法律委员会进行审查、提出意见。二是宪法解释草案的起草。如果全国人大常委会决定启动宪法解释工作,就应由全国人大宪法与法律委员会承担宪法解释草案起草工作,这是由其工作职责决定的。全国人大宪法与法律委员会应当在调查研究的基础上提出宪法解释草案,并征求相关单位意见。三是宪法解释草案的审核。为了保证宪法解释工作的科学性和审慎性,宪法解释草案在报批前,还应交由全国人大常委会

---

❶ 童之伟:《 "法无授权不可为" 的宪法学展开》,载《中外法学》2018 年第 3 期。

法制工作委员会进行审核，避免出现一些漏洞或问题。四是宪法解释草案的审批。考虑到宪法解释工作的重要性以及全国人大常委会国家权力机关的性质，宪法解释草案的审批只能采取会议的形式进行，按照"多数决"的方式进行表决。这一点不同于党内法规解释草案的审批，其不仅可以通过会议的方式进行，还可以"按程序报党内法规解释机关主要负责同志审批"的方式进行。此外，考虑到宪法解释具有和宪法同等的效力，因而，全国人大常委会在审批宪法解释草案时，就不应以立法程序所要求的"过半数"通过，而应以修宪程序所要求的"三分之二以上的多数"通过。五是宪法解释的公布。由于宪法解释具有普遍效力，因此，宪法解释的公布方式可以采取法律解释公布的方式，由全国人大常委会发布公告予以公布。六是宪法解释的生效。由于宪法修正案自其公布之日起生效，因此，宪法解释也应自其公布之日起生效。这一点也不同于党内法规解释生效的相关规定。根据《中国共产党党内法规解释工作规定》第 12 条之规定，党内法规解释自其规定之日起生效；未规定生效日期的，自发布之日起生效。

（三）进一步明确宪法解释的效力

一般来说，宪法解释具有和宪法同等的效力，这是世界各国的通行做法。但是由于我国修宪权和宪法解释权的主体不同，前者主体为全国人大，后者主体为全国人大常委会，如果赋予宪法解释和宪法同等效力，就很可能会出现全国人大常委会事实上侵犯全国人大修宪权的问题，因为宪法解释可以弥补宪法缺陷或对宪法作扩大解释，达到事实上修改宪法的效果。而修宪权作为制度化的制宪权[1]，只能由全国人大行使，"除全国人民代表大会外，任何其他国家机关包括全国人大常委会在内都无权修改宪法"[2]。那么，我们应如何解决这一矛盾或冲突呢？我们认为，可以通过进一步明确宪法解释效力的途径来解决，如果我们将宪法解释效力定位为一种特殊位阶，使其低于宪法、高于普通法律，则上述问题便迎刃而解。也有学者持类似观点，如秦前红教授指出："根据宪法解释的性质与宪法规范的功能，宪法解释效力应处于特殊位阶，是一种综合性的效力体系，其效力低于宪法典，高于普通法律。"[3] 韩大元教授不仅肯定了这种观点，而且认为将宪法解释效力定位于一种特殊的

[1] 芦部信喜著：《宪法》，高桥和之补订，林来梵等译，清华大学出版社 2018 年版，第 312 页。
[2] 韩大元著：《宪法学基础理论》，中国政法大学出版社 2008 年版，第 342 页。
[3] 秦前红等著：《比较宪法学》，武汉大学出版社 2007 年版，第 309 页。

效力即"低于宪法而高于普通法律"❶，具有一定的合理性，"一方面可以保证宪法解释受到宪法典的约束，不损害宪法典的权威，使宪法解释获得正当性和合法性；另一方面，又可以使宪法解释能够成为裁决普通法律及宪法性法律合宪性的上位规范，使宪法的精神实质能够通过宪法解释得到贯彻落实"❷。

五、结束语

列宁曾指出："当法律同现实脱节的时候，宪制是虚假的；当它们是一致的时候，宪制就不是虚假的。"❸ 这就指出了宪法实施的意义所在，并提出了宪法实施的任务。"所以，我们讲宪法，必须要讲宪法的实施，并且要始终强调这一点。我们光讲 1982 年《宪法》制定得多么好、多么完善，是不够的，我们还要经常问问宪法实施了多少，还需要从哪些方面去努力实施。这是我们每位同志的责任。不要幻想制定了一部好宪法，就会自然而然带来法治。这是远远不够的，宪法还需要我们艰苦努力地去实施。"❹ 特别是在改革开放四十多年后的今天，我们正面临一个新的机遇和挑战的时期，加强宪法实施，凝聚宪法共识，以宪法保障改革的重要性就更为突出。但众所周知的是，我国宪法实施面临的困难和问题是十分艰巨复杂的，有些甚至是其他国家从未遇到过的。然而，这些绝不应成为我们不实施宪法甚至拒绝实施宪法的理由，相反，更应将其作为我们实施宪法的动力源泉，因为这些困难的存在有时恰恰说明了宪法实施在我国的重要性和必要性。正如习近平总书记在首都各界纪念现行宪法公布施行 30 周年大会上的讲话中指出的："宪法的生命在于实施，宪法的权威也在于实施。""保证宪法实施，就是保证人民根本利益的实现。只要我们切实尊重和有效实施宪法，人民当家作主就有保证，党和国家事业就能顺利发展。反之，如果宪法受到漠视、削弱甚至破坏，人民权利和自由就无法得到保证，党和国家事业就会遭受挫折。"❺

---

❶ 韩大元主编：《比较宪法学》，高等教育出版社 2003 年版，第 121 页。
❷ 韩大元主编：《比较宪法学》，高等教育出版社 2003 年版，第 122 页。
❸ 《列宁全集》第 17 卷，人民出版社 1988 年版，第 320 页。
❹ 蔡定剑著：《论道宪法》，译林出版社 2011 年版，第 28 页。
❺ 习近平：《在首都各界纪念现行宪法公布施行 30 周年大会上的讲话》，http://news.xinhuanet.com/politics/2012-12/04/c_113907206.htm，最后访问日期：2021 年 7 月 13 日。

第三章
人民代表大会制度专题

习近平总书记在庆祝全国人民代表大会成立 60 周年大会上的讲话中指出:"在中国实行人民代表大会制度,是中国人民在人类政治制度史上的伟大创造,是深刻总结近代以后中国政治生活惨痛教训得出的基本结论,是中国社会 100 多年激越变革、激荡发展的历史结果,是中国人民翻身作主、掌握自己命运的必然选择。"❶ 人民代表大会制度作为我国的根本政治制度和中国式代议制,既是中国共产党治国理政的根本途径,又是中国特色社会主义民主政治的根本制度载体,既体现了中国共产党对现代国家政权建设的探索与实践,又体现了中国共产党关于现代代议制的构想与实践。

一、人民代表大会制度 60 多年发展的回顾与展望❷

"中国人大制度的变迁,并不是完全按照代议制度自我完善的逻辑而展开,而是在更大程度上围绕着中国政治体系的维持和变迁的动力在展开。"❸这就导致我国人民代表大会制度的功能并不像国外代议制一样,单纯以实现民主为己任,而是在不同时期呈现出多种"变量"。因此,我们只有从人民代表大会制度功能变迁的视角出发,才能真正把握我国人民代表大会制度发展的脉搏,才能真正总结我国人民代表大会制度发展的经验教训,才能真正指明我国人民代表大会制度未来发展的方向。

(一) 人民代表大会制度 60 多年发展历程的回顾

回顾我国人民代表大会制度 60 多年的发展历程,我们可以发现,虽然人

---

❶ 习近平:《在庆祝全国人民代表大会成立 60 周年大会上的讲话》,载《人民日报》2014 年 9 月 6 日,第 2 版。

❷ 本部分系与周叶中教授合作撰写,特致谢忱!

❸ 何俊志著:《作为一种政府形式的中国人大制度》,上海人民出版社 2013 年版,第 16 页。

民代表大会制度始终以发展人民民主为己任，但人民代表大会制度在不同历史时期却扮演了不同的角色和发挥了不同的功能，"其直接原因是领导着中国制度建设的中国共产党在不同历史时期对人大制度的调整和改革。其间接原因则在于，中国共产党所面临的形势和提出的任务也经历了阶段性的变化。"❶据此，我们可以将人民代表大会制度 60 多年的发展历程，大体划分为以下三个阶段❷。

1. 1954—1977 年，以合法性取向为中心的阶段

"合法性即是对统治权力的承认。从这个角度来说，它试图解决一个基本的政治问题，而解决的办法即在于同时证明政治权力与服从性。"❸ 合法性是任何国家政权都必须要面临和解决的首要问题，对 1949 年建立的新中国政权来说亦是如此。这一点从斯大林对中共中央的三次制宪建议中就可以看出。斯大林在解释为什么要召开全国人大和制定宪法时说："敌人可用两种说法向工农群众进行宣传，反对你们。一是说你们没有进行选举，政府不是选举产生的；二是说你们没有宪法，人家可以说你们是用武力控制了位子，是自封的。因为政协不是选举的，《共同纲领》不是全民代表通过的，而是由一党提出，其他党派予以同意的东西。你们应从敌人手中拿掉这个武器。"❹ 可见，斯大林认为，只有尽快召开由普选产生的全国人大和制定宪法，才能真正解决新中国政权的合法性问题。正是基于此，中共中央才决定于 1954 年提前召开全国人大和制定宪法。正如穆兆勇教授指出的："中共中央之所以改变初衷，决定尽快召开全国人民代表大会和制定宪法，与斯大林的建议有着直接的联系。"❺ 这就说明，我国人民代表大会制度建立的初衷，主要就是为了解决新中国政权的合法性问题，巩固中国共产党的执政地位。诚如刘建军教授等学者所言："人大制度作为当代中国的根本政治制度，是按照现代民主的逻辑设计出来的。当然不排除最初设计这一制度的政治使命，即巩固中国共产党的执政地位，强化执政党领导国家建设的能力，特别是通过人大制度解决新政权的合法性问题。"❻

---

❶ 何俊志著：《作为一种政府形式的中国人大制度》，上海人民出版社 2013 年版，第 20 页。

❷ 刘建军等学者认为，从外在情境要素的要求和需求这一角度来看，人大制度的运作与发展，大致经历了以合法性取向为中心、以效率取向为中心和以有序民主取向为中心的三个阶段的建设历程。参见刘建军、何俊志、杨建党著：《新中国根本政治制度研究》，上海人民出版社 2009 年版，第 6～8 页。

❸ 让-马克·夸克著：《合法性与政治》，佟心平、王远飞译，中央编译出版社 2008 年版，第 10 页。

❹ 蔡定剑著：《论道宪法》，译林出版社 2011 年版，第 23～25 页。

❺ 穆兆勇著：《第一届全国人民代表大会实录》，广东人民出版社 2006 年版，第 34～37 页。

❻ 刘建军、何俊志、杨建党著：《新中国根本政治制度研究》，上海人民出版社 2009 年版，第 3 页。

此外，以毛泽东为代表的中国共产党人对"国家政权应该怎样组织？国家应该怎样治理？"❶问题的实践探索和理论思考，也是人民代表大会制度建立的重要原因。在经过一系列的探索和思考之后，毛泽东终于得出结论："没有适当形式的政权机关，就不能代表国家。中国现在可以采取全国人民代表大会、省人民代表大会、县人民代表大会、区人民代表大会直到乡人民代表大会的系统，并由各级代表大会选举政府。但必须实行无男女、信仰、财产、教育等差别的真正普遍平等的选举制，才能适合于各革命阶级在国家中的地位，适合于表现民意和指挥革命斗争，适合于新民主主义的精神。这种制度即是民主集中制。"❷

在此基础上，1954 年 9 月 15 日召开了第一届全国人民代表大会第一次会议，标志着人民代表大会制度在全国范围内建立起来，并制定通过了 1954 年《宪法》，明确规定了我国的国体和政体，以人大为基础建立了全部国家机构，选举产生了国家机关领导人员等，从而解决了新中国政权的合法性问题。但是，令人遗憾的是，在这一问题解决之后，由于众所周知的原因，人民代表大会制度的重要性被忽略，人民代表大会制度并未能真正按照现代民主的逻辑运作和发挥作用，甚至在很长时期内"名存实亡"。可以说，在这一阶段，人民代表大会制度主要被定位为解决新中国政权的合法性问题，因而在其他方面"建树不多"，但它无疑为未来的新中国国家建设和治理奠定了坚实的制度框架和制度基础。

2. 1978—1991 年，以经济和政治改革取向为中心的阶段

1978 年，党的十一届三中全会作出了把党和国家工作中心转移到经济建设上来、实行改革开放的伟大历史决策，并着重提出了加强社会主义民主和健全社会主义法制的任务，从而使我国人民代表大会制度的发展进入了一个春天。在此需要说明的是，在改革开放初期，我国经济体制改革和政治体制改革是同步进行的，是相辅相成的。正如邓小平指出的："在总结经验的基础上，党的十一届三中全会提出一系列新的政策。就国内政策而言，最重大的有两条，一条是政治上发展民主，一条是经济上进行改革。"❸邓小平还多次强调了政治体制改革的重要性，他指出："我们提出改革时，就包括政治体制改革。现在经济体制改革每前进一步，都深深感到政治体制改革的必要性。

❶ 习近平：《在庆祝全国人民代表大会成立 60 周年大会上的讲话》，载《人民日报》2014 年 9 月 6 日，第 2 版。
❷ 《毛泽东选集》第 2 卷，人民出版社 1991 年版，第 677 页。
❸ 《邓小平文选》第 3 卷，人民出版社 1993 年版，第 116 页。

不改革政治体制，就不能保障经济体制改革的成果，不能使经济体制改革继续前进，就会阻碍生产力的发展，阻碍四个现代化的实现。"❶ 因而，这一阶段，随着党和国家工作重心的转移，人民代表大会制度主要是服务于我国经济体制改革和政治体制改革的实践，为我国经济体制改革和政治体制改革提供了制度保障。

具体言之，一方面，人民代表大会制度保障了我国经济体制改革的顺利进行。这一点主要是通过人大修宪权和立法权的运用，为我国经济体制改革提供法制保障来实现的。例如，五届全国人大五次会议表决通过的 1982 年《宪法》把社会主义现代化建设确认为今后国家的根本任务，并倡导经济体制改革，从而为我国经济体制改革的顺利进行奠定了宪法基础。正如彭真在《关于中华人民共和国宪法修改草案的报告》中指出："当前我国正在进行经济体制的改革，并取得了很大的成绩，今后还要全面、深入地进行下去。草案有关规定为这种改革确定了原则。按照这个方向前进，我们一定能够建设和发展中国特色的社会主义经济，使我国逐步地富强起来。"❷ 另外，基于我国经济体制改革的需要，1988 年七届全国人大一次会议通过了两条宪法修正案，即"国家允许私营经济在法律规定的范围内存在和发展。私营经济是社会主义公有制经济的补充。国家保护私营经济的合法的权利和利益，对私营经济实行引导、监督和管理。""土地的使用权可以依照法律的规定转让。"更是进一步推进了我国经济体制改革的进程。"实践证明，修正案的通过确实收到了搞活经济的效果。"❸ 另一方面，人民代表大会制度保障了我国政治体制改革的顺利进行。这一点主要是通过人民代表大会制度自身的改革和完善来实现的。因为人民代表大会制度的改革和完善正是我国政治体制改革的重要内容，而且如果没有人民代表大会制度的改革和完善，其他方面的政治体制改革便无从下手。正如邓小平同志指出："在政治体制改革方面有一点可以肯定，就是我们要坚持实行人民代表大会的制度。"❹ 江泽民同志也指出："第一，我们的政治体制改革要坚定不移地进行下去；第二，坚持和完善人民代表大会制度是政治体制改革的一个重要内容。"❺ 这一阶段，我国人民代表大会制度改革和完善的内容主要包括：一是改革和完善了选举制度；二是扩大了全国人大常委会职权，加强了它的组织；三是健全了地方各级人大的组织

---

❶ 《邓小平文选》第 3 卷，人民出版社 1993 年版，第 176 页。

❷ 《彭真文选（1941—1990 年）》，人民出版社 1991 年版，第 448 页。

❸ 许崇德著：《中华人民共和国宪法史》（下卷），福建人民出版社 2005 年版，第 529 页。

❹ 《邓小平文选》第 3 卷，人民出版社 1993 年版，第 307 页。

❺ 《江泽民文选》第 1 卷，人民出版社 2006 年版，第 111 页。

体系，赋予了省级以及省会市、较大市的人大及其常委会一定的立法权；四是制定了工作制度，完善了国家权力机关的运行机制；五是制定了代表法，保证了各级人大代表依法行使代表的职权；六是建立健全了人大常委会的办事机构等。❶ 在此基础上，我们又进行了其他方面的政治体制改革，包括"废除了实际上存在的领导干部职务终身制，普遍实行领导干部任期制度，实现了国家机关和领导层的有序更替"❷ 等，从而推进了我国政治体制改革的深入进行。可以说，我国 20 世纪 80 年代之所以能够在政治体制改革方面取得巨大成效，与我国人民代表大会制度的改革和完善是紧密相连的。

3. 1992—2021 年，以市场经济取向为中心的阶段

1992 年以后，特别是在邓小平南方谈话和党的十四大确立社会主义市场经济体制的改革目标后，虽然我们依然在坚定不移地推进改革开放，但这时改革的重点已经转移到经济体制改革上来，建立社会主义市场经济体制已经成为我们改革的主要目标，而政治体制改革则被放到了较次要的位置。正如蔡定剑指出："1992 年，邓小平南行打破了这种局面，一下子把经济体制改革推到了最前沿。""在第二阶段，每一次十几大的报告文件里面也谈政治体制改革，但实质上我们没有看到制度上的安排。""总结第二阶段，1989 年以后，经济体制改革在 1992 年后单兵突进。"❸ 在此需要说明的一点是，许多人误认为，1992 年之后我国没有进行政治体制改革，实际上并不是如此，这可以从 1993 年、1999 年、2004 年、2018 年宪法修正案的内容中看出。只是 1992 年之后我国的政治体制改革比较缓慢，没有与我国的经济体制改革相配套，没有适应我国经济社会发展的需求。因而，在这一阶段，人民代表大会制度主要是服务于社会主义市场经济建设，为建立社会主义市场经济体制提供法制保障。例如，根据党的十四大精神，1993 年八届全国人大一次会议通过的宪法修正案明确确立了社会主义市场经济的宪法地位，为建立社会主义市场经济体制提供了宪法依据和保障。与此相适应，为了保障和推进社会主义市场经济体制的建立和逐步完善，全国人大把建立社会主义市场经济法律体系作为了自己工作的中心任务。正如乔石同志指出："党的十四大提出，我国经济体制改革的目标是建立社会主义市场经济体制。这次大会通过的宪法

---

❶ 刘政、程湘清著：《人民代表大会制度的理论和实践》，中国民主法制出版社 2003 年版，第 51~62 页。

❷ 习近平：《在庆祝全国人民代表大会成立 60 周年大会上的讲话》，载《人民日报》2014 年 9 月 6 日，第 2 版。

❸ 《蔡定剑访谈录》，法律出版社 2011 年版，第 7 页。

修正案已把党的这一主张变为国家意志，以根本大法的形式确立下来。建立社会主义市场经济体制，涉及经济基础和上层建筑的许多领域，必须要有相应的社会主义民主和法制作保证。本届人大常委会要从国家这一总的形势和任务出发，……把加强社会主义民主和法制建设作为根本任务，……推进社会主义市场经济体制的建立和逐步完善。"❶ 此后，历届全国人大均将加强经济立法、建立社会主义市场经济法律体系作为自己第一位的任务，并最终于 2010 年基本形成了中国特色社会主义市场经济法律体系。而在这一过程中，全国人大的立法职能大大强化，全国人大也借此加强了自己的地位和权威，从而也推进了我国政治体制改革的进程。正如孙哲指出："在社会主义市场经济体制的指导下，如果说全国人大还不是一个独立立法机关的话，至少可以说它已经转变成为一个有影响的立法机关，并获得了意义深远的立法自主性。"❷

(二) 人民代表大会制度 60 多年发展的启示

回顾我国人民代表大会制度 60 多年的发展历程，总结人民代表大会制度建设正反两方面的经验教训，我们可以得出以下启示。

1. 坚持党的领导、人民当家作主和依法治国的有机统一

坚持党的领导、人民当家作主和依法治国的有机统一，既是发展中国特色社会主义民主政治的根本原则，又是坚持和完善人民代表大会制度的首要原则。习近平总书记指出："发展社会主义民主政治，保证人民当家作主，保证国家政治生活既充满活力又安定有序，关键是要坚持党的领导、人民当家作主、依法治国有机统一。人民代表大会制度是坚持党的领导、人民当家作主、依法治国有机统一的根本制度安排。"❸ 其中，党的领导是坚持和完善人民代表大会制度的根本保证，人民当家作主是坚持和完善人民代表大会制度的本质要求，依法治国是坚持和完善人民代表大会制度的基本保障。具体来说，第一，坚持和完善人民代表大会制度，必须坚持党的领导。中国共产党的执政地位，决定了能否正确处理好党与人大的关系，是人民代表大会制度能否健康发展的关键。"党什么时候重视人民代表大会，尊重人民代表大会，处理好与人民代表大会的关系，人民代表大会制度就能得到加强，人民代

---

❶ 《乔石谈民主与法制》（下），人民出版社、中国长安出版社 2012 年版，第 336~337 页。
❷ 孙哲著：《全国人大制度研究（1979—2000）》，法律出版社 2004 年版，第 175 页。
❸ 习近平：《在庆祝全国人民代表大会成立 60 周年大会上的讲话》，载《人民日报》2014 年 9 月 6 日，第 2 版。

大会的作用就能得到发挥。什么时候不重视人民代表大会，不支持人民代表大会的工作，对国家实行一元化领导，以党代政，人大工作就停滞，人大的作用就难以发挥。"❶ 因而，坚持和完善人民代表大会制度，必须要加强党的领导，并要改善党的领导。第二，坚持和完善人民代表大会制度，必须保证和发展人民当家作主。人民代表大会制度作为代议制的一种，是实现和发展人民民主的根本途径，其建立和发展的本质目的只能是保证和发展人民当家作主。但是，在代议制下，存在着"主权"与"治权"的分离，那么如何保证人民当家作主的实现呢？最关键的就是使人民时刻握有"最后的控制权"，即"无论什么时候只要他们高兴，他们就是支配政府一切行动的主人。不需要由宪法本身给他们以这种控制权"❷。只有这样，才能"切实防止出现人民形式上有权、实际上无权的现象"❸。此外，还要加强人大选举制度建设，扩大直接选举范围，加强人大代表与选民的联系，使代表自觉接受选民的监督，对选民负责，"切实防止出现选举时漫天许诺、选举后无人过问的现象"❹。第三，坚持和完善人民代表大会制度，必须全面推进依法治国。依法治国是党领导人民治理国家的基本方略。只有坚持依法治国，建设法治中国，才能"保证国家各项工作都依法进行，逐步实现社会主义民主的制度化、法律化，使这种制度和法律不因领导人的改变而改变，不因领导人看法和注意力的改变而改变"❺，才能为人民代表大会制度的发展提供法治保障，也才能保证人民代表大会制度的健康发展。

2. 坚持"道路、理论和制度"的有机统一

党的十八大指出："中国特色社会主义道路是实现途径，中国特色社会主义理论体系是行动指南，中国特色社会主义制度是根本保障，三者统一于中国特色社会主义伟大实践，这是党领导人民在建设社会主义长期实践中形成的最鲜明特色。"❻ 因此，坚持和完善人民代表大会制度，必须坚持"道路、理论和制度"的有机统一。其中，中国特色社会主义道路是坚持和完善人民

---

❶ 蔡定剑著：《中国人民代表大会制度》，法律出版社 2003 年版，第 71 页。

❷ 密尔著：《代议制政府》，汪瑄译，商务印书馆 1982 年版，第 68 页。

❸ 习近平：《在庆祝全国人民代表大会成立 60 周年大会上的讲话》，载《人民日报》2014 年 9 月 6 日，第 2 版。

❹ 习近平：《在庆祝全国人民代表大会成立 60 周年大会上的讲话》，载《人民日报》2014 年 9 月 6 日，第 2 版。

❺ 《江泽民文选》第 2 卷，人民出版社 2006 年版，第 28~29 页。

❻ 胡锦涛：《坚定不移沿着中国特色社会主义道路前进，为全面建成小康社会而奋斗》，载《人民日报》2012 年 11 月 9 日，第 2 版。

代表大会制度的实现途径，中国特色社会主义理论体系是坚持和完善人民代表大会制度的行动指南，中国特色社会主义制度是坚持和完善人民代表大会制度的根本保障。具体言之，第一，坚持和完善人民代表大会制度，必须坚持走中国特色社会主义政治发展道路。"道路关乎党的命脉，关乎国家前途、民族命运、人民幸福。"❶ 只有坚持走中国特色社会主义政治发展道路，才能为人民代表大会制度的发展创造良好的政治环境，才能真正解决人民代表大会制度发展中的根本性、全局性、长远性问题，才能指明人民代表大会制度发展的路向，才能保证人民代表大会制度的健康发展。第二，坚持和完善人民代表大会制度，必须坚持以中国特色社会主义理论体系为指导。这是因为，中国特色社会主义理论体系作为整个国家走出一条正确发展道路的指导思想，统领并影响着整个国家的政治、经济、文化、社会和生态等各个领域，自然对坚持和完善人民代表大会制度有着重要指示器的作用。它不仅深刻揭示了人民代表大会制度的本质要求、根本目的和价值取向，而且指明了人民代表大会制度的发展基础、发展战略、发展模式和发展步骤，从而为坚持和完善人民代表大会制度提供了行动指南。第三，坚持和完善人民代表大会制度，必须以中国特色社会主义制度为依托。这是因为，人民代表大会制度作为中国特色社会主义制度的主要组成部分和重要内容，只有在坚持和完善中国特色社会主义制度的前提下，人民代表大会制度才能真正得到坚持和完善。

3. 坚持中国特色与有益借鉴的有机统一

"各国国情不同，每个国家的政治制度都是独特的，都是由这个国家的人民决定的，都是在这个国家历史传承、文化传统、经济社会发展的基础上长期发展、渐进改进、内生性演化的结果。"❷ 人民代表大会制度之所以能够在我国行得通、有生命力、有效率，正在于人民代表大会制度是扎根我国土壤、汲取充沛养分的中国式代议制，其既不同于西方式的资本主义代议制，也不同于原苏东式的社会主义代议制。正如周恩来指出的，我们的"政权制度是民主集中制的人民代表大会制度，它完全不同于旧民主的议会制度，而是属于以社会主义苏联为代表的代表大会制度的范畴之内的。但是也不完全同于苏联制度"❸。因此，我国的人民代表大会制度具有鲜明的中国特色，具体包

---

❶ 胡锦涛：《坚定不移沿着中国特色社会主义道路前进，为全面建成小康社会而奋斗》，载《人民日报》2012 年 11 月 9 日，第 2 版。

❷ 习近平：《在庆祝全国人民代表大会成立 60 周年大会上的讲话》，载《人民日报》2014 年 9 月 6 日，第 2 版。

❸ 《中华人民共和国人民代表大会文献资料汇编》（1949—1990），中国民主法制出版社 1991 年版，第 28 页。

括：一是民主的基础更为广泛；二是县级以上的人大常委会作为我国"议会中的议会"，具有鲜明的特色；三是作为爱国统一战线组织的中国人民政治协商会议，使我国人民代表大会制度的实际运作呈现出一定的特色；四是中国共产党领导的多党合作制度与人民代表大会制度紧密相关。❶ 但是，这并不妨碍我们对国外代议制有益经验的借鉴。因为两者在制度原理和制度设计等方面存有许多相通之处，能够相互借鉴。正如列宁指出的："摆脱议会制的出路，当然不在于废除代议机构和选举制，而在于把代议机构由清谈馆变为'工作机构'。"❷ 而且经验证明，通过反思、总结国外代议制发展过程中的经验教训，借鉴和吸收其一些有益的成果，对于减少我国人民代表大会制度建设失误，提高人民代表大会制度发展水平，保证人民代表大会制度健康发展大有益处。但是，我们在借鉴的过程中，"要紧紧抓住合乎自己的实际情况这一条。所有别人的东西都可以参考，但也只是参考"❸，而"绝不能放弃中国政治制度的根本"❹。

4. 坚持制度自信与改革创新的有机统一

党的十八大指出，要坚定中国特色社会主义道路自信、理论自信、制度自信。而要坚定中国特色社会主义制度自信，"首先要坚定对中国特色社会主义政治制度的自信，增强走中国特色社会主义政治发展道路的信心和决心"❺。其中，关键是要坚定对人民代表大会制度的自信。这是因为，人民代表大会制度是我国的根本政治制度，离开了人民代表大会制度自信，其他制度的自信也就失去了基础和平台。可以说，坚定对人民代表大会制度的自信，是坚持和完善人民代表大会制度的根本前提。如果我们没有对人民代表大会制度的自信，坚持和完善人民代表大会制度就会无从谈起。但是，我们对人民代表大会制度的自信，绝不是盲目自信、"老王卖瓜、自卖自夸"，更不是裹足不前、固步自封，而是建立在对人民代表大会制度全面客观分析认识的基础上，我们既要看到人民代表大会制度是"符合中国国情和实际、体现社会主

---

❶ 浦兴祖主编：《当代中国政治制度》，复旦大学出版社 2011 年版，第 4~5 页。

❷ 《列宁选集》第 3 卷，人民出版社 1972 年版，第 210 页。

❸ 《邓小平文选》第 3 卷，人民出版社 1993 年版，第 261 页。

❹ 习近平：《在庆祝全国人民代表大会成立 60 周年大会上的讲话》，载《人民日报》2014 年 9 月 6 日，第 2 版。

❺ 习近平：《在庆祝全国人民代表大会成立 60 周年大会上的讲话》，载《人民日报》2014 年 9 月 6 日，第 2 版。

义国家性质、保证人民当家作主、保障实现中华民族伟大复兴的好制度"[1]，增强我们对人民代表大会制度的自信，又要看到人民代表大会制度同扩大人民民主和经济社会发展的要求还不完全适应，还存在着诸多问题，如宪法和法律规定的人大及其常委会的各项职权尚未完全落实，有的甚至存在相当大的差距；人大自身的组织制度建设和具体的民主制度、民主程序和工作方式等方面，还存在许多不足与缺陷，不完全适应行使职权的需要等[2]，有待我们进一步改革完善。只有这样，我们才能将对人民代表大会制度的自信与对人民代表大会制度的改革创新有机统一起来，才能真正促进人民代表大会制度的完善和发展。正如习近平总书记指出的："制度自信不是自视清高、自我满足，更不是裹足不前、固步自封，而是要把坚定制度自信和不断改革创新统一起来，在坚持根本政治制度、基本政治制度的基础上，不断推进制度体系完善和发展。"[3]

5. 坚持民主与效率的有机统一

党的十三大指出，我国政治体制改革必须正确处理好民主与效率的关系，民主与效率分别是我国政治体制改革长远目标和近期目标中着重强调的内容。即"改革的近期目标，是建立有利于提高效率、增强活力和调动各方面积极性的领导体制。改革的长远目标，是建立高度民主、法制完备、富有效率、充满活力的社会主义政治体制。"[4] 因而，坚持和完善人民代表大会制度，必须要正确处理好民主与效率的关系，实现民主与效率的有机统一。正如杜志淳教授指出的："如何能够坚持和完善人大制度呢？除了保障现有制度的有效运行之外，其坚持和完善的基本方向在于两个方面：其一是民主的进一步扩大，其二是效率的进一步提升。"[5] 长期以来，我国人民代表大会制度的高效性举世公认，人大的高效决策保证了我国各项改革的顺利进行。正如邓小平同志指出的："我们的制度是人民代表大会制度，共产党领导下的人民民主制度，不能搞西方那一套。社会主义国家有个最大的优越性，就是干一件事情，

---

❶ 习近平：《在庆祝全国人民代表大会成立 60 周年大会上的讲话》，载《人民日报》2014 年 9 月 6 日，第 2 版。

❷ 刘政、程湘清著：《人民代表大会制度的理论和实践》，中国民主法制出版社 2003 年版，第 138～144 页。

❸ 习近平：《在庆祝全国人民代表大会成立 60 周年大会上的讲话》，载《人民日报》2014 年 9 月 6 日，第 2 版。

❹ 《中华人民共和国人民代表大会文献资料汇编》（1949—1990），中国民主法制出版社 1991 年版，第 433 页。

❺ 杜志淳主编：《符合国情的政体选择》，上海教育出版社 2010 年版，第 69 页。

一下决心，一作出决议，就立即执行，不受牵扯。……就这个范围来说，我们的效率是高的，我讲的是总的效率。这方面是我们的优势，我们要保持这个优势，保证社会主义的优越性。"❶ 然而，我国人民代表大会制度的民主性却稍显不足，与人民代表大会制度的高效性不相匹配，这需要我们进一步健全相关民主机制和程序，进一步提高人民代表大会制度的民主性，以使人民代表大会制度实现民主与效率的有机统一。当然，这里的民主性主要是指人大运作程序的民主性，特别是人大决策程序的民主性，而不是指人民代表大会制度基础的民主性。例如，虽然从形式上看，我国人大各项决策都是通过民主程序进行的，但由于我国各级人大会期短、议程多，使得代表根本无法对人大各项议案进行充分审议和讨论，只能匆匆作出表决，因而其民主性自然受到一定影响。

6. 坚持授权与控权的有机统一

孟德斯鸠曾云："一切有权力的人都容易滥用权力，这是亘古不易的一条经验。有权力的人们使用权力一直到遇有界限的地方才休止。"❷ 因而，根据宪法学原理和宪法体制的要求，在授权的同时，必须要加强对权力的制约和监督，实现授权与控权的有机统一，只有这样，才能避免权力的滥用。虽然从人民代表大会制度原理和制度设计来看，"人民代表大会制度的重要原则和制度设计的基本要求，就是任何国家机关及其工作人员的权力都要受到制约和监督"❸。但从具体实践来看，人大在授权的同时，却未能做到有效控权，未能对国家机关及其工作人员的权力进行有效制约和监督，未能把权力关进制度的笼子里，导致我国权力滥用现象屡禁不止，腐败现象丛生。究其原因，最主要的就是过去我们未能正确理顺党与人大的关系，使得人大不敢监督、难以监督。正如蔡定剑指出的："妨碍人大监督权实施的制度因素，主要是由于党政不分的体制造成的。人民代表大会在监督实践中经常碰到最难办的问题就是监督会'监督到党委头上'。"❹ 因此，坚持和完善人民代表大会制度，必须坚持授权与控权的有机统一，具体"就是要在人民代表大会制度的运行中实现各种具体制度的规范化，使得一切权力的运行在制度的规范、约束和监督之内，权力与监督形成互动，并由一定的机制予以保障"❺。但这从根本

❶ 《邓小平文选》第3卷，人民出版社1993年版，第240页。
❷ 孟德斯鸠著：《论法的精神》（上册），商务印书馆1961年版，第154页。
❸ 习近平：《在庆祝全国人民代表大会成立60周年大会上的讲话》，载《人民日报》2014年9月6日，第2版。
❹ 蔡定剑著：《中国人民代表大会制度》，法律出版社2003年版，第410页。
❺ 杜志淳主编：《符合国情的政体选择》，上海教育出版社2010年版，第70页。

上有赖于党与人大关系的依法理顺。

7. 坚持理论优势与实践优势的有机统一

理论界普遍认为，我国人民代表大会制度作为一种在较高民主理论指导下建立起来的代议制，具有极强的理论优势，主要包括：一是人民代表大会制度适合中国的国情，因而具有很强的生命力；二是人民代表大会制度便于人民参加国家管理；三是人民代表大会制度便于集中统一地行使国家权力；四是人民代表大会制度既能保证中央的集中统一领导，又能保证地方主动性和积极性的发挥。❶ 但是，人民代表大会制度的理论优势并不能等于其实践优势，且如果人民代表大会制度的理论优势不能转化为其相应的实践优势，那么，人民代表大会制度的理论优势则无任何意义，而我们对人民代表大会制度的自信更是无从谈起。然而，令人遗憾的是，纵观我国人民代表大会制度发展的历程，我国人民代表大会制度正是陷入了这样一种"名归而实不至"的尴尬境地，其理论优势尚未完全转化为相应的实践优势，致使人民代表大会制度的理论优势远未发挥。诚如季卫东所言："历史的经验已经反复地证明，理论上很完美的制度并不一定可以付诸实施，而行之有效的制度却未必是事先设计好的。"❷ 从具体实践来看，长期以来，我国人大的法定地位和权威尚未完全树立，人大的法定职权尚未完全落实，人大的法定作用尚未完全发挥，导致人大在人民群众心目中的地位并不高，许多人将人大看成是"二线机关"和"橡皮图章"等。而解决上述问题的关键，就是落实人大的法定职权，充分发挥人大的作用，树立人大的地位和权威。因此，坚持和完善人民代表大会制度，必须坚持理论优势和实践优势的有机统一，将人民代表大会制度的理论优势转化为其相应的实践优势。

（三）人民代表大会制度未来发展的展望

"人大制度实际地位的改变并不是仅仅取决于法律文本上的规定，也不是仅仅取决于自身的政治欲求，实事求是地来说，人大制度的变化取决于外在情境变量对它的需求程度和要求程度。"❸ 因此，我们对人民代表大会制度未来发展的展望，就必须着眼于党和国家工作的大局，从党和国家工作的大局对人民代表大会制度的需求程度和要求程度出发。据此，我们可以分别从近期和长期对人民代表大会制度未来发展作如下展望。

---

❶ 周叶中主编：《宪法》，高等教育出版社 2011 年版，第 216~217 页。
❷ 季卫东著：《法治秩序的构建》，中国政法大学出版社 1999 年版，第 23 页。
❸ 刘建军、何俊志、杨建党著：《新中国根本政治制度研究》，上海人民出版社 2009 年版，第 3 页。

1. 以国家治理取向为中心：推进国家治理体系和治理能力现代化

党的十九届四中全会指出："坚持和完善中国特色社会主义制度、推进国家治理体系和治理能力现代化的总体目标是，到我们党成立一百年时，在各方面制度更加成熟更加定型上取得明显成效；到二〇三五年，各方面制度更加完善，基本实现国家治理体系和治理能力现代化；到新中国成立一百年时，全面实现国家治理体系和治理能力现代化，使中国特色社会主义制度更加巩固、优越性充分展现。"因此，党和国家工作的近期目标就是完善和发展中国特色社会主义制度，推进国家治理体系和治理能力现代化。这就要求，在未来一定时期内，人民代表大会制度必须以国家治理取向为中心，服务于推进国家治理体系和治理能力现代化。正如国外学者指出的："确切而言，中国人大的制度性发展，至少在目前而言，所指向的是提升国家能力而不是提升议会民主。"[1] 另外，由于"人民代表大会制度是中国特色社会主义制度的重要组成部分，也是支撑中国国家治理体系和治理能力的根本政治制度"[2]，因此，人民代表大会制度在推进国家治理体系和治理能力现代化中将发挥主导地位和作用。

2. 以渐进民主取向为中心：发展中国式代议民主政治

人民民主是中国共产党始终高举的旗帜，发展中国特色社会主义民主政治是中国共产党始终不渝的奋斗目标。但是，由于我们对政治体制改革的措施、路径、模式等问题一直没有一个十分明确的认识，再加上政治体制改革不同于经济体制改革，"开弓没有回头箭"，一旦失误，后果将不堪设想。因此，为了谨慎起见，我们采取了分解式改革的路径，即先进行经济体制改革，再进行社会改革，在这两者改革成功的基础上，最后再进行政治体制改革。正如郑永年教授指出的："从分解式观点看，中国的改革是先经济改革，再社会改革，再政治改革这样一个过程。"[3] 此外，"应当强调的是，分解式改革并不是说，在一个特定时期只能进行经济改革，或者社会改革，或者政治改革。分解式改革只是说，在任何特定时期，只把一种改革定位为主体性改革，而其他方面的改革也必须进行，只不过是辅助性的"[4]。所以，从长期来看，在我国经济社会发展到一定阶段的时候，在经济体制改革和社会改革比较成

---

[1] 转引自何俊志著：《作为一种政府形式的中国人大制度》，上海人民出版社 2013 年版，第 12 页。

[2] 习近平：《在庆祝全国人民代表大会成立 60 周年大会上的讲话》，载《人民日报》2014 年 9 月 6 日，第 2 版。

[3] 郑永年著：《中国改革三步走》，东方出版社 2012 年版，第 12 页。

[4] 郑永年著：《中国改革三步走》，东方出版社 2012 年版，第 12 页。

熟的时候，我们必然要进行主体性的政治体制改革，以发展中国特色社会主义民主政治。因为"没有政治体制改革的保障，经济体制改革的成果就会得而复失，现代化建设的目标就不可能实现"❶。

　　但是，对于未来中国特色社会主义民主政治的发展路向，理论界与实务界争议均很大，提出了不同的主张，概括起来，主要有基层民主、党内民主、经济民主、法治民主、行政民主、社团民主、协商民主、网络民主、纵向民主、预算民主等。对此，我们认为，上述民主主张尽管都有一定的合理之处，但是均存在很大的局限性，并不能取代代议民主。且不说基层民主、党内民主、经济民主、法治民主、行政民主、社团民主、网络民主、纵向民主、预算民主只能是某一个领域或某一个方面的民主，无法成为整个国家的民主架构或民主形态外，单说目前国内最流行的协商民主也无法取代代议民主。协商民主是20世纪后期西方学术界开始关注的新领域。"协商民主强调了宪政民主体制下自由平等的公民及其团体对公共事务的积极参与，并在信息充分、机会平等与程序公正的条件下，对公共政策进行理性思考和公开讨论，依靠说服而非强制、控制或欺骗，达到个体价值和偏好的转换，形成公意和共识，从而赋予立法和决策以合法性。"❷ 西方的协商民主理论传到中国后，在中国大受欢迎，以致成为当今中国最流行的民主理论。中国的很多学者认为，协商民主是西方学者在批判代议民主的基础上提出来的，是对代议民主的一种超越，是可以替代代议民主的一种新型民主形式。既然这样，中国就没有必要亦步亦趋地先发展代议民主再发展协商民主了，而应该实现"跨越式发展"，直接发展到更"高级"的协商民主。他们认为，中国现有的政治协商制度就是发展协商民主的制度平台，中国已经发展了几十年的协商民主，已经走在"世界前列"。此外，中国高层对于"协商民主"也是持十分欢迎的态度，在党的报告、党的政策文件中将其表述为："社会主义协商民主是我国人民民主的重要形式。"对于其背后的原因，蔡定剑先生曾指出："协商民主理论为什么在西方提出后不久国家领导层就能很快作出积极反映，使其成为中国政治体制改革的一个内容？其中有很大的政治考量因素。""他们实际上是把参与式民主当作选举民主的替代品，认为我们不搞选举民主就可以实现更'高级'的民主，而且这种民主是可控和安全的。所以它能作为政治体制改革的重要内容，当然强调的是'有序政治参与'。"❸

---

❶　温家宝：《只有坚持改革开放，国家才有光明前途》，载《共产党员》2010第17期。
❷　应克复等著：《西方民主史》，中国社会科学出版社2012年版，第456页。
❸　蔡定剑著：《民主是一种现代生活》，社会科学文献出版社2010年版，第188~189页。

对于上述认识，我们认为，其存在众多误解之处，一是西方的协商民主尽管是在批判代议民主的基础上提出来的，但它并不是代议民主的替代物，而只是对代议民主的补充和完善。"只是试图用协商民主去提升选举民主的质量，或激活选举制度，使之真正对人民有益。它有助于有思想和有能力的公民，通过公共协商追求最佳理性和公意，改变偏好，达成共识，提高政治决策的合法性。"❶ 二是中国现有的政治协商并不等同于西方的协商民主。两者在理论基础、参与主体、协商程度、实践层面、文化背景等方面都存在很大的不同❷，但这并不排除两者在某些因素上存在"偶合"之处，这也意味着中国的政治协商制度可以借鉴西方协商民主的某些合理内容。三是代议民主是民主发展的必经阶段，没有代议民主的充分发展，没有代议民主作为基础，其他民主形式就难以真正发挥作用。正如蔡定剑先生指出的："显然，公众参与在中国是有相当多的误读成分，一些人是想以它来取代选举民主，并想说明我们民主也不落后的。他们忽略了参与式民主要以代议制民主作基础，并在很大程度上要通过代议制民主才能发挥更有效的作用。"❸

综上，我们认为，尽管代议民主不是完美的民主形式，但却是中国民主发展不可逾越的阶段，中国特色社会主义民主政治未来的发展路向就是以人民代表大会制度为载体的中国式代议民主政治。但是，中国式代议民主政治的实现并不是一蹴而就的，而是一个长期的、缓慢的、渐进的发展过程。正如大多数西方学者所认为的那样，中国将通过和平、渐进的方式走向民主。❹因此，从长期来看，人民代表大会制度必将回归本位，以渐进民主取向为中心，完全按照代议制内在和自我完善的逻辑运作，发展并最终实现中国式代议民主政治。

二、人民代表大会制度在国家治理体系现代化中的地位和作用

党的十八届三中全会通过的《中共中央关于全面深化改革若干重大问题的决定》（以下简称"十八届三中全会《决定》"）明确指出："全面深化改革的总目标是完善和发展中国特色社会主义制度，推进国家治理体系和治理能力现代化。"❺ 将国家治理体系和治理能力现代化作为全面深化改革的总目

---

❶ 应克复等著：《西方民主史》，中国社会科学出版社 2012 年版，第 457 页。

❷ 《中国政治协商不等同西方协商民主》，载《北京日报》2011 年 12 月 5 日，第 3 版。

❸ 蔡定剑著：《民主是一种现代生活》，社会科学文献出版社 2010 年版，第 189 页。

❹ 俞可平主编：《中国政治发展 30 年》（1978—2008），重庆出版社 2009 年版，第 231 页。

❺ 《中共中央关于全面深化改革若干重大问题的决定》，http://news. xinhuanet. com/politics/ 2013-11/15/c_118164235. htm，最后访问日期：2014 年 5 月 2 日。

标，无疑具有重要意义。因为"治理观如今已经成为主要政治领导人非常重视的一个理论参考依据"❶。这表明我们党执政理念和执政方式的重大革新，"国家治理"将成为新时期我们党执政的理念指引和目标追求。但要实现这一总目标，就必须发挥人民代表大会制度的功效，这是由人民代表大会制度在国家治理体系现代化中的地位和作用所决定的。

（一）人民代表大会制度在国家治理体系现代化中的地位

"'治理'是指统治的行动、过程与质量。这个术语使我们的注意力不是放在政府的结构之上，而是集中于治理本身的职责，集中于已经制定的政策及其实施的效率。"❷ 由于"治大国如烹小鲜"❸，国家治理必然依赖于具有根本性、长期性和稳定性的制度，制度是国家治理体系和治理能力的物质载体和基石，且一个国家的制度体系质量是否优良正是衡量和决定一个国家治理体系和治理能力水平高低的关键变量。正如亨廷顿指出的："一个社会所达到的政治共同体水平反映着其政治制度和构成这种政治制度的社会势力之间的关系。""一个社会政治发展的水平，在很大程度上取决于这些政治活动家隶属和认同各种政治制度的多寡。"❹ 但是，不容否认的是，制度是一种人们有目的的建构的存在物，一个国家制度的供给并不总能与其国家治理的需要相适应，这就自然导致一个国家不同历史时期的治理水平高下有别。中国历史上的朝代兴衰恰好可以证明这一点。正如李侃如指出的："传统的中国曾有令人敬畏的政治成就，是世界上最先进的政府体制"。"但同世界上其他帝国一样，与现代政治制度相比，它的功能却很有限。"结果"当工业革命的传播所带的新挑战要求进行新的税收标准、新的经济发展模式和新的教育方法的变革时，这种国家体制便不足以承担这一任务，其结果便是灭亡"❺。因此，一个国家的制度必须根据其国家治理的需要与时俱进，当其不适应国家治理的需要时，就必须进行改革创新。可以说，国家治理体系实际上即一个国家的制度体系，推进国家治理体系现代化实际上即推进一个国家制度体系的现代化。正如习近平总书记指出的："国家治理体系和治理能力是一个国家的制度和制度执

---

❶ 让-皮埃尔·戈丹著：《何谓治理》，钟震宇译，社会科学文献出版社2010年版，第3页。

❷ 黑格、哈罗普著：《比较政府与政治导论》，张小劲等译，中国人民大学出版社2007年版，第7页。

❸ 老子：《道德经》"第六十章"。

❹ 亨廷顿著：《变化社会中的政治秩序》，王冠华等译，上海人民出版社2008年版，第7～8页。

❺ 李侃如著：《治理中国——从革命到改革》，胡国成、赵梅译，中国社会科学出版社2010年版，第5～21页。

行能力的集中体现，两者相辅相成。"❶ 基于此，党的十八届三中全会《决定》将完善和发展中国特色社会主义制度作为推进国家治理体系和治理能力现代化的前提和基础。其中，人民代表大会制度作为中国特色社会主义制度的根本组成部分，在推进国家治理体系现代化中居于主导地位。具体说来，这是由以下两方面原因决定的。

第一，这是由人民代表大会制度的中国式代议制的性质决定的。在人类政治文明发展史上，尽管并不缺乏制度的创造，但代议制无疑是"一个神奇和划时代的发明"❷。之所以如此，最主要的原因在于近现代统一的民族国家的形成，致使"小国寡民"的历史成为过去。于是国家治理的舞台就由小型的城邦国家转换成大型的近现代民族国家。这就自然导致这样一个国家治理难题的出现："在共和国变得领土过大和人口过多而不适用于简单的民主形式之后，什么是管理这个 res‐publica 或国家的公共事务的最好的政府体制呢？"❸ 对此，潘恩进行了总结分析。在他看来，民主制、贵族制、君主制和代议制，是政府仅有的几种体制。简单的民主制是大多数人会集在一起，以第一人称制定法律（从文法上来说）。它既体现了政府的公有原则，又体现了政府的形式。但当这些民主国家的人口增长和领土扩大之后，这种简单的民主形式就行不通了；由于不知有代议制，结果它们不是突然退化为君主制，就是被当时存在的那种君主制国家吞并。因此，简单的民主制不过是古代人的公共会堂，并不能适用于现代民族国家。另外，这个政府体制也不能是君主制，因为君主制受到的反对同简单的民主制所受到的反对程度相同。在实用上，君主制由于知识不足所受的限制同民主制由于人口增加所受的限制一样大。一个因领土扩大而趋于混乱；另一个则变得愚昧无能，所有大的君主国就是明证。特别是当君主制成为世袭时，君主更是容易变成白痴。因此，君主制也不能适用于民族国家，因为它同样不合适。至于贵族制，它同君主制具有同样的罪恶和短处，只是在起用人才方面，从人数比例看，机会要多一些，但是在人才的合理使用方面还是没有保障。❹ 而"代议制则以社会和文明作为基础"❺，"集中了社会各部分和整体的利益所必需的知识"，并"以自

---

❶ 《完善和发展中国特色社会主义制度，推进国家治理体系和治理能力现代化》，载《人民日报》2014年2月18日，第1版。

❷ 罗伯特·达尔著：《民主及其批评者》，曹海军、佟德志译，吉林人民出版社2006年版，第28页。

❸ 《潘恩选集》，马清槐等译，商务印书馆1981年版，第241~246页。

❹ 《潘恩选集》，马清槐等译，商务印书馆1981年版，第241~246页。

❺ 《潘恩选集》，马清槐等译，商务印书馆1981年版，第241~246页。

然、理性和经验作为指导"●。那么，"自然界既然如此安排，政府也必须循此前进，否则，政府就会如我们看到的那样，退化为愚昧无知"●。最后，在对上述几种统治管理形式经验总结的基础上，潘恩得出结论："简单的民主制是社会不借助辅助手段而自己管理自己。把代议制同民主制结合起来，就可以获得一种能够容纳和联合一切不同利益和不同大小的领土与不同数量人口的政府体制；而这种体制在效力方面也胜过世袭政府。""这是所有的政府形式中最容易理解和最合适的一种，并且马上可以把世袭制的愚昧和不稳定以及简单民主制的不利一扫而空。"● 那么，我们可以说，代议制无疑是近现代国家治理最根本、最重要的制度，其有效克服了其他几种制度的局限性，成功地解决了在一个幅员广大、人口众多的近现代民族国家里如何实现有效治理的难题。密尔将其称为"理想上最好的政府形式"●。因此，无论是资本主义国家，还是社会主义国家都采纳了代议制。

　　而我国人民代表大会制度正是中国式代议制，其既遵循了代议制的一般原理，又具有鲜明的中国特色；既不同于西方式的资本主义代议制，也不同于苏联式的社会主义代议制。正如周恩来指出："人民代表大会制属于苏维埃工农兵代表大会制的体系，完全不同于资产阶级的议会制，……人民代表大会和苏维埃也是有不同的。"● 我国人民代表大会制度作为中国式代议制，是我们党带领中国人民探索新型国家治理形式和途径的产物，是我国现代国家治理最根本、最重要的制度平台，体现了党的领导、人民当家作主和依法治国的有机统一。它确立了我国现代国家治理体系和治理能力赖以存在的制度性框架和制度性原理，不仅使我国的现代国家治理体系和治理能力奠立在一种崭新的制度基石之上，而且还包含着推动未来我国国家治理体系和治理能力发展的极大空间，无疑是推进我国国家治理体系和治理能力现代化的关键所在。而且，从实践来看，"中国人大制度的发展正是执政党出于治理的目的而主动释放空间的结果。在执政党所设定的空间之内，中国的各级人大在维持和推动现有体系的变迁方面，都起着独特的作用。中国市场经济的发展和执政党执政能力的提升，部分原因可以归结为中国人大制度的发展。"●

　　第二，这是由人民代表大会制度的根本政治制度的地位决定的。我国人

---

❶ 《潘恩选集》，马清槐等译，商务印书馆 1981 年版，第 241~246 页。
❷ 《潘恩选集》，马清槐等译，商务印书馆 1981 年版，第 241~246 页。
❸ 《潘恩选集》，马清槐等译，商务印书馆 1981 年版，第 241~246 页。
❹ 密尔：《代议制政府》，汪瑄译，商务印书馆 1982 年版，第 55 页。
❺ 《周恩来统一战线文选》，人民出版社 1984 年版，第 244 页。
❻ 何俊志著：《作为一种政府形式的中国人大制度》，上海人民出版社 2013 年版，第 16 页。

民代表大会制度具有双重属性，既是中国式代议制，又是我国的根本政治制度。其中，根本政治制度是我国人民代表大会制度宪法地位的直接反映。正如 1954 年刘少奇在《关于中华人民共和国宪法草案的报告》中指出的："我们国家的大事不是由一个人或少数几个人来决定的。人民代表大会制既规定为国家的根本政治制度，一切重大问题就都应当经过人民代表大会讨论，并作出决定。"❶ 人民代表大会制度之所以是我国的根本政治制度，是因为："其一，我国人民代表大会制度体现了真正的广泛的民主，是人民当家作主的最好组织形式。其二，我国人民代表大会制度充分体现了民主集中制原则，能够使各个国家机关协调一致地进行工作。其三，我国人民代表大会制度是党领导的人民民主制度，它便于实现党对国家事务的领导。"❷ 人民代表大会制度的根本政治制度地位，决定了其在中国特色社会主义制度中必然居于核心地位，决定了其与其他制度的关系只能是产生与被产生、决定与被决定的关系。具体言之，一是人民代表大会制度在我国政治制度体系中居于核心地位，决定着国家社会生活的各个方面和其他各种具体制度。二是人民代表大会制度是我国各种国家制度的源泉，国家的其他制度，都是由人民代表大会制度通过立法创制出来，都要受到人民代表大会制度的统领与制约。❸ 因此，推进我国国家治理体系现代化首要的和关键的就是加强人民代表大会制度建设，在此基础上再加强其他制度建设。离开了人民代表大会制度的基础作用，其他制度建设只能是无根之水、无本之木，推进国家治理体系现代化的目标自然也难以实现。例如，党的十八届三中全会《决定》就我国新时期深化司法体制改革、加快建设公正高效权威的社会主义司法制度作出了重要部署，包括"推动省以下地方法院、检察院人财物统一管理""探索建立与行政区划适当分离的司法管辖制度""优化司法职权配置"等。但是由于其涉及司法职权的重新配置和改革问题，其与我国现行人民代表大会制度的制度设计和运行原理是相违背的、相冲突的。因此，在不改革我国现行人民代表大会制度的情况下，上述我国司法体制改革的措施和目标是很难运行和实现的。

（二）人民代表大会制度在国家治理体系现代化中的作用

党的十八届三中全会《决定》不仅提出了推进国家治理体系现代化的任

---

❶ 《刘少奇选集》（下卷），人民出版社 1985 年版，第 157 页。

❷ 刘政、程湘清著：《人民代表大会制度的理论和实践》，中国民主法制出版社 2003 年版，第 29~30 页。

❸ 中共中央宣传部理论局：《六个"为什么"——对几个重大问题的回答》，学习出版社 2009 年版，第 49~50 页。

务，还提出了其阶段性目标和时间表，即"到二〇二〇年，在重要领域和关键环节改革上取得决定性成果，完成本决定提出的改革任务，形成系统完备、科学规范、运行有效的制度体系，使各方面制度更加成熟更加定型"。那么，如何衡量一个国家的治理体系是否现代化呢？对此，俞可平教授指出，至少有以下五个标准：其一是公共权力运行的制度化和规范化，其二是民主化，其三是法治，其四是效率，其五是协调。❶ 而人民代表大会制度在推进国家治理体系现代化中的作用，正在于其有助于实现上述内容，有助于实现国家治理体系现代化的目标。具体说来：

1. 人民代表大会制度有利于实现国家治理体系的制度化

如前所述，加强现代国家制度建设，使国家经济、政治、文化、社会、生态文明和党的建设等各领域均有完善的制度安排和制度框架，实现国家治理的制度化、规范化、程序化，是推进国家治理体系现代化的关键所在。正如习近平总书记指出："推进国家治理体系和治理能力现代化，就是要适应时代变化，既改革不适应实践发展要求的体制机制、法律法规，又不断构建新的体制机制、法律法规，使各方面制度更加科学、更加完善，实现党、国家、社会各项事务治理制度化、规范化、程序化。"❷ 而加强现代国家制度建设，就必须以人民代表大会制度为基础和依托。这是因为，现代国家制度建设主要包括三个层面：就党的层面来说，是党内制度建设问题；就国家层面而言，是国家制度建设问题；就社会层面而言，是社会制度建设问题。其中，人民代表大会制度是国家制度和社会制度建设的基础和源泉，这一点在上述人民代表大会制度与其他制度之间关系时已经阐明，在此不再赘述。这里需要重点说明的是，人民代表大会制度为党内制度建设提供了参考和借鉴。可能有人会觉得，人民代表大会制度与党内制度风马牛不相及，但实际上，人民代表大会制度与党内制度紧密相关，因为两者的许多原理与规则都是相通的。国家政治与政党政治之间的关联性，决定了借鉴人民代表大会制度来推进党内制度建设是可行的。❸ 从具体实践来看，完善党代会制度即是对人大会议制度的借鉴，推行地方党委讨论决定重大问题和任用重要干部票决制即是对人大决策机制的借鉴，建立健全地方各级党委向委员会全体会议定期报告工作并接受监督的制度即是对人大常委会向人大报告工作制度的借鉴，等等。正

---

❶ 俞可平：《推进国家治理体系和治理能力现代化》，载《前线》2014 年第 1 期。

❷ 习近平：《切实把思想统一到党的十八届三中全会精神上来》，http://news. xinhuanet. com/politics/2013-12/31/c_118787463. htm，最后访问日期：2014 年 5 月 30 日。

❸ 周叶中著：《宪政中国研究》（下卷），武汉大学出版社 2006 年版，第 225 页。

如邓小平同志指出的:"把党的全国的、省一级的和县一级的代表大会,都改作常任制,多少类似各级人民代表大会那样。"❶

2. 人民代表大会制度有利于实现国家治理体系的民主化

任何一个国家的治理体系都必然涉及三个基本要素,即治理主体、治理方式和治理目的。这三个基本要素的不同则决定了不同国家治理体系的根本不同。在传统社会,由于君主主权的确立,国家治理的主体只能是君主或少数贵族,国家治理的基本方式只能是人治,国家治理的目的自然是维护君主专制统治。因此,专制是传统社会国家治理体系的本质特征。而在现代社会,由于君主主权到人民主权的转变,人民成为国家的主人,国家治理的主体只能是人民,国家治理的基本方式只能是法治,国家治理目的自然只能是实现和维护人民当家作主。因而,民主是现代国家治理体系的本质特征。正如俞可平教授指出的:"民主是现代国家治理体系的本质特征,是区别于传统国家治理体系的根本所在。所以,政治学家通常也将现代国家治理称为民主治理。"❷ 因此,推进国家治理体系现代化,必然要求实现国家治理体系的民主化。而人民代表大会制度作为实现我国人民民主的根本途径,且"由于人民代表大会制度是根本政治制度,因而中国特色的社会主义民主政治的优势也就是人民代表大会制度的优势"❸,其必然有利于实现国家治理体系的民主化。首先,根据我国宪法规定和人民代表大会制度原理,我国的一切权力属于人民,但我国人口众多、地域辽阔的现实,决定了人民不可能直接地、经常地行使属于自己的权力,而只能选举自己的代表,组成全国和地方各级人大,由其代表人民行使国家权力,并受人民监督,对人民负责。因此,人民代表大会制度既保证了人民的国家主人翁地位,也保证了人民真正地行使国家权力,从而使人民成为国家治理的真正主体。其次,人民代表大会制度与法治紧密相关,保证了国家治理方式的法治化。这一点下面详述;最后,对人民负责、受人民监督是人民代表大会制度的关键和本质要求。我国宪法和有关法律规定,各级人大代表必须要同选民和选举单位保持密切联系,接受选民和选举单位的监督,选民和选举单位可以随时撤换他们。这就可以避免人民代表大会制度的异化,保证人民代表大会制度的人民性,保证人民当家作主治理目的的实现。正如列宁指出的:"任何由选举产生的机关或代表会议,只有承认和实行由选举人对代表的罢免权,才能被认为是真正民主的和确实代

---

❶ 《邓小平文选》第1卷,人民出版社1994年版,第233页。
❷ 俞可平:《推进国家治理体系和治理能力现代化》,载《前线》2014年第1期。
❸ 徐永利、王维国:《人大常委会监督途径的确立与运行》,载《河北法学》2014年第3期。

表人民意志的机关。这是真正民主制的基本原则。"❶

3. 人民代表大会制度有利于实现国家治理体系的法治化

历史早已证明，"法治应当优于一人之治"❷。因而，与传统社会将人治作为国家治理的基本方式不同，现代社会均将法治作为国家治理的基本方式。正如党的十八大报告指出："法治是治国理政的基本方式。"将法治作为现代国家治理的基本方式，必然意味着将宪法和法律作为国家治理的最高权威，坚持法律面前人人平等，绝不允许任何组织和个人有超越法律的特权；必然意味着将国家经济、政治、文化、社会、生态文明等各领域均纳入法治的轨道，依法治理，实现国家治理的法治化。因此，实现国家治理体系法治化是推进国家治理体系现代化的必然要求。正如张文显教授指出的："法治与国家治理息息相关，国家治理的现代化一个重要的标志就是法治，或者说是法治的现代化。"❸ 但是，"法治不是纯粹的技术问题，它涉及上层建筑的很多方面"❹。那么，这就离不开人民代表大会制度的平台。这是因为，"一方面，人民代表大会制度的确立和变迁成为中国法治历程的缩影，人民代表大会制度伴随中国的法治历程不断走向成熟；另一方面，作为国家权力机构，人大在中国法治历程发挥了重要作用，成为推进中国法治历程的重要动力来源"❺。具体言之，首先，通过人大立法权的运用，坚持科学立法、民主立法，建立完善的中国特色社会主义法律体系，这就提供了国家治理的法律资源，构建了国家治理的法律框架，为实现国家治理体系法治化提供了前提和基础；其次，通过人大监督权的运用，加强对权力的监督与制约，监督宪法法律实施，可以保证宪法、法律、行政法规和上级人大及其常委会决议的遵守和执行，可以防止行政、司法机关滥用权力，保证人民意志和利益在国家活动中的实现，这就为实现国家治理体系法治化提供了根本保障。因为法治的要义正在于"已成立的法律获得普遍的服从"❻。

4. 人民代表大会制度有利于实现国家治理体系的效率化

效率是国家治理体系的基本价值目标，离开了效率，国家治理的目标就

---

❶　《列宁全集》第 26 卷，人民出版社 1989 年版，第 314 页。

❷　亚里士多德著：《政治学》，吴寿彭译，商务印书馆 1965 年版，第 171 页。

❸　张文显：《人大在国家治理体系现代化中的作用》，载《中国人大》2014 年第 4 期。

❹　陈金钊：《对"以法治方式推进改革"的解读》，载《河北法学》2014 年第 2 期。

❺　刘建军、何俊志、杨建党著：《新中国根本政治制度研究》，上海人民出版社 2009 年版，第 161 页。

❻　亚里士多德著：《政治学》，吴寿彭译，商务印书馆 1965 年版，第 199 页。

难以实现。因而，任何一个国家的治理体系都有或应有其内在的效率逻辑和目的，即以最有利于提高效率的方式分配资源，并以制度安排的方式保障资源的优化配置和使用，权衡和调节各种利益冲突，分工合作，减少对立和摩擦，以实现国家治理体系效率的最大化。而实现国家治理体系的效率化，必须以完善的制度体系作为基础，其中关键是人民代表大会制度。人民代表大会制度作为我国根本政治制度，具有西方国家三权分立制度所不具有的高效性，有利于实现国家治理体系的效率化。正如邓小平同志指出的："我们的制度是人民代表大会制度，共产党领导下的人民民主制度。不能搞西方那一套。社会主义国家有个最大的优越性，就是一件事情，一下决心，一作出决议，就立即执行不受牵扯。我们说搞经济体制改革全国就能立即执行，我们决定建立经济特区就可以立即执行，没有那么多互相牵扯，议而不决，决而不行。就这个范围来说，我们的效率是高的，我讲的是总的效率。"❶ 具体言之：

第一，我国人大的"一院制"有利于保证国家治理体系的效率化。代议制有"两院制"和"一院制"之分，"两院制"的主要理论依据是权力制约学说，其优势是有利于避免权力的滥用，缺点是效率较低。而"一院制"的主要理论依据是公意理论，其优势是意见容易集中、工作效率高，缺点是容易导致议会专断。由于我国人民群众根本利益的一致性，我国人大选择了"一院制"，这就可以避免西方国家"两院"之间的相互牵扯，有利于迅速集中民意，行使各项职权，提高工作效率。

第二，我国人大中的"政党关系"有利于保证国家治理体系的效率化。与西方国家的两党制和多党制明显不同，我国的政党制度是中国共产党领导的多党合作制，这就决定了我国人大中的各政党之间是共同致力于社会主义事业的亲密合作的友党关系，而不是西方国家议会中各政党之间代表不同利益的竞争关系，这就可以避免我国人大中出现因政党相互倾轧而导致的"议而不决、决而不行"现象，保证人大各项工作的高效性，从而实现国家治理体系的效率化。

第三，我国人民代表大会制度的组织和活动原则"民主集中制"有利于保证国家治理体系的效率化。与西方国家的"三权分立"原则不同，我国人民代表大会制度的组织和活动原则是"民主集中制"原则。根据该原则，各级人大是我国的权力机关，"一府一委两院"由其产生，对其负责，受其监督。因此，人大与其他国家机关之间的关系是产生与被产生、监督与被监督

❶《邓小平文选》第3卷，人民出版社1993年版，第240页。

的关系，这根本不同于西方国家机关之间的相互制约关系，既有利于保证人大行使职权的高效性，还有利于实现国家治理体系的效率化。正如邓小平同志指出的："我经常批评美国当权者，说他们实际上有三个政府。当然，美国资产阶级对外用这一手来对付其他国家，但对内自己也打架，造成了麻烦。这种办法我们不能采用。"●

5. 人民代表大会制度有利于实现国家治理体系的协调化

协调是国家治理体系的基本要求。在国家治理活动中，各个主体的条件和目的存在很大的不同，有时甚至是相互冲突的，因而在国家治理过程中各种矛盾冲突在所难免，如不能得到妥善解决，必然降低国家治理效率，使国家治理的目标难以实现。因此，实现国家治理体系协调化，是推进国家治理体系现代化的必然要求。而人民代表大会制度作为我国国家治理体系中的关键一环，有利于保证国家治理体系协调化的实现。因为人民代表大会制度保证了国家机关之间、中央与地方之间权力关系的协调化，这是实现国家治理体系协调化的根本所在。可以说，只有正确协调好权力关系，才能正确处理好国家治理过程中的内外关系，减少矛盾冲突，降低内耗，为国家治理活动的开展创造良好的条件和环境，促进国家治理目标的实现。

具体言之：一方面，人民代表大会制度保证了国家机关之间权力关系的协调化。虽然从理论上说，人大是我国的权力机关，是全权性的国家机关，但从实际来看，人大并不可能行使所有的国家权力，也不可能履行全部的国家职能。因而，由人大产生了国家行政机关、监察机关、审判机关和检察机关，由其分别行使行政权、监察权、审判权和检察权，并对人大负责，受人大监督。所以，我国国家机关之间的权力关系实质是人民代表大会制度下的分工合作关系，而不是西方国家机关之间的权力制约关系，这就保证了我国国家机关之间权力关系的协调化，切实防止出现相互掣肘、内耗严重的现象。另一方面，人民代表大会制度保证了中央与地方之间权力关系的协调化。根据我国宪法的规定，国家的一切权力属于人民，人民行使国家权力的机关是全国人大和地方各级人大。因而，全国人大作为我国的最高国家权力机关，集中统一地行使国家权力。凡属全国性的重大问题，都由全国人大及其常委会作出决定。而地方各级人大作为我国地方国家权力机关，集中统一地行使地方国家权力。凡属地方性的重大问题，都由地方各级人大及其常委会作出决定。这样，既能保证中央的集中统一领导，又能保证地方主动性和积极性

● 《邓小平文选》第3卷，人民出版社1993年版，第195页。

的发挥，从而有利于实现中央与地方之间权力关系的协调化。

三、新时代完善我国人民代表大会制度的若干思考

人民代表大会制度是我国的根本政治制度，不仅缘于人民代表大会是我国的权力机关，更在于人民代表大会制度是中国共产党治国理政的根本途径，是中国共产党长期执政的根本制度保障。这是对人民代表大会制度作用的正确认识。但是，长期以来，人民代表大会制度理论上的优势并没有完全转化为实践中的优势，人民代表大会制度的作用还远未得到发挥。一方面，这与党的认识和重视程度有关。党重视人民代表大会制度，人民代表大会制度就会健康发展；党不重视人民代表大会制度，人民代表大会制度就无从发展。这一点已被历史所证明。党长期执政面临的挑战，要求党必须重视人民代表大会制度，应将人民代表大会制度作为我们党治国理政的根本途径。另一方面，人民代表大会制度自身的不完善，也是制约人民代表大会制度作用发挥的重要原因。"人大还是过去的计划经济体制下建立的一套制度。但是现在有新的要求，使得人民对人大的不满意度越来越强，或者从正面来说是人民对人大的期望和要求越来越高。"❶ 因此，新时代我们坚持人民代表大会制度，发挥人民代表大会制度的应有作用，就必须完善人民代表大会制度。笔者认为，主要应从以下几个方面着手。

（一）完善人大代表选举制度

"选举制度是向候选人和政党分派公职，把选票转换成席位的一种方法。"❷ 选举制度是代议民主政治的基础和立足点，是测试一国人民是否能够真正当家作主的试金石，只有建立完善的选举制度，才能有效保障和实现人民当家作主。尽管改革开放四十多年来，我国选举制度不断完善，取得了长足发展，但仍有许多问题亟待完善，主要包括以下方面：

第一，人大代表直接选举的范围依然过窄，应进一步予以扩大。由公民按照"普遍、平等、直接、秘密"的原则选举代表，是代议民主政治的普遍要求。马列主义经典作家在谈到选举问题时，也指出只有实行普遍的、平等的、直接的和无记名投票的选举原则，才能建立真正的代表机构。如列宁指出："从人民专制论的观点看来，首先必须切实保障充分的宣传自由和选举自

---

❶ 蔡定剑著：《民主是一种现代生活》，社会科学文献出版社 2010 年版，第 80 页。

❷ 戴维·米勒、韦农·波格丹诺主编：《布莱克维尔政治学百科全书》，邓正来等译，中国政法大学出版社 2002 年版，第 233 页。

由，然后召开真正全民的立宪会议，这个会议应当通过普遍的、平等的、直接的和无记名投票的选举产生，应当掌握全部权力，即完整的、统一的和不可分割的权力，应当真正体现人民专制。"❶ 然而，在我国各级人大代表的选举中，长期实行直接选举与间接选举并用的原则。根据我国《选举法》第 3 条的规定："全国人民代表大会的代表，省、自治区、直辖市、设区的市、自治州的人民代表大会的代表，由下一级人民代表大会选举。不设区的市、市辖区、县、自治县、乡、民族乡、镇的人民代表大会的代表，由选民直接选举。"实行直接选举与间接选举相结合的原则，是由我国人民觉悟程度和组织程度所决定的，具有一定的现实合理性。如周恩来指出："普选的关键决定于人民觉悟程度和组织程度，并不决定于人民的文化程度，更不决定于国家的经济状况。"❷ 但是间接选举的范围过宽，在一定程度上不利于人民当家作主，如 "由于间接选举并非选民亲自表达意愿，存在着不客观全面反映民意的情况；靠少数人投票决定当选人，对选举权的普遍性和平等性存有损害；多层次间接选举，削弱了选民与代表的联系，淡化了选民对代表的监督，模糊了选民与代表间的责任关系。"❸ 因此，我们应随着经济社会的发展，随着人民觉悟程度和组织程度的提高，逐步扩大直接选举的范围。邓小平同志在 1987 年时指出："大陆在下个世纪，经过半个世纪以后可以实行普选。现在我们县级以上实行的是间接选举，县级和县以下的基层才是直接选举。因为我们有十亿人口，人民的文化素质也不够，普遍实行直接选举的条件不成熟。"❹ 根据这一要求，我们应逐步扩大直接选举范围，最终实现人大代表全部直接选举的目标。笔者建议在 1979 年《选举法》将人大代表直接选举范围从乡镇一级扩大到县一级的基础上，将人大代表直接选举范围进一步扩大到设区的市一级。这既是稳妥的，又是可以实现的，既是中国式代议民主政治发展的要求，也是对改革开放四十多年各项发展成果的肯定。

第二，人大代表候选人提名不够民主，应进一步予以完善。人大代表候选人的提名问题是选举中的关键问题，是测试选举民主水平的一个重要标准。谁掌握了选举的提名权，谁就决定了选举的方向。目前，我国人大代表候选人的提名实行 "双轨制"，即一是由各政党、各人民团体联合或者单独推荐，二是由选民或代表十人以上联名。如我国《选举法》第 30 条规定："全国和

❶　《列宁选集》第 9 卷，人民出版社 1984 年版，第 181 页。

❷　穆兆勇编著：《第一届全国人民代表大会实录》，广东人民出版社 2006 年版，第 59 页。

❸　周叶中主编：《宪法》，高等教育出版社、北京大学出版社 2005 年版，第 303 页。

❹　《邓小平文选》第 3 卷，人民出版社 1993 年版，第 220~221 页。

地方各级人民代表大会的代表候选人，按选区或者选举单位提名产生。各政党、各人民团体，可以联合或者单独推荐代表候选人。选民或者代表，十人以上联名，也可以推荐代表候选人。"这样的规定，一方面有利于中国共产党对人大代表的选举进行监管，保证政治上合格的人大代表当选；另一方面有利于人民当家作主，选出自己信任的人大代表。但在具体实践活动中，由作为执政党的中国共产党推荐的候选人占了绝大多数，而由选民或代表联名推荐的候选人占的比例很小，且"戴帽"候选人大量存在。尽管中国共产党这样做的目的是实现和维护人民群众的根本利益，但政党提名过多，特别是"戴帽"候选人过多，会产生一定的消极影响。因此，我们应逐步完善人大代表候选人提名制度，逐渐减少政党推荐的代表候选人比例，特别是"戴帽"候选人比例，逐步扩大选民和代表联名推荐候选人的名额，并通过法律的手段保证选民和代表提名权的充分实现。

第三，人大代表的结构不够合理，应进一步予以调整。密尔指出："代议制政府的积极的缺陷和危险可以概括为两条：第一，议会中的普遍无知和无能，或者说得温和一点，智力条件不充分；第二，有受到和社会普遍福利不同的利益影响的危险。"❶ 而代表结构的不合理，正是产生"代议制政府的积极的缺陷和危险"的重要原因之一。目前，我国人大代表的结构存在许多不合理的现象，导致中国式代议民主政治的过程中出现了"代议制政府的积极的缺陷和危险"，应该予以进一步调整完善。一是人大代表的职业分类问题。目前，我国人大代表的职业分类是按照工人、农民、干部、知识分子、解放军和归国华侨等来进行划分的。但随着我国经济社会的发展，大量新兴的职业群体开始涌现，这一职业分类方法不再适应社会发展的要求，应根据我国经济生活发展的实际情况，修改这一标准，使不同职业群体都能选出自己的代表，反映自己的意志和利益。而且，我国为了体现代表来源的广泛性，体现最大范围的民主性，一直按照上述职业分类分配人大代表名额，把代表候选人提名的标准与遴选劳动模范、标兵的标准相混淆，而忽视了人大代表的专业化技能，以致选出的许多人大代表缺乏参政议政的能力，不具有高度的政治技巧和能力，无法胜任和履行人大代表的职责，致使人大工作无法很好地开展。因而，我们应改变人大代表的职业分类方法，既要体现人大代表来源的广泛性，也要注重人大代表的专业性，将政治觉悟高、参政议政能力强的人选为人大代表。二是干部人大代表过多的问题。在我国的各级人大代表

---

❶ 密尔著：《代议制政府》，汪瑄译，商务印书馆1982年版，第85页。

中，干部代表所占的比例过大，基本上在半数以上。如"在第十届全国人大代表中，纯粹以党政部门领导干部为职业者有1240人，加上分散在军人、法律界、企业家等类代表中的领导工作者，官员（党政官员、法官、检察官、国有企业的厂长、事业单位的领导）代表的数量占全体2984名代表的半数以上。地方人大的情况同样如此。"❶ 干部人大代表过多，虽有利于使人大作出的决议得到迅速执行，但可能会使人大的监督职能"流于形式"。监督权是人大的重要职能，人大对国家机关及其工作人员进行监督，可以避免国家权力的滥用，但是当干部成为人大代表时，一方面存在"自己监督自己"之嫌，另一方面面对自己的上级，其难以真正有效地行使监督权。更严重的是，过多官员担任人大代表，在人大进行立法时较易出现利益冲突的现象，因为有官员身份的人大代表可能会根据部门利益来支持某方面的立法，这样就会出现部门立法的现象，从而违背全体人民的意志和损害全体人民的根本利益，会产生"有受到和社会普遍福利不同的利益影响的危险"。如密尔指出："民主制，和所有其他的政府形式一样，最大危险之一在于掌权者的有害的利益，这就是阶级立法的危险；就是意图实现（不管是否真正实现）统治阶级的眼前利益，永远损害全体的那种统治的危险。"❷ 因此，我们应优化人大代表的结构，降低官员人大代表的比例，增加非官员人大代表的比例，逐步"实行各级领导干部与人大代表身份相脱离，行政机关和司法机关领导不兼任人大代表职务"❸，造就一个强有力的权力机关，对国家机关及其工作人员进行有效监督，制定符合全体人民利益和意志的法律，避免部门立法现象的出现，从而防止"有受到和社会普遍福利不同的利益影响的危险"的出现。

（二）完善人大会议制度

"人民代表大会的职权都是开会行使的。这是人民代表大会与其他国家机关行使职权不同的一个显著特点。"❶ 保证开好人大会议，是人大会议制度的重要目的。而衡量人大会议开好的重要标准，一是人大及其常委会充分行使了权力，二是人民的意志和利益得到了充分表达和实现，而不是会议开得"隆重热烈"，开得"圆满成功"。以上述标准来衡量，不能说我国人大会议已经开好了。相反，随着人们民主政治意识的日益提高，人们对人大会议的

---

❶ 俞可平主编：《中国政治发展30年》，重庆出版集团、重庆出版社2009年版，第36～37页。

❷ 密尔著：《代议制政府》，汪瑄译，商务印书馆1982年版，第98页。

❸ 蔡定剑著：《一个人大研究者的探索》，武汉大学出版社2007年版，第87～88页。

❶ 蔡定剑著：《中国人民代表大会制度》，法律出版社2003年版，第420页。

批评越来越多。造成这种现象的原因很多，但重要原因之一就是人大会议制度的不完善，主要表现在：

第一，会期短。各国的代议机关都是通过开会的方式行使职权的，因而，会期的长短与代议机关权力行使的状况有最直接的关系。所以，西方国家代议机关的会期都很长，有的国家议会几乎一年到头都在开会（见表1），这样的话，议员就有充分的时间对各项议题进行审议，对国家的各项政策可以进行充分的辩论，可以保证代议机关权力的充分行使。与此相对应，我国人大是世界上最庞大的代议机关，而其会期却是世界上最短的之一。全国人大会期一般为15天左右（见表2）。在这十几天时间里，要审议讨论十几项议题，要对国家政治生活中的许多大事进行表决，再加上人大代表大多是兼职的，因而，人大代表根本就没有时间，也没有精力对各项议题进行充分审议。特别是在涉及专业性问题时，许多人大代表既没有能力审议，也没有时间进行一些准备性工作，但又要匆匆对其投票进行表决，质量自然难以保证。

表1　46个国家和地区每年的议会例会会期情况

国别	会议次数	会期	备注	国别	会议次数	会期	备注
菲律宾	1次	170天	9月10日开始	德国	2次	至多170天	10月2日后至多80天，次年4月2日后至多90天
韩国	1次	会期由国会决定，最长11个月	从7月的第四个星期一开始	白俄罗斯	2次	6个月	/
哈萨克斯坦	1次	约10个月	9月的第一个工作日至次年6月	爱尔兰	至少1次	90天	众院90天，参院30天
蒙古	2次	不少于150天	6个月举行一次常会	奥地利	2次	至少6个月	春季2个月，秋季4个月
越南	2次	约4个月	春季会议4至5月，秋季会议10至11月	比利时	1次	10个月	10月至次年7月
土库曼斯坦	2次	10个月	/	丹麦	2次	9个月	7至9月为休会期

续表

国别	会议次数	会期	备注	国别	会议次数	会期	备注
巴基斯坦	至少2次	不少于130天	两次会议间隔不超过120天	法国	2次	170天	10月2日开始为80天，4月2日开始为90天
马来西亚	3至4次	至多6个月	由元首随时召开，但两次会期间隔不超过6个月	俄罗斯	2次	约9个月	第一次1月12日至6月12日，第二次9月1日至12月25日
日本	1次	150天	从12月开始	挪威	1次	7个月	10月至次年6月，其中在圣诞节前后休会3周
泰国	2次	每次90天	国王可延长会期	葡萄牙	1次	10个月	9月15日至次年7月15日
新加坡	至少1次	6个月	两次会议相隔不超过6个月	瑞典	1次	7至8个月	9月或10月至次年5月3日
印度	不定期	至少6个月	两次会议间隔不超过6个月	瑞士	4次	12周	分别在3月、6月、10月、12月召开
以色列	2次	不少于8个月	/	希腊	1次	不少于5个月	10月的第一个星期一开始
印度尼西亚	2次	4个月	/	意大利	2次	至少2个月	2月和10月
埃及	1次	不少于7个月	从11月第二个星期四到次年6月底	美国	至少1次	9个半月	1月3日至10月中旬，7月有休假
布隆迪	2次	至多4个月	每次不超过2个月	加拿大	不定	全年开会	一年中有3次长时间的休会
肯尼亚	1次	9个月	3月初至12月初	阿根廷	1次	5个月	5月1日至9月30日
加蓬	2次	约6个月	3月中至6月底，10月初至12月中	秘鲁	2次	约5个多月	7月27日至12月15日，次年4月1日至5月3日
津巴布韦	2次	至少180天	两次会议间隔不超过180天	巴西	2次	约8个月5天	3月1日至6月30日，8月1日至12月5日

续表

国别	会议次数	会期	备注	国别	会议次数	会期	备注
马达加斯加	2次	120至180天	第一次5月初开始，第二次9月底开始	墨西哥	2次	5个半月	9月1日至12月31日，次年3月15日至4月30日
摩洛哥	2次	至多6个月	每次不超过3个月	智利	1次	约4个月	5月21日至9月18日
罗马尼亚	2次	8个月零10天	1月31日至7月1日，9月1日至12月10日	斐济	2次	6个月	两次会议间隔不超过6个月
匈牙利	2次	8个月	2月1日至6月15日，9月1日至12月15日	澳大利亚	多次	参院85至90天，众院60至70天	/

资料来源：《世界宪法大全》《世界议会辞典》《世界各国议会全书》。转引自蔡定剑著：《中国人民代表大会制度》，法律出版社2003年版，第426~427页。

表2　我国第一届至第十一届全国人大任期、会期情况

届别 / 法定任期 / 实际任期 / 会期（天）		一届	二届	三届	四届	五届	六届	七届	八届	九届	十届	十一届
法定任期		4年	4年	4年	5年	5年	5年	5年	5年	5年	5年	5年
实际任期		4年7个月	5年8个月	10年	3年1个月	5年3个月	4年9个月	5年	5年	5年	5年	5年
一次会议	预备会议		1	1*	7*	1	1	1	1	1	1	1
	正式会议	14	11	15*	5*	8	16	20	17	16	14	14
二次会议	预备会议		1			1	1	1	1	1	1	1
	正式会议	26	12			14	17	16	13	11	10	9
三次会议	预备会议		5*			1	1	1	1	1	1	1
	正式会议	16	21*			12	15	16	14	11	10	10
四次会议	预备会议	6	1*			1	1	1	1	1	1	1
	正式会议	20	17*			14	19	16	13	11	10	10

续表

届别 法定任期 实际任期 会期（天）	一届	二届	三届	四届	五届	六届	七届	八届	九届	十届	十一届
法定任期	4年	4年	4年	5年	5年	5年	5年	5年	5年	5年	5年
实际任期	4年7个月	5年8个月	10年	3年1个月	5年3个月	4年9个月	5年	5年	5年	5年	5年
五次会议　预备会议	7				1	1	1	1	1	1	
五次会议　正式会议	11				15	18	15	14	11	12	

注：1. 上述会期都包括星期日在内。2. 带星号的为会议秘密举行。3. 三届、四届人大都只开过一次会议。4. 预备会议实际上只开半天。5. 第一届全国人大会期是3月5日至19日，第五届至第十一届会期都是3月5日至3月15日。

资料来源：蔡定剑著：《中国人民代表大会制度》，法律出版社2003年版，第428页；《历届历次代表大会会议简介》，http://www.npc.gov.cn/npc/dbdhhy/node_2435.htm，最后访问时间2021年5月6日。

第二，代表团设计不尽合理。由于人大代表人数太多，不便在全体会议上审议讨论议案，只能通过代表团全体会议和代表团小组会议的途径审议讨论议案。一般来说，这种安排解决了代表发言时间问题，有利于代表充分讨论重大问题。但是目前的代表团主要是以行政区划为单位组织起来的，代表团团长一般由省委书记或省人大常委会主任兼任，行政官员在很大程度上主导了代表团会议，致使代表团会议行政化倾向比较严重，不利于代表之间的平等交流。对此，有学者指出，这种安排不利于如此众多的代表在短暂时间内就一问题作深入的讨论，尤其是来自社会各领域的代表，由于文化水平不一，其发表的意见也不大相同，因此很难形成"共识"。这一结构被形容为"多功能地下活动体制"下的"蜂巢"。这些按区域划分的"蜂巢"使跨小组接触变得困难，因为孤立的代表只有通过简报才能相互沟通。❶ 结果，这又导致了会议简报成堆，以致代表们根本没有时间阅读。

第三，未建立辩论制度。"辩论不是议会独有的讨论方式，但却是议会主要的、最常用的议事方式。现代英国议会平民院的全院大会上，政府、各反对党、各党后座议员正是通过辩论来陈述各自的主张，批驳对方，形成决

---

❶ 转引自孙哲著：《全国人大制度研究（1979—2000）》，法律出版社2004年版，第83～84页。

定。"❶ 因而，代表们只有对各项议题进行充分的辩论，才能对各项议案做到真正的审议，才能保证议会各项决定的民主性和科学性。所以，西方国家大都建立了完善的国会辩论制度，明确规定了辩论的使用范围、辩论程序、辩论规则等。然而，到目前为止，我国尚未建立人大会议辩论制度，不论是在全体会议上，还是在代表团全体会议和代表团小组会议上，代表们之间缺乏交流，很难就一项议题进行激烈交锋，不能对议案进行充分辩论，这样就不能将各方面的不同意见汇聚在一起，不能使各种不同的观点相互碰撞，从而不能保证人大会议各项决定的民主性和科学性。

针对上述问题，我们应从以下方面着手，来完善人大会议制度，以保证开好人大会议。

首先，应延长人大会期。人大会期短，在很大程度上是由我国人大代表多且代表是兼职的情况导致的。人大代表多，自然难以组织，且会议成本高，因而不便长期开会。人大代表是兼职的，自然不能长期脱离生产工作岗位，因而不能长期开会。所以，要延长人大会期，一要减少人大代表名额，至于减多少，应以既保证人大的广泛代表性又便于人大召开会议为原则。二要逐步改变人大代表兼职制，逐步推行人大代表专职制，让更多的职业政治家、社会活动家成为人大代表，以提高人大代表素质，保证人大代表有充分的时间参加会议。

其次，应改进代表团设计方式。目前的代表团主要是以行政区划为单位设立的，这种设立方式有利于组织管理，但不利于代表之间相互交流，不利于代表对议题的深入讨论。因而，我们应改进代表团的设计方式，一方面仍以行政区划为单位设立代表团，但这种方式设立的代表团，只负责对代表进行组织管理，为代表提供各种服务；另一方面应以代表的职业为标准设立代表团，专门对大会的各项议题进行审议讨论。将相同职业或具有相同专业背景的代表组织在一起，这样可以方便代表之间的交流，可以方便代表对共同关心的议题展开辩论，从而有助于对议题进行深入的讨论，有利于形成"共识"。

最后，应建立人大会议辩论制度。建立人大会议辩论制度，既是代议民主政治发展规律的普遍要求，也是我国人民代表大会制度发展的重要方向。早在 1956 年，周恩来同志就指出："明年还准备进一步允许辩论，当然现在也允许辩论，小组会上就辩论得很热烈，将来在大会上也可以辩论。就是说，人民代表提出的意见，政府要出来回答。回答对了，人民满意了；不对，就

---

❶ 蒋劲松著：《议会之母》，中国民主法制出版社 1998 年版，第 629～630 页。

可以起来争论。资本主义国家的制度我们不能学，那是剥削阶级专政的制度，但是，西方议会的某些形式和方法还是可以学的，这能够使我们从不同的方面来发现问题。"● 当然，周恩来这里指出的辩论制度同我们所说的辩论制度不尽一致，但其精神是一致的，即人们应对各项议题进行广泛讨论。但出于各种原因，到目前为止，我们仍没有建立人大会议辩论制度。因此，我们应结合我国的实际情况，早日建立人大会议辩论制度。

(三) 完善人大任免工作制度

任免权是各级人大及其常委会的一项非常重要的职权。各级人大及其常委会行使任免权的过程，实质上就是其根据国家权力所有者的意愿选出合格或罢免不合格国家权力使用者的过程。人大及其常委会只有能够切实行使任免权，才能保证各级人大国家权力机关的地位。正如列宁指出的："人民的自由，只有在人民能够毫无阻碍地结社、集会、创办报刊，亲自颁布法律、亲自选举和罢免一切负责执行法律并根据法律管理国家的官员的时候，才能得到保障。"❷ 人大及其常委会要想充分行使任免权，就必须建立完善的任免工作制度，这关系到党管干部原则与人大及其常委会依法行使任免权的关系能否在工作实践中真正处理好。根据任免工作不同阶段的任务和特点，应分别建立任前制度、任中制度、任后制度。

第一，建立完善的任前制度。人大及其常委会在行使任免权前，主要的任务就是详细了解拟任免干部的详细情况，避免在行使任免权的过程中，因对拟任免干部情况不了解，而使任免权行使带有盲目性，妨碍任免权的有效行使。任前制度主要目的就是保障人大及其常委会的知情权，使其对拟任免干部的情况了然于心。为此，我们必须建立：①提名人介绍情况制度。法定的提名人在向人大或常委会提交任免案时，应当附有拟任免人员的基本情况、工作履历、任免理由等书面材料。在介绍拟任用干部情况时，要着重介绍拟任用人员的特点和专长，说明其胜任本职务的优势所在。法律规定或有关规定要求具有任职资格的职位，提名人应同时提交拟任用人员的任职资格证明复印件。必要时，有关负责人应亲自到场做提请报告，并详细介绍拟任免干部的情况，同时回答人大代表或人大常委会组成人员的询问。②见面制度。拟任用干部应在必要时，根据人大代表或人大常委会组成人员的要求，与人

● 《中华人民共和国人民代表大会文献资料汇编》（1949—1990），中国民主法制出版社 1991 年版，第 46 页。

❷ 《列宁全集》第 10 卷，人民出版社 1958 年版，第 353 页。

大代表或人大常委会组成人员进行面对面交流，回答人大代表或人大常委会组成人员的询问，使人大代表和常委会组成人员更好地了解拟任用人员的真实情况。③考试制度。应建立科学的考试制度，把考试成绩合格作为任命干部的必要条件。任前考试，其目的不仅是检验被任命干部的综合素质，更重要的是促使他们注重自身素质的提高。因各个职务之间存在较大的差异性，考试内容不宜统一安排，应根据各个职务的特点，突出不同侧重点，适当安排。对考试成绩不合格的，不得提交审议。④公示制度。人大或常委会应在对拟任免干部进行审议前，由其相关工作机构将拟任免人选的基本情况、主要工作业绩、任职意向和任免理由，以一定的形式在本行政区域内向社会大众公开，收集各方面群众的意见。在公示期满后，对群众满意、没有异议的或反映问题缺乏事实依据的，按法定程序提交人大或常委会审议；对群众意见分歧较大，需要进一步了解情况的，暂缓审议；对群众反映强烈，确有真凭实据，存在违法违规现象的，退回提请议案，移交相关部门处理。

第二，建立完善的任中制度。人大及其常委会在行使任免权的过程中，主要的任务就是慎重做好人事任免案的审议和表决，保证任免权的审慎、正确行使。任中制度的主要目的就是使人大或常委会进一步了解拟任免干部的详细情况，使人大代表或人大常委会组成人员在行使任免权时，能够"有的放矢"，真正表达自己的意志，从而使任免权得到有效行使。为此，我们应建立：①供职报告制度。拟任命的政府组成人员、人民法院和人民检察院领导人员，应在人大或常委会会议上做供职报告，详细报告自己的工作业绩、任职理由、未来执政方针等；其他拟任命人员应提交书面供职报告。②审议制度。人大或常委会应通过召开全体会议或分组会议的形式，对拟任免人员的情况进行详细审议。在审议时，应安排足够多的时间，让人大代表或人大常委会组成人员能够掌握详细情况，能够充分发言，能够客观公正地表达自己的观点和看法，并能反映各方面人民群众的意见，避免人云亦云、感情用事现象的出现。在综合大多数代表或委员意见的基础上，再决定是否提交人大或常委会表决。③表决制度。在表决方式上，应一律实行无记名投票制度，并当场宣布计票结果，以保证人大代表或人大常委会组成人员能够表达自己的真实意愿，真正实现任免工作的民主化、科学化和公开化。

第三，建立完善的任后制度。人大及其常委会在行使任命权后，主要的任务是充分发挥代表和委员的作用，加强对任命后干部的监督，将行使任免权与监督权有机结合起来，以保证干部廉洁奉公，避免国家权力的滥用，使任免权最终得到落实。为此，我们应该建立：①调查研究制度。在干部履职后，人大代表或人大常委会组成人员应对任职人员的履职情况进行调查研究，通过联系代表、定期走访、座谈会、民意测验和个别谈话等形式，听取任职人员所在单位和同事的意见，收集各方面群众的意见反映，以全面了解和掌握任职人员的履职情况，并由相关机构提出综合性意见。②述职评议制度。任职人员在任职后应在每年年终时向人大或人大常委会递交书面工作述职报告，以接受人大或人大常委会的评议。在必要时，应人大或人大常委会的要求，任职人员应当面做述职报告，并接受评议。人大或常委会根据任职人员的述职报告，再结合自己调查研究的情况，可以依法对任职人员的履职情况进行评议，由代表或委员投票后，形成评议结果。根据评议结果，给予相应的奖惩。对评议未通过者，要限期整改或进一步调查，确实存在问题的，应依法予以免职。③审计监督制度。人大或常委会应在其任命的干部离任前，对离任干部进行审计监督，详细了解和掌握离任干部在任职期间单位的经济情况和个人的廉政情况，并将审计过程和结果以报告的形式提交人大或常委会，作为人大或常委会审议人事任免案的重要依据和参考资料。

(四) 完善人大监督制度

监督权是人大及其常委会的重要职权，人大及其常委会代表人民行使监督权，对国家权力的行使过程进行监督，可以避免国家权力的滥用，这是实现人民主权的根本保障。诚如密尔所言："代议制议会的适当职能不是管理——这是它完全不适合的——而是监督和控制政府：把政府的行为公开出来，迫使其对人们认为有问题的一切行为作出充分的说明和辩解；谴责那些该受责备的行为，并且，如果组成政府的人员滥用职权，或者履行责任的方式同国民的明显舆论相冲突，就将他们撤职，并明白地或事实上任命其后继人。这的确是广泛的权力，是对国民自由的足够保证。"❶ 现在人们对人大及其常委会监督权的重要性已经有了深刻认识，纷纷呼吁要加强和改进人大监督工作，增强监督实效。问题是，人大监督制度的不完善，制约了人大及其常委会依法行使监督权。因此，我们应健全监督机制，完善监督制度，保证人大及其常委会有效行使监督权。具体来说：

第一，应建立完善的听取和审议工作报告制度。建立完善的听取和审议工作报告制度，主要应包括以下内容：一是明确听取和审议工作报告的重点。各级人大及其常委会应围绕党和国家的工作大局，重点听取和审议工作报告

---

❶ 密尔著：《代议制政府》，汪瑄译，商务印书馆 1982 年版，第 80 页。

中关系改革发展稳定大局和群众切身利益、社会普遍关注的重大问题，"一府一委两院"也要在各自的工作报告中反映上述重大问题，以便代表和委员能够对"一府一委两院"的工作进行有效监督。《中华人民共和国各级人民代表大会常务委员会监督法》（以下简称《监督法》）已明确规定了"一府两院"专项工作报告中重大问题确定的途径，对于"一府两院"年度工作报告重大问题的确定的途径，我们认为，也应参照《监督法》的规定执行，即本级人大常委会在执法检查中发现的突出问题，本级人大代表对人民政府、人民法院和人民检察院工作提出的建议、批评和意见集中反映的问题，本级人大常委会组成人员提出的比较集中的问题，本级人大专门委员会、常委会工作机构在调查研究中发现的突出问题，人民来信来访集中反映的问题，社会普遍关注的其他问题，应参照《监督法》的规定执行。二是听取和审议工作报告应与"执法检查"等相结合。由于人大及其常委会会议期间短，代表或委员仅通过听取和审议工作报告，难以真正了解"一府一委两院"工作的真实状况，因此，在听取和审议工作报告前，代表或委员应通过执法检查等途径，详细了解"一府一委两院"依法履行职责的情况，这样在听取和审议工作报告时，便可以做到有的放矢，真正提高审议质量，增强监督实效。三是建立工作报告审议反馈制度。在人大及其常委会召开会议时，应提倡代表或委员畅所欲言，表达自己的真实意愿。并应将工作报告公之于众，听取各方面群众的意见。"一府一委两院"应对这些意见作出回应，并应修改工作报告，在工作报告中对这些意见作出反馈。人大及其常委会在对"一府一委两院"工作报告的决议中，也应正确反映代表或委员的各种意见，特别是不赞同的意见，而不能只是泛泛的表示"同意""满意"等，并对"一府一委两院"执行决议的情况进行跟踪检查，以督促"一府一委两院"真正改进工作方式，落实人大及其常委会决议，增强监督实效，实现为人民服务的目标。四是通过立法明确工作报告未通过的法律责任。根据权责相统一的要求，只有通过立法明确工作报告未通过的法律责任，才能真正增强人大监督的实效，提升人大监督的地位和权威，才能对"一府一委两院"形成真正压力，使其依法履行职责。我们认为，可以在现行实践做法的基础上，作出明确规定，如果工作报告第二次或第三次仍未能依法通过，"一府一委两院"的有关负责人必须辞职，从而切实增强监督实效。

第二，应建立完善的预算审查和批准制度。建立完善的预算审查和批准制度，是人大对计划和预算进行有效监督的关键。建立完善的预算审查和批准制度，一是建立提前介入制度。根据全国人大常委会《关于加强中央预算审查监督的决定》，应"坚持先有预算，后有支出"，但是每年人大都在3月开会，这时候预算草案尚未经人大审查和批准，政府已经有了各项支出，这就留下了监督空白期，因而应考虑人大常委会提前介入，进行监督。此外，人大会议期间短，再加上计划和预算草案专业性强，代表难以对计划和预算草案做到真正审议，应该借鉴全国人大常委会《关于加强中央预算审查监督的决定》的要求，让人大财经委员会或人大常委会预算工作委员会提前介入。政府财政部门也应当及时向人大财经委员会或人大常委会预算工作委员会通报本级预算编制的情况，在人大会议举行的一个半月前，将本级预算初步方案提交人大财经委员会，由人大财经委员会对上一年预算执行情况和本年度预算草案的主要内容进行初步审查。二是要编制一套科学、详细的预算报表。要在国内收支分类改革的基础上，借鉴国内外预算编制的经验，研究一套适合我国国情的科学分类的预算编制表，充分反映公众所需要的预算信息，每笔资金都有清楚的安排，预算具有可理解性，使人大代表和公众都能看得懂。还要实行以结果为导向的预算编制方法。❶ 三是建立重点审查制度。人大应在对计划和预算草案全面审查的基础上，进行重点审查。重点审查的内容应借鉴全国人大常委会《关于加强经济工作监督的决定》的规定，即编制的指导方针要符合全国人大批准的国民经济和社会发展五年计划以及长远规划；主要目标和指标要符合持续、稳定发展国民经济的要求；主要措施要符合加强宏观调控，优化经济结构，安排好国家重点建设，切实改善人民生活，积极促进就业，做好社会保障工作和可持续发展等要求。四是规范计划和预算的部分调整，加强对预算外资金的监督。目前，对于多大范围内的调整属于部分调整，法律并没有明确规定。但这是一个必须认真对待的问题，一旦调整范围过大，实质上就等于改变了人大批准的计划和预算方案，因而，必须通过立法对部分调整的范围界限作出明确规定，避免政府以部分调整的名义实质上改变人大年初批准的计划和预算。此外，人大常委会应加强对预算外资金的监督，以部分调整的方式和途径，将其纳入人大计划和预算的范围。

第三，应建立完善的监督宪法法律实施制度。建立完善的宪法法律实施制度，主要应从以下方面着手：其一，加强宪法实施和监督，推进合宪性审查工作。关于宪法监督的问题，一直是法学界的热点问题，学者提出了诸多良好的建议，但从目前实际情况来看，这些措施难以很快落实，我们应选择一个突破口，予以逐步落实。这一突破口正是目前设立的全国人大宪法和法

---

❶ 蔡定剑：《公共预算改革应该如何推进》，载《人民论坛》2010 年第 5 期。

律委员会，其承担着推动宪法实施、开展宪法解释、推进合宪性审查、加强宪法监督、配合宪法宣传等职责，使我国宪法监督工作有了专门的机构依托和坚实的组织保障。在此基础上，全国人大或人大常委会应先制定《关于加强宪法监督工作的决定》，在总结实践经验的基础上，再制定《宪法监督法》，明确宪法监督的程序，以增强宪法监督的可操作性，等等。其二，完善执法检查制度。完善执法检查制度的重点，一是明确执法检查的重点，具体包括两个方面，即重点事项和重点事项的重点方面。《监督法》明确了执法检查重点事项，即本级人大常委会在执法检查中发现的突出问题，本级人大代表对人民政府、人民法院和人民检察院工作提出的建议、批评和意见集中反映的问题，本级人大常委会组成人员提出的比较集中的问题，本级人大专门委员会、常委会工作机构在调查研究中发现的突出问题，人民来信来访集中反映的问题，社会普遍关注的其他问题。在明确这些重点事项的同时，我们还应明确重点事项的重点检查方面，即应重点检查执法部门的领导和执法人员业务素质、执法能力与水平、执法行为与活动、执法职责的履行、执法中的突出问题。二是规定人大常委会在执法检查中可以采取更多的处理措施。人大常委会在执法检查中或结束后，能够采取什么样的处理措施，决定了执法检查的效果大小。但《监督法》并没有赋予人大常委会多少实质性的处理权，人大常委会也不能采取多少实质性措施，来保证监督实效的落实。因而，应通过立法，赋予人大常委会实质性处理权，使其可以在执法检查中或结束后采取众多的处理措施，来保证执法检查工作的深入开展，增强监督的实效。三是与其他监督方式相结合，增强监督的实效。如把执法检查、实行执法责任制、开展执法评议三者结合进行。在听取和审议"一府两院"工作报告时，可包括听取和审议"一府两院"执行某项法律情况的专题工作报告。把执法检查同舆论监督结合起来等，都能取得较好的效果。❶四是由人大听取和审议常委会执法检查报告。应将人大常委会执法检查报告列入人大会议议程，由人大听取和审议，以更好地发现执法检查中的问题，提出更好的意见和建议，推进法律的良好实施。

---

❶ 刘政、程湘清著：《人民代表大会制度的理论与实践》，中国民主法制出版社 2003 年版，第 259 页。

第四章
法治中国建设专题

党的十九大报告指出："经过长期努力，中国特色社会主义进入了新时代，这是我国发展新的历史方位。"❶ 这一历史方位的变化，为我们全面推进依法治国、加快中国特色社会主义法治建设提供了新的时代背景和实践基础。这就需要我们从理论和实践结合上系统回答新时代为什么要加强中国特色社会主义法治建设、怎样加强中国特色社会主义法治建设等一系列问题。❷ 习近平法治思想从新时代如何坚持和发展中国特色社会主义的高度出发，在对中国特色社会主义法治建设经验和成就科学总结的基础上，对上述问题进行了回答，指明了新时代法治中国建设的目标方向，明确了新时代法治中国建设的战略地位，抉择了新时代法治中国建设的道路，部署了新时代法治中国建设的基本举措，为新时代法治中国建设提供了根本遵循和行动指南。这表明了中国共产党对中国特色社会主义法治建设本质特征认识的深刻，也表明了中国共产党对中国特色社会主义法治建设规律掌握的成熟，还表明了中国共产党重视法治、厉行法治、践行法治的高度自觉。

一、新时代法治中国建设的目标方向

习近平总书记指出："明确全面推进依法治国总目标是建设中国特色社会主义法治体系、建设社会主义法治国家。"❸ 这就指明了新时代法治中国建设

---

❶ 习近平：《决胜全面建成小康社会　夺取新时代中国特色社会主义伟大胜利——在中国共产党第十九次全国代表大会上的报告》，载《人民日报》2017 年 10 月 28 日，第 1 版。

❷ 王晨：《习近平法治思想是马克思主义法治理论中国化的新发展新飞跃》，载《中国法学》2021 年第 2 期。

❸ 习近平：《决胜全面建成小康社会　夺取新时代中国特色社会主义伟大胜利——在中国共产党第十九次全国代表大会上的报告》，载《人民日报》2017 年 10 月 28 日，第 1 版。

的目标方向，即建成中国特色社会主义法治体系、中国特色社会主义法治国家。● 其中，"提出建设中国特色社会主义法治体系这一重大命题，是习近平总书记对法治理论的重大创新，也是习近平总书记为新时代全面依法治国所设计的总目标"❷。中国特色社会主义法治体系由党的十八届四中全会作出的《中共中央关于全面推进依法治国若干重大问题的决定》（以下简称"十八届四中全会《决定》"）首次提出，表明了中国共产党对新时代中国特色社会主义法治建设目标认识的明确，也表明中国共产党对中国特色社会主义法治理论的创新。可以说，"十八届四中全会的重大功勋之一，就是正式提出和深刻阐释了中国特色社会主义法治体系的建构，形成独具一格的社会主义法治体系的理论，从而打破了西方国家在法学上的话语主导权，为实现中国法学的繁荣与发展，提供了坚实的理论支柱。"❸ 这里的问题是，中国特色社会主义法治体系与中国特色社会主义制度是什么关系？中国特色社会主义法治体系与全面依法治国是什么关系？中国特色社会主义法治体系的"中国特色"体现在哪里？对这三个问题界定不清，便不能够真正认识和理解新时代法治中国建设的目标所在。

对于第一个问题，即中国特色社会主义法治体系与中国特色社会主义制度是什么关系？这是把中国特色社会主义法治体系放到整个中国特色社会主义制度中进行考量，其目的是要回答法治体系与社会制度的关系问题。❹ 对此，习近平总书记指出："中国特色社会主义法治体系是中国特色社会主义制度的法律表现形式。"❺ 这就明确了中国特色社会主义法治体系的政治属性与制度属性问题。之所以如此，是因为任何一国的法治体系都是以一定的社会制度为根本依托的。不同的社会制度往往对于一国的法治体系有决定性的影响，使得一国的法治体系具有鲜明的社会制度特征。对于我国来说，由于我国的根本社会制度是社会主义制度，使得我国的法治体系具有鲜明的社会主义特征，根本不同于西方的资本主义法治体系。两者在经济基础、推动力量、政权架构、政党制度、发展模式、意识形态等方面都存有根本不同，这就决定了两者不可相互混淆、相互代替。正如周叶中教授指出："社会主义法治区别于资本主义法治一个最重要的本质特征，即是社会主义法治的意识形态，

❶ 《习近平关于全面依法治国的一组论述》，载《党的文献》2015 年第 3 期。
❷ 卓泽渊：《习近平法治思想要义的法理解读》，载《中国法学》2021 年第 1 期。
❸ 李龙：《中国特色社会主义法治体系的理论基础、指导思想和基本构成》，载《中国法学》2015 年第 5 期。
❹ 朱景文：《法治道路与法治体系的关系——习近平法治思想探析》，载《法学家》2021 年第 3 期。
❺ 习近平著：《论坚持全面依法治国》，中央文献出版社 2020 年版，第 229 页。

其核心即是坚持共产党的领导。"❶ 但同时，不可否认的是，两者作为法治体系的两种不同类型，本质上存有许多共通之处，并不妨碍两者的相互借鉴、相互学习。对此，习近平总书记曾指出："坚持从我国实际出发，不等于关起门来搞法治。法治是人类文明的重要成果之一，法治的精髓和要旨对于各国国家治理和社会治理具有普遍意义，我们要学习借鉴世界上优秀的法治文明成果。"❷

对于第二个问题，即中国特色社会主义法治体系与全面依法治国是什么关系？这是把中国特色社会主义法治体系放到全面依法治国的大局中来进行考量，其目的是回答中国特色社会主义法治体系在全面依法治国中的地位与作用问题。❸ 笔者认为，要回答这一问题，首先就必须要回答为什么中国共产党在提出"建设社会主义法治国家"后，又提出"建设中国特色社会主义法治体系"这一问题。其原因主要在于：一方面，法治体系义同法治国家，是法治国家的另一种表述，两者是近义词。另一方面，从逻辑上而言，法治体系是相较于法律体系而言，且与法律体系密不可分。其中，法律体系是法治体系的前提和基础，法治体系是法律体系的目标和归宿，两者分别体现了我国法治建设不同阶段的任务和重心所在，也符合法治建设的基本规律。例如，在中国特色社会主义法律体系于 2010 年已经基本形成的情况下，党的十八届四中全会适时提出了建设中国特色社会主义法治体系的任务和目标，以实现由"法律体系"到"法治体系"的转变，以最终建成社会主义法治国家。再一方面，法治体系与法治国家相比，尽管两者共同指明了全面依法治国的总目标，但法治国家侧重于宏观的目标，为新时代中国特色社会主义法治建设指明了方向，而法治体系侧重于微观的路径，为新时代中国特色社会主义法治建设指明了具体路径。中国共产党之所以在提出社会主义法治国家后，又提出中国特色社会主义法治体系，目的就在于在明确新时代法治中国建设的目标后，为新时代法治中国建设明确一个总抓手，为新时代法治中国建设提供一个具体的路径，以保证全面推进依法治国总目标的顺利实现。正如习近平总书记指出的："全面推进依法治国涉及很多方面，在实际工作中必须有一个总揽全局、牵引各方的总抓手，这个总抓手就是建设中国特色社会主义法治体系。依法治国各项工作都要围绕这个总抓手来谋划、来推进。"❹ 因此，

---

❶ 周叶中、庞远福：《论"法治中国"的内涵与本质》，载《政法论丛》2015 年第 3 期。

❷ 习近平：《加快建设社会主义法治国家》，载《求是》2015 年第 1 期。

❸ 朱景文：《法治道路与法治体系的关系——习近平法治思想探析》，载《法学家》2021 年第 3 期。

❹ 《习近平关于全面依法治国的一组论述》，载《党的文献》2015 年第 3 期。

中国特色社会主义法治体系是推进全面依法治国工作的整体布局，是全面依法治国的总抓手。

对于第三个问题，即中国特色社会主义法治体系的"中国特色"体现在哪里？这既是将中国特色社会主义法治体系与西方国家资本主义法治体系相对比，又是将中国特色社会主义法治体系与其他社会主义国家法治体系相对比，其目的是回答中国特色社会主义法治体系的自身特色和发展方向问题。从根本上讲，每个国家的法治体系都有其深刻的政治、经济、社会、文化背景，都根植于一定的土壤之中，都有其独特的实践基础，都有其要解决的独特问题，因而每个国家的法治体系必然存有很大不同。而由于我国法治体系根植于我国独特的政治、经济、社会、文化土壤之中，特别是以中国特色社会主义制度为依托，使其具有了鲜明的中国特色：一是坚持党的领导；二是鲜明的人民民主特征；三是深刻的社会主义本质。❶ 其中，坚持党的领导是中国特色社会主义法治最本质的特征和最根本的保证所在。因为"坚持党的领导，是社会主义法治的根本要求"❷。也正因为如此，中国特色社会主义法治体系在构成上也不同于其他国家法治体系，其除了具有完备的法律规范体系、高效的法治实施体系、严密的法治监督体系、有力的法治保障体系等四个体系，还包括了完善的党内法规体系。这是习近平法治思想的重要贡献，其不仅突破了传统"法"的范畴，使"法"的范围不仅包括国家法，还包括党内法规，也突破了传统法治理论，使法治包含了国家法治与党内法治两个层面，创新和丰富了法治理论体系，为人类法治文明贡献了"中国智慧"和"中国方案"。因此，中国特色社会主义法治体系是"中国特色"的社会主义法治体系，其既不同于"西方国家"的资本主义法治体系，也不同于"其他社会主义国家"的法治体系。

二、新时代法治中国建设的战略地位

习近平法治思想立足坚持和发展中国特色社会主义、实现中华民族伟大复兴的战略高度，从理论和实践结合上系统回答了新时代坚持和发展什么样的中国特色社会主义法治、怎样坚持和发展中国特色社会主义法治等一系列问题❸，并且根据新的实践特别是我国社会主要矛盾已经转化的现实需求，将"坚持全面依法治国"作为了新时代坚持和发展中国特色社会主义的基本方略

❶ 伊士国：《社会主义法治国家建设的新纲领》，载《湖北社会科学》2013年第5期。
❷ 《习近平关于全面依法治国论述摘编》，中央文献出版社2015年版，第23~24页。
❸ 张文显：《新时代全面依法治国的思想、方略和实践》，载《中国法学》2017年第6期。

之一，并对中国特色社会主义法治建设提出了新的要求，从而明确了新时代法治中国建设的战略地位。

（一） 全面依法治国是中国特色社会主义的本质要求和重要保障

习近平总书记指出："全面依法治国是中国特色社会主义的本质要求和重要保障。"● 这就将法治上升到了中国特色社会主义本质要求和重要保障的高度，对法治与中国特色社会主义的关系进行了准确认识和正确界定，从而将法治上升到了前所未有的战略高度。这一点来之不易，因为在新中国成立以后很长的一段时间内，由于我们对治国理政方式认识的偏差，我们一直将法治与资本主义挂钩●，直到党的十五大，中国共产党才将法治作为我们治国理政的基本方式。正如习近平总书记指出的："全面推进依法治国，是深刻总结我国社会主义法治建设成功经验和深刻教训作出的重大抉择。中国共产党对依法治国问题的认识经历了一个不断深化的过程。"● 实际上，如同市场经济与社会制度的关系一样，法治作为人类治国理政的基本方式，与社会制度属性没有必然联系。法治与不同的社会制度相结合，就会呈现出不同的社会制度属性。而我们国家之所以要选择法治，是因为人类治国理政的长期实践充分证明，"法治应当优于一人之治"。● 而且，从世界范围来看，社会主义建设正反两方面的经验和教训也使我们深刻认识到，"法治是治国理政不可或缺的重要手段。法治兴则国家兴，法治衰则国家乱。什么时候重视法治、法治昌明，什么时候就国泰民安；什么时候忽视法治、法治松弛，什么时候就国乱民怨。"● 因此，中国特色社会主义内在地、天然地、本质地要求实行法治，离开法治的保障，中国特色社会主义建设就不会顺利和成功。可以说，没有成功的法治，就不会有成功的中国特色社会主义。所以，中国共产党在进行中国特色社会主义"五位一体"建设布局时，在政治建设、经济建设、文化建设、社会建设以及生态文明建设部署中分别提出了法治的要求，以发挥法治对中国特色社会主义建设的规范、引领、促进和保障作用。

● 习近平：《决胜全面建成小康社会　夺取新时代中国特色社会主义伟大胜利——在中国共产党第十九次全国代表大会上的报告》，载《人民日报》2017年10月28日，第1版。

● 蔡定剑著：《历史与变革——新中国法制建设的历程》，中国政法大学出版社1999年版，第91~94页。

● 《习近平关于全面依法治国的一组论述》，载《党的文献》2015年第3期。

● 亚里士多德著：《政治学》，吴寿彭译，商务印书馆1965年版，第171页。

● 《习近平关于全面依法治国的一组论述》，载《党的文献》2015年第3期。

(二) 全面依法治国是"四个全面"战略布局的重要组成部分和根本保障

"四个全面"战略布局是习近平新时代中国特色社会主义思想的重要组成部分。党的十九大报告对"四个全面"战略布局进行了正式确认,并根据新时代的新特点对其作出了新的部署。其中,全面依法治国既是"四个全面"战略布局的重要组成部分,也是"四个全面"战略布局顺利推进的根本保障。

第一,将全面依法治国作为"四个全面"战略布局的重要组成部分,就表明了中国共产党对法治战略地位的认识日益深刻以及对法治重视程度的日益加深。尽管早在1997年党的十五大就将依法治国作为我们国家治国理政的基本方式,中国共产党对法治的认识和重视却经历了一个逐步加深的过程,特别是党的十八届四中全会将全面依法治国上升到"四个全面"战略布局的高度,这是前所未有的,表明中国共产党对法治战略地位认识的进一步加深。正如习近平总书记指出的:"要把全面依法治国放在'四个全面'的战略布局中来把握,深刻认识全面依法治国同其他三个'全面'的关系,努力做到'四个全面'相辅相成、相互促进、相得益彰。"❶

第二,全面依法治国之所以是"四个全面"战略布局顺利推进的根本保障,是就全面依法治国与全面建设社会主义现代化国家、全面深化改革、全面从严治党的关系而言的。尽管"四个全面"战略布局是一个有机统一整体,从大的关系看,是目标引领举措。全面建设社会主义现代化国家是战略目标,全面深化改革、全面依法治国、全面从严治党是一个都不能缺的三大战略举措,为全面建设社会主义现代化国家提供动力源泉、法治保障和政治保证。❷但全面依法治国无疑为其他三个"全面"的顺利推进和实现提供了根本保障。具体言之,其一,全面依法治国既是全面建设社会主义现代化国家的重要内容和要求,也为全面建设社会主义现代化国家提供了根本保障。因为全面建成的社会主义现代化国家,不仅包括经济社会文化方面,还包括法治方面,即要实现法治现代化,且只有全面依法治国,才能为经济社会文化方面的建设提供法律上、制度上的指引、规范和保障,才能从法律上、制度上保证经济社会又好又快地发展,才能从法律上、制度上保证人民在全面建设社会主义现代化国家中的主体地位,并保证全面建设社会主义现代化国家的成果惠及全民。为此,习近平法治思想科学指明了全面建设社会主义现代化国家新阶段法治中国建设的战略目标和重要举措,集中体现在党的十九届四中全会

---

❶ 《习近平关于全面依法治国的一组论述》,载《党的文献》2015年第3期。

❷ 黄坤明:《深刻理解"四个全面"的重要意义》,载《求是》2015年第13期。

和五中全会通过的相关决定中。❶ 其二，全面依法治国是全面深化改革的重要保障。因为全面深化改革意味着要突破现有的体制机制障碍，意味着要摆脱现有的各种利益束缚，意味着要自我革命和自我革新，意味着改革要进入攻坚期和深水区，这些都离不开法治的保障。党的十八届四中全会之所以在党的十八届三中全会作出全面深化改革的决定后，就作出全面推进依法治国的决定，其目的就是发挥法治的规范和保障作用，以法治的思维和方式保障全面深化改革的顺利进行，实现全面深化改革的总目标。正如习近平总书记指出的："凡属重大改革都要于法有据。在整个改革过程中，都要高度重视运用法治思维和法治方式，发挥法治的引领和推动作用。"❷ 其三，全面依法治国为全面从严治党提供抓手和保障。因为全面从严治党既要依据党内法规管党治党，也要依据宪法法律管党治党。对于广大党员来说，其具有双重身份，既是我国的公民，又是中国共产党的党员，因而，其既要模范地遵守各项党内法规，也要带头遵守宪法、法律。全面依法治国的内在要求之一，就是中国共产党既要依法执政，也要依规治党，并将两者有机统一起来。所以，只有全面依法治国，才能为全面从严治党提供有效抓手，才能为全面从严治党提供重要保障。

（三）全面依法治国是推进国家治理现代化的必然要求

习近平总书记指出："明确全面深化改革总目标是完善和发展中国特色社会主义制度、推进国家治理体系和治理能力现代化。"❸ 要实现这一总目标，推进国家治理体系和治理能力现代化（以下简称"国家治理现代化"），就必须坚持全面依法治国，充分发挥法治的作用。因为法治可以为推进国家治理现代化提供制度化、规范化的引领、规范、促进和保障，可以有效解决国家治理面临的困境和问题，可以保障国家治理现代化目标的顺利实现。可以说，"完善国家治理体系和提升治理能力的要义是健全社会主义法治体系，实现国家治理的法治化"❹。一方面，法治是推进国家治理现代化的根本保障。推进国家治理现代化，必须要在法治的框架内进行，必须以法治作为基石。只有从法律上、制度上体现推进国家治理现代化的规律和要求，把国家治理

---

❶ 王晨：《习近平法治思想是马克思主义法治理论中国化的新发展新飞跃》，载《中国法学》2021 年第 2 期。

❷ 《习近平关于全面深化改革论述摘编》，中央文献出版社 2014 年版，第 153 页。

❸ 习近平：《决胜全面建成小康社会　夺取新时代中国特色社会主义伟大胜利——在中国共产党第十九次全国代表大会上的报告》，载《人民日报》2017 年 10 月 28 日，第 1 版。

❹ 郭洁、佟彤：《〈民法典〉推进国家治理现代化的法理阐释》，载《政法论丛》2020 年第 4 期。

现代化的理念和方式法律化、规范化、制度化，才能真正实现推进国家治理现代化的目标。另一方面，法治是国家治理的基本方式。与传统社会将人治作为国家治理的基本方式不同，现代社会大都将法治作为国家治理的基本方式。对于我们这样一个人治传统根深蒂固的国家来说，坚持全面依法治国，摒弃人治，是殊为不易的。所以，习近平总书记指出："全面依法治国是国家治理的一场深刻革命。"❶ 而将法治作为现代国家治理的基本方式，必然意味着将宪法和法律作为国家治理的最高权威，坚持法律面前人人平等，绝不允许任何组织和个人有超越法律的特权；必然意味着将国家经济、政治、文化、社会、生态文明等各领域均纳入法治的轨道，依法治理，实现国家治理的法治化，从而为推进国家治理现代化提供法治保障。因此，坚持全面依法治国，推进国家治理法治化是推进国家治理现代化的必然要求。

三、新时代法治中国建设的道路抉择

当今世界和我国社会主义法治建设的实践表明，一个国家选择什么样的法治建设道路，关系其法治国家建设的走向，关系其法治国家建设的成败。一个国家要想实现法治化，建设法治国家，就必须找到既符合法治建设普遍规律，又适合自己国情的发展道路。可以说，追寻和探索具有中国特色社会主义法治建设道路，全面推进依法治国，已成为新时代法治中国建设的首要选择。

党的十八届四中全会在我们党的历史上第一次比较系统地回答了在中国这样一个经济文化比较落后、民主法治传统缺失的国家，如何建设中国特色社会主义法治国家的一系列基本问题，开辟了中国特色社会主义法治建设道路，指明了新时代建设社会主义法治国家的方向。习近平总书记在《关于〈中共中央关于全面推进依法治国若干重大问题的决定〉的说明》中指出："中国特色社会主义法治道路，是社会主义法治建设成就和经验的集中体现，是建设社会主义法治国家的唯一正确道路。在走什么样的法治道路问题上，必须向全社会释放正确而明确的信号，指明全面推进依法治国的正确方向，统一全党全国各族人民认识和行动。"❷ 因此，新时代建设中国特色社会主义法治国家首要的和最根本的要求，就是坚持中国特色社会主义法治道路，走

---

❶ 习近平：《决胜全面建成小康社会 夺取新时代中国特色社会主义伟大胜利——在中国共产党第十九次全国代表大会上的报告》，载《人民日报》2017 年 10 月 28 日，第 1 版。

❷ 习近平：《关于〈中共中央关于全面推进依法治国若干重大问题的决定〉的说明》，载中国共产党新闻网：http://cpc.people.com.cn/n/2014/1028/c64094-25926150.html，最后访问日期：2018 年 3 月 10 日。

中国特色社会主义法治国家建设之路。

　　新时代建设中国特色社会主义法治国家之所以要坚持中国特色社会主义法治道路，是因为从根本上讲，每个国家的法治化道路都有其深刻的政治、经济、社会、文化背景，都是在一定土壤中发展起来的，其中经济起着根本的作用。而由于我国传统社会结构、经济制度、政治制度、法律及其文化和西方国家有着很大不同，这就注定了我们国家的法治化道路和西方国家的法治化道路必然存在很大不同，因此，我们理应在认清中国国情的前提下，从自身实际出发，把法治建设基本原理同中国实际相结合，探索出一条适合中国国情、具有中国特色的社会主义法治建设道路，从而实现法治的固有传统和现代性理念、法治的本土化和国际化、法治的自我创新和学习借鉴的有机统一。

　　中国特色社会主义法治道路，既坚持了法治建设的基本原则，体现了法治建设的普遍规律，又根据我国实际和时代特征赋予其鲜明的中国特色，因而具有丰富的科学内涵以及鲜明的特点和巨大的优势。具体表现在：第一，具有鲜明的中国特色。一是具有深刻的社会主义本质。一个国家所走的道路，首先是社会制度问题，其他所有活动的开展，都是在社会制度确立的前提下进行的。中国特色社会主义法治国家以社会主义制度为制度依托，就必然要求中国特色社会主义法治国家建设道路具有深刻的社会主义本质。只有这样，才能保证法治国家建设的正确方向。二是具有强烈的人民民主性质。民主是法治的前提，法治是民主的保障。建设中国特色社会主义法治国家，最终目的是为了保证人民当家作主。广大人民群众既是建设中国特色社会主义法治国家的主体，又是中国特色社会主义法治国家建成的最终受益者。因此，中国特色社会主义法治建设道路必然具有强烈的人民民主性质。三是以坚持党的领导为根本保障。坚持党的领导是社会主义法治与资本主义法治的根本区别。坚持党的领导，是我国《宪法》确立的政治原则，是我国实现法治、建设中国特色社会主义法治国家的前提和保证。没有党的领导就不可能真正建成中国特色社会主义法治国家。因此，党必须在中国特色社会主义法治建设中始终发挥总揽全局、协调各方的领导核心作用。正如习近平总书记在《关于〈中共中央关于全面推进依法治国若干重大问题的决定〉的说明》中指出的："党的领导是中国特色社会主义最本质的特征，是社会主义法治最根本的保证。中国特色社会主义制度是中国特色社会主义法治体系的根本制度基础，是全面推进依法治国的根本制度保障。中国特色社会主义法治理论是中国特色社会主义法治体系的理论指导和学理支撑，是全面推进依法治国的行动指南。这 3 个方面实质上是中国特色社会主义法治道路的核心要义，规定和确保了中国特色社会主义法治体系的制度属性和前进方向。"❶ 第二，坚持了法治建设的基本原则，体现了法治建设的基本规律，借鉴了西方法治建设的成功经验。我们党对中国特色的高度自觉追求，本身就包含了高度自觉地学习和借鉴西方国家法治建设的有益经验。这是因为，建设中国特色社会主义法治国家，如同社会主义其他事业一样，都是马克思主义发展史上的崭新课题，因而必须借鉴西方国家法治建设的成功经验，吸收西方国家法治建设的有益成果。但这种借鉴和吸收绝不是照搬照抄，而是立足我国国情，把法治建设的基本原理与我国实际相结合，不断探索法治国家建设规律，在实践中开辟一条中国特色的法治国家建设道路。

中国特色社会主义法治道路，是中国共产党在社会主义法治建设问题上的伟大创造，是中国共产党带领广大人民群众在实施依法治国基本方略的实践中，认真总结社会主义法治建设经验教训，坚持借鉴与创新相结合，理论与实践相结合，历经艰辛探索而逐步开辟出来的正确道路，是中国特色社会主义法治建设的重大理论成果和实践成果。我国社会主义法治建设的实践证明，中国特色社会主义法治国家建设必须坚持中国特色社会主义法治道路，只有这条道路而没有别的什么道路，能够解决我国法治建设中的问题。新时代建设中国特色社会主义法治国家必须坚持中国特色社会主义法治道路，这是我们党和人民得出的不可动摇的基本结论。

四、新时代法治中国建设的基本举措

习近平法治思想既是重大战略思想，也是重大工作部署。习近平法治思想顺应中华民族伟大复兴的时代需求，不仅指明了新时代法治中国建设的目标方向，明确了新时代法治中国建设的战略地位，抉择了新时代法治中国建设的道路，还部署了新时代法治中国建设的基本举措。❷ 这些基本举措集中体现在党的十九大和十九届二中、三中、四中、五中全会，中央全面依法治国工作会议和中央全面依法治国委员会第一、二、三次会议等作出的相关决议中。❸ 由于篇幅局限，下面仅就其中的几个重要方面进行阐述。

---

❶ 习近平：《关于〈中共中央关于全面推进依法治国若干重大问题的决定〉的说明》，载中国共产党新闻网：http://cpc.people.com.cn/n/2014/1028/c64094-25926150.html，最后访问日期：2018 年 3 月 10 日。

❷ 《习近平关于全面依法治国的一组论述》，载《党的文献》2015 年第 3 期。

❸ 黄文艺：《论习近平法治思想的形成发展、鲜明特色与重大意义》，载《河南大学学报》（社会科学版）2021 年第 3 期。

（一）坚持党的领导、人民当家作主、依法治国有机统一

新时代中国特色社会主义法治建设必须坚持党的领导、人民当家作主、依法治国有机统一，这是新时代中国特色社会主义法治建设的根本原则，也是中国特色社会主义法治区别于西方资本主义法治的本质特征与根本优势所在。因为其"正确解释了依法治国与党的领导、人民民主的相互关系，为理顺法治与权力、法治与政治、法治与民主等关系提供了重要依循，为中国特色社会主义民主法治建设指明了正确的发展方向和发展道路"[1]。其中，坚持党的领导是中国特色社会主义法治建设的根本保证所在，人民当家作主是中国特色社会主义法治建设的本质特征，依法治国是中国特色社会主义法治建设的方略依托，三者统一于中国特色社会主义法治建设的实践之中。新时代中国特色社会主义法治建设坚持党的领导、人民当家作主、依法治国有机统一，关键就是要做到，一要正确认识和处理好党的领导与社会主义法治建设的关系，必须认识到两者是一致的、统一的，必须把党的领导贯彻落实到依法治国全过程和各方面，从而为新时代中国特色社会主义法治建设提供根本保证。二要坚持以人民为中心，始终保证人民在新时代中国特色社会主义法治建设中的主体地位，做到法治建设始终为了人民，法治建设始终依靠人民，法治建设成果始终惠及人民，实现法治工具性与目的性的有机统一。[2] 三要坚持和完善人民代表大会制度，将人民代表大会制度作为新时代中国特色社会主义法治建设的最根本的制度平台、制度根基以及制度保障。因为"人民代表大会制度是坚持党的领导、人民当家作主、依法治国有机统一的根本政治制度安排"[3]。

此外，在新时代中国特色社会主义法治建设中坚持党的领导、人民当家作主、依法治国有机统一，还必须要正确认识和处理好两个关键问题，一是如何正确认识和回应"党大还是法大"的问题，二是如何正确认识与处理坚持党的领导与审判权、检察权独立的关系问题。对于第一个问题，必须要明确的是，"党大还是法大"是一个伪命题，因为两者一个是组织，一个是规则，不存在可比性。而就党与法的关系而言，无论是我国现行《宪法》还是《中国共产党章程》均明确规定，党必须要在宪法和法律范围内活动，这一问题早已解决。可以说，"从理论上说，'党大还是法大'是个'伪命题'，'党

---

[1]　李林：《法治中国建设的宏伟蓝图》，载《中国司法》2014 年第 1 期。

[2]　周佑勇：《习近平法治思想的人民立场及其根本观点方法》，载《东南学术》2021 年第 3 期。

[3]　习近平：《决胜全面建成小康社会　夺取新时代中国特色社会主义伟大胜利——在中国共产党第十九次全国代表大会上的报告》，载《人民日报》2017 年 10 月 28 日，第 1 版。

与法'的关系问题也已从法理与制度、党章与宪法的结合上得到有力回答。党与人民、党与国家、党与法不是矛盾对立的关系，而是和谐一致、高度统一的关系。"❶ 实际上，实践中的真问题不是"党大还是法大"的问题，而是"权大还是法大"的问题，而这正是我国社会主义法治建设要解决的核心问题。所以，习近平总书记指出："如果说'党大还是法大'是一个伪命题，那么对各级党政组织、各级领导干部来说，权大还是法大则是一个真命题。"❷

对于第二个问题，必须明确的是，坚持党的领导与审判权、检察权独立并不矛盾，因为党对司法工作的领导只是思想、政治、组织领导，并不是对司法机关具体工作业务的领导，我国法院、检察院独立行使审判权、检察权，不受任何单位和个人的非法干涉。习近平总书记指出："党对政法工作的领导是管方向、管政策、管原则、管干部，不是包办具体事务，不要越俎代庖，领导干部更不能借党对政法工作的领导之名对司法机关工作进行不当干预。"❸且正是由于坚持了党的领导，才为我国审判权、检察权独立的实现提供了根本保证。这里需要说明的是，我国的审判权、检察权独立与西方国家的司法独立有很大的不同，我国的审判权、检察权独立是民主集中制下的审判权、检察权独立，尽管法院、检察院可以依法独立行使审判权、检察权，但并不妨碍党对其的领导、人大及其常委会对其的监督，而西方国家的司法独立是三权分立下的司法独立，是立法权、行政权、司法权之间相互制约、相互制衡的结果，所以，我们不能走西方国家的司法独立之路。但两者的相同之处都在于保证司法机关独立行使司法权，不受任何外来非法干涉。

（二）推进科学立法、严格执法、公正司法、全民守法

习近平总书记指出，要推进"科学立法、严格执法、公正司法、全民守法"❹。这新十六字方针是新时代中国特色社会主义法治建设的原则指引，也是对新时代中国特色社会主义法治建设作出的具体工作部署，是一个统一的有机整体，各有目标任务，共同推动了全面依法治国的进程。其中，科学立法是依法治国的前提，目标在于形成完善的中国特色社会主义法律体系；严格执法是依法治国的关键，目标在于推进依法行政，建设法治政府；公正司法是依法治国的重要保障，目标在于守卫公平正义，让人民群众在每一个司

---

❶ 李林：《论党与法的高度统一》，载《法制与社会发展》2015年第3期。

❷ 《习近平关于全面依法治国的一组论述》，载《党的文献》2015年第3期。

❸ 《习近平关于全面依法治国论述摘编》，中央文献出版社2015年版，第111页。

❹ 习近平：《决胜全面建成小康社会 夺取新时代中国特色社会主义伟大胜利——在中国共产党第十九次全国代表大会上的报告》，载《人民日报》2017年10月28日，第1版。

法案件中感受到公平正义；全民守法是依法治国的基础，目标在于提高全民族法治素养和道德素质，奠定依法治国的社会基础。与过去的"有法可依、有法必依、执法必严、违法必究"十六字方针相比，新十六字方针有了很大发展，一是表明我国法治建设的重心发生了转变，即从初期注重立法向现在注重宪法法律实施转变。二是表明我国立法的重心发生了转变，即从解决改革开放初期"无法可依"问题，转变到解决现在立法质量问题，即立"良法"的问题。三是将司法列入法治元素，将司法公正作为依法治国的重要要求和保障，表明我们对法治的认识更加深刻和全面。四是对全民守法提出了更高的要求，将法治社会与法治国家、法治政府进行"一体建设"。可以说，新十六字方针是对过去十六字方针即"有法可依、有法必依、执法必严、违法必究"的发展和提升，其最大的不同在于明确了全面推进依法治国的重要环节和主要任务，适应了新时代中国特色社会主义法治建设的新要求，具有更为重要的指导意义。

当前，在新时代中国特色社会主义法治建设中推进科学立法、严格执法、公正司法、全民守法，主要应做到：一要坚持科学立法，尊重立法内在科学规律，健全立法起草、论证、协调、审议机制，走精细化立法之路，切实提高立法质量，不断完善中国特色社会主义法律体系。二要坚持严格执法，按照党的十九届四中全会、五中全会的要求，深化行政执法体制改革，推进依法行政，确保2035年如期基本建成法治政府。三要坚持公正司法，在继续推进以员额制改革为核心的司法体制改革的基础上，深化司法体制综合配套改革，打好"组合拳"，以优化司法管理体制和司法权力运行机制为重点，以确保依法独立公正行使审判权和检察权为目标，同时规范司法行为，坚持权责统一，全面落实司法责任制，努力让人民群众在每一个司法案件中感受到公平正义。四要坚持全民守法，加大全民普法宣传教育力度，推动全社会树立法治意识，引导全民自觉守法、遇事找法、解决问题靠法，在充分认识中国传统法文化的基础上，借鉴西方法文化合理因素，建设社会主义法治文化，为全面依法治国奠定文化基础和社会基础。

（三）完善以宪法为核心的中国特色社会主义法律体系

全面推进依法治国，首要的前提和基础在于有完善的法律体系。由于"法律体系既应当具有一定的逻辑严整性，又应当保持适度的现实包容性"❶，

---

❶ 王世涛：《部门行政法的理论基础与体系建构》，载《中国海商法研究》2020年第4期。

因此，尽管中国特色社会主义法律体系已于 2010 年如期基本形成，但随着社会实践的发展也必须对其进行不断完善，特别是随着中国特色社会主义进入新时代，我国社会主要矛盾发生变化，必然要求我们继续加强立法，根据新时代中国特色社会主义建设的新形势、新要求、新任务，不断完善以宪法为核心的中国特色社会主义法律体系。具体言之，第一，我们应继续加强立法工作，适时开展"立改废"工作，一要抓紧制定一些急需的立法，特别是要推进国家安全、文化、民生、环境保护等重点领域立法，以适应新时代中国特色社会主义建设的新要求；二要及时修改一些不合时宜的立法，特别是与当前全面深化改革不相符合的立法；三要适时开展立法后评估工作，集中开展法律法规清理工作，废止过时的相关立法。第二，我们应推进科学立法、民主立法、依法立法，制定出依法治国所需之良法，以良法保障善治的实现。随着中国特色社会主义法律体系的基本形成，我国立法的重心发生了转变，由"重数量"向"重质量"转变，这就要求我们必须坚持科学立法、民主立法、依法立法。其中，科学立法解决的是立法的科学性问题，其目的在于保证所立之法符合立法的内在客观规律。民主立法解决的是立法的正当性问题，其目的在于保证所立之法尽可能地凝聚社会共识。可以说，"科学立法的核心，在于立法要尊重和体现客观规律；民主立法的核心，在于立法要为了人民、依靠人民。"❶ 依法立法解决的是立法的合法性问题，其目的在于保证所立之法严格遵循立法的权限和程序，维护社会主义法制的统一和权威。这里需要说明的是，党的十九大报告首次把依法立法与科学立法、民主立法一道共同作为了我国立法的基本原则，是一个巨大的进步，其解决的是我国长期存在的违法立法的问题，其与科学立法、民主立法一道，共同保证了良法的出台。

（四）加强宪法实施和监督

"加强宪法实施和监督，推进合宪性审查工作，维护宪法权威"❷，是新时代中国特色社会主义法治建设的首要任务。其中，提出"推进合宪性审查工作"是党的十九大报告的亮点之一，也是习近平法治思想的重要贡献之一，这应该是中国共产党文献中首次出现这样的表述。党的十九大报告之所以提

❶ 《〈中共中央关于全面推进依法治国若干重大问题的决定〉辅导读本》，人民出版社 2014 年版，第 12 页。
❷ 习近平：《决胜全面建成小康社会 夺取新时代中国特色社会主义伟大胜利——在中国共产党第十九次全国代表大会上的报告》，载《人民日报》2017 年 10 月 28 日，第 1 版。

出"推进合宪性审查工作"，是因为"宪法虽然是国家的最高法规范，但宪法的这种最高法规范性，有时却会因为法律等下位的法规范或者违宪性质的权力行使，而产生受到威胁或扭曲的事态"❶。应该说，党的十九大报告提出"推进合宪性审查工作"，无疑抓住了加强我国宪法实施和监督的核心环节。长期以来，我国宪法之所以实施状态不佳，原因尽管有很多，但缺乏一套健全的合宪性审查机制恐怕是其中最主要的原因。因此，要加强宪法实施和监督，就必须要推进合宪性审查工作，以审查和裁决某项立法或某种行为是否合宪，切实做到"违宪必究"，维护宪法权威。❷

当前，我们推进合宪性审查工作，一要发挥全国人大宪法和法律委员会积极作用，使其承担专业的合宪性审查工作，保证合宪性审查工作的常态化。❸过去，我们宪法实施和监督效果不好的重要原因之一就是缺乏专业的合宪性审查机构，再加上全国人大会期很短以及全国人大常委会工作十分繁重，导致合宪性审查工作难以常态化开展。为此，2018 年 3 月 11 日，第十三届全国人大第一次会议通过修宪将"全国人大法律委员会"更名为"全国人大宪法和法律委员会"，使其承担专业的合宪性审查工作，这就保证了合宪性审查工作的经常性开展。二要构建合宪性审查工作机制，明确合宪性审查工作的适用对象、程序、标准、后果等内容，保证合宪性审查工作的制度化、规范化、程序化。

（五）坚持依法治国和依规治党有机统一

习近平总书记指出，要坚持"依法治国和依规治党有机统一"❹。之所以如此，这是由依规治党在依法治国中的地位和作用所决定的。坚持党的领导是中国特色社会主义法治的本质特征和根本优势所在，中国特色社会主义法治建设也必须要坚持党的领导，并把党的领导贯彻到中国特色社会主义法治建设的全过程和各方面。因此，中国共产党作为中国特色社会主义法治建设的领导者和组织者，必然要求"各级党组织和全体党员要带头尊法学法守法

---

❶ 芦部信喜著：《宪法》，林来梵等译，北京大学出版社 2006 年版，第 327 页。

❷ 周叶中、张权：《论我国现行宪法的中国特色社会主义最本质特征条款》，载《政法论丛》2019 年第 3 期。

❸ 胡锦光：《论我国法院适用宪法的空间》，载《政法论丛》2019 年第 4 期。

❹ 习近平：《决胜全面建成小康社会　夺取新时代中国特色社会主义伟大胜利——在中国共产党第十九次全国代表大会上的报告》，载《人民日报》2017 年 10 月 28 日，第 1 版。

用法"❶，且只有首先使作为中国特色社会主义法治建设领导者和组织者的中国共产党服从规则的治理、服从法治的训诫，即通过依规治党，培育全体党员的规则意识和法治观念，实现党内法治，才能保证中国特色社会主义法治建设目标的实现。同时，依规治党对于依法治国也有重要的保障作用，广大党员只有严格遵守各项党内法规，才会自觉遵守国家宪法法律，保证宪法法律的良好实施。❷ 正如邓小平同志指出的："国要有国法，党要有党规党法，党章是最根本的党规党法。没有党规党法，国法就难以保障。"❸ 应该说，在我们这样的一个后发展中国家，为了节省时间成本和机会成本，只能走"自上而下"的政府推进型法治道路，即将执政党和政府作为我国法治建设的主要推动力量。在这种情况下，坚持依规治党，实现党内法治，无疑成为我们当前最为合理和现实的选择。所以，在新时代中国特色社会主义法治建设中，我们必须要坚持依法治国和依规治党的有机统一。

五、结束语

党的十九届五中全会明确了 2035 年中国特色社会主义法治建设的远景目标，即"基本建成法治国家、法治政府、法治社会"❹。要实现这一远景目标，就必须要深入贯彻落实习近平法治思想。因为"推进全面依法治国是国家治理的一场深刻变革，必须以科学理论为指导"❺，且离开了成熟的中国特色社会主义法治理论的指导，中国特色社会主义法治建设既无法顺利开展，也无法获得成功。但是，长期以来，指导我国法治建设的主要是国外的法治理论，其虽然具有一定合理性，却只是对国外法治建设实践经验的学理总结和理论提升，是对国外法治模式背后政治、经济、文化、社会等各方面因素的凝练和反映，对别的国家来说不一定适用，难以全部解释和指导中国特色社会主义法治建设实践。例如，受国外法治理论影响，我国许多学者主张通过司法的方式实施我国宪法，而在我国人民代表大会制度政权组织形式下，我国司法机关既无法享有宪法解释权，也无权作出对全国人大及其常委会有

---

❶ 习近平：《决胜全面建成小康社会　夺取新时代中国特色社会主义伟大胜利——在中国共产党第十九次全国代表大会上的报告》，载《人民日报》2017 年 10 月 28 日，第 1 版。
❷ 伊士国：《论形成完善的党内法规体系》，载《学习与实践》2017 年第 7 期。
❸ 《邓小平文选》第 2 卷，人民出版社 1994 年版，第 140 页。
❹ 《中共中央关于制定国民经济和社会发展第十四个五年规划和二〇三五年远景目标的建议》，载《人民日报》2020 年 11 月 4 日，第 1 版。
❺ 习近平：《坚定不移走中国特色社会主义法治道路　为全面建设社会主义现代化国家提供有力法治保障》，载《求是》2021 年第 5 期。

拘束力的宪法判决，因此，以司法的方式实施宪法在我国显然是行不通的。我们必须在根植本国国情的前提下，在借鉴国外法治理论有益成分的基础上，不断探索、创新和形成中国特色社会主义法治理论，以更好指导中国特色社会主义法治建设实践。而习近平法治思想正是中国特色社会主义法治理论创新的产物，是中国特色社会主义法治建设实践的理论指导和学理支撑，是全面依法治国的根本遵循和行动指南，是我们 2035 年如期基本建成法治国家、法治政府、法治社会的根本保证。

第五章
国家监察体制改革专题

"作为一项重大的政治改革，国家监察体制改革之关键正是宪法设计。"❶
而我们要对国家监察体制改革进行宪法设计，首先就必须要从宪法学的高度
弄清国家监察体制改革的几个核心问题，即监察委员会及其监察权的宪法定
性问题、监察委员会的宪法地位问题、监察委员会的宪法约束问题等，以期
为国家监察体制改革的宪法设计奠定坚实基础。

一、监察委员会的宪法定性

国家监察体制改革无疑属于党的十八届四中全会所界定的"重大改革"，
必须要于法有据、于宪有据。特别是作为国家监察体制改革产物的监察委员
会，必须要依宪设立，依宪授权，依宪明确其性质和地位，这是现代民主法
治的基本要求和应有之义。因此，在我国现行《宪法》并无监察委员会相关
条款，且无法通过宪法解释予以解决监察委员会宪法依据的情况下，修宪就
成为我们的必然选择。正如韩大元教授指出的："在创设新的国家机关时，无
论是全国人大还是常委会都无权用'授权'方式赋予其合法性。按照宪法原
理，要创设宪法没有规定的国家机关，需要全国人大积极运用宪法修改权为
改革提供宪法依据。"❷ 为此，十三届全国人大一次会议对我国《宪法》进行
了第五次部分修改，将监察委员会载入了《宪法》，使监察委员会成为宪法机
关，并对各级监察委员会的产生、性质、地位、人员组成、任期任届、领导
体制等内容进行了明确规定。如我国现行《宪法》第 123 条明确规定："中华
人民共和国各级监察委员会是国家的监察机关。"这似乎明确了我国各级监察
委员会的宪法定性及其地位，但细究之下，可以发现，由于对监察委员会及

---

❶ 秦前红著：《监察改革中的法治工程》，译林出版社 2020 年版，第 8 页。
❷ 韩大元：《论国家监察体制改革中的若干宪法问题》，载《法学评论》2017 年第 3 期。

其监察权的定性不明，监察委员会的宪法地位并不明了，甚至争议很大，这就需要我们从宪法理论上进一步予以明确。由于"明确权力行使主体的性质乃探究和辨析该权力性质之前提。改革创设的国家监察委员会作为推进国家治理体系治理能力现代化进程中专门的反腐败国家机关，其宪法地位和机关性质直接关系到权力性质的确立"❶，因此，我们首先从监察委员会的宪法定性谈起。

（一）监察委员会宪法定性的争议及其分析

从我国现行《宪法》的规定来看，监察委员会为国家的监察机关，但是国家的监察机关对我们而言是一个新生事物，其根本不同于原先的行政监察机关，我国之前的几部《宪法》对其都没有明确界定，全国人大常委会也没有及时通过宪法解释的途径对此予以明确，这就导致理论界与实务界对监察委员会的宪法定性产生了种种争议。例如，有论者将其法律性质定位为行政机关、司法机关或是政治机关；亦有论者认为监察机关乃是被宪法授予国家监察权的新的国家机构。而改革者则认为监察机关实质上就是"反腐败工作机构，是政治机关，不是行政机关、司法机关"❷。人们之所以对监察委员会"国家监察机关"的宪法定性争议较大，原因主要在于，监察委员会是国家监察体制改革的成果，是国家各种反腐力量、反腐机构、反腐资源有效整合、有机统一的产物，既包括了作为行政机关的原行政监察机关，也包括了作为司法机关的检察院的反贪、反渎以及职务犯罪侦查等部门，且由于其与同级党的纪律检查部门合署办公❸，"两块牌子、一套人马"，实际上也包括了作为党的组织的同级党的纪律检查部门，这样就使得监察委员会实际上成为一个集党的组织、行政机关、司法机关于一体的混合机关或复合机关，因此，监察委员会既不是一般意义上的立法机关，也不是行政机关，还不是司法机

---

❶　徐汉明：《国家监察权的属性探究》，载《法学评论》2018 年第 1 期。

❷　秦前红：《我国监察机关的宪法定位——以国家机关相互间的关系为中心》，载《中外法学》2018 年第 3 期。

❸　值得注意的是，监察体制改革中监察委员会与党的纪律检查委员会的合署办公，不仅仅是对以往"纪检和监察机关合署办公"惯例的沿袭，还有可能为中国党政关系的进一步良性发展开启新思路。从权力类型来看，"两次合署"所涉及的国家权力类型是非常不同的，改革前只涉及党内的纪律检查权和作为行政权属性存在的监察权，而改革后由于监察权性质的变化，党内的纪律检查权事实上将和独立于行政权、立法权和司法权的监察权协同行使和运用。基于监察委员会的重要地位及其所承担监察职能的重要性，此次合署办公将超越机构编制之组织形式，在纵深层面上将对以往"传统党政分开"之理论和实践进行革新。参见江国华著：《中国监察法学》，中国政法大学出版社 2018 年版，第 22 页。

关，更不是党的组织。对此，韩大元教授曾指出："监察委员会是集党纪监督、行政监督与法律监督于一体的综合性、混合性与独立性的机关，既不同于党的机关，也不同于行政机关或者司法机关，其职权具有综合性与混合性。"❶ 且国内外也没有与我国监察委员会类似的机构，像我国台湾地区的"监察院"虽然名义上与之很相似，但实际上其性质只是"准司法机构"，❷ 与我国监察委员会差别也很大，这就导致我们对监察委员会难以准确定性，也无法借鉴域内外的相关经验和做法。此外，我们对监察委员会难以定性的原因还在于，受传统政治学和宪法学理论影响，我们一般基于立法权、行政权、司法权的三权划分，将国家机关相应划分为立法机关、行政机关、司法机关三类，但如上所述，监察委员会显然不属于一般意义上的立法机关、行政机关、司法机关，难以对其进行准确定性。

那么，如果将监察委员会定性为国家反腐败工作机构是否准确？根据中共中央办公厅印发的《关于在北京市、山西省、浙江省开展国家监察体制改革试点方案》精神，深化国家监察体制改革的目标，是建立党统一领导下的国家反腐败工作机构，据此理论界与实务界有人将监察委员会定性为国家反

---

❶ 韩大元：《论国家监察体制改革中的若干宪法问题》，载《法学评论》2017 年第 3 期。

❷ 我国台湾地区学者对我国台湾地区"监察院"的"宪法"地位界定大致如下：一是"宪法"本文为民意机关。关于"监察院"的宪法地位，如果以"宪法"本文的规定论之，其具有民意机关的性质。因此从"宪法"第 91 条规定监察委员的产生方式得知，委员由各地方"议会"以及华侨团体选出，具有间接民意的基础。释字第 76 号解释亦认为"监察院"所行使的职权，为民主国家国会重要之职权，就"宪法"上的地位以及职权的性质而言，相当于国会。二是"修宪"后为准司法机关。依据现行"宪法"增修条文第 7 条第 2 项的规定，"监察院"设监察委员 29 人，其中包含正、副院长各 1 人，由"总统"提名，经"立法院"同意任命之。是以，监察委员已不具民意代表的身份，"监察院"也不再是民意机关。就此，释字第 325 号解释也认为释字第 76 号解释不再适用于"监察院"，但仍强调"宪法之五院体制并未改变，原属于'监察院'职权中之弹劾、纠举、纠正权及为行使此等职权，依'宪法'第九十五条、第九十六条具有之调查权，'宪法'增修条文亦未修改，此项调查权仍应专由'监察院'行使。"自此，"监察院"的属性改变为准司法机关。三是"国家最高监察机关"。"监察院"的性质虽经过上述转折过程，但依据"宪法"第 90 条所定位的"国家最高监察机关"，并未因此而改变。学者认为，在现行"宪法"架构之下，"监察院"不仅具有准司法机关的地位，更具有准立法机关与行政机关的特性：（一）准司法权。系指"监察院"对于公务员所行使的弹劾与纠举。其性质相当于"司法院"的公务人员惩戒权，可对失职公务员进行弹劾。（二）准立法权。"监察院"掌握审计权，与"立法院"的预算权息息相关，但属于事后监督的性质。（三）准行政权。"监察院"除对公务员行使弹劾外，也可对机关的行政业务进行纠正。其性质与行政机关对内的监督行为类似，但却透过独立的"监察院"来行使，且注重于防弊以及惩罚。参见钟秉正、蔡怀卿著：《宪法精义》，新学林出版股份有限公司 2007 年版，第 262~263 页。

腐败工作机构。❶ 对此，笔者认为，监察委员会作为国家反腐败工作机构是无任何异议的，但不是我们国家唯一的国家反腐败工作机构，我国的人大及其常委会、检察院、法院、审计机关等也承担着反腐败的职能，从宽泛意义上讲，上述机关也是国家反腐败工作机构，因此，仅将监察委员会定性为国家反腐败工作机构似乎不太准确。虽然反腐败是监察委员会的主要职能，但不能据此将其定性为国家反腐败工作机构，就像公诉是检察院的主要职能之一，但我们不能据此将检察院定性为公诉机关，而是将检察院定性为法律监督机关。另外，像我国香港地区的廉政公署也是反腐败工作机构，但其却被定性为行政机关。也有学者认为，单纯将监察委员会定性为国家反腐败工作机构，存在一定的理论缺陷，主要有："（1）国家反腐败工作机构的定位，否定了监察委员会的'对事监督权'，造成监察权作用场域退缩、权力的固有属性发生变化，导致监察权在面对公权力'为权不为'、'为权不彰'与'为权低效'时的无能为力。……本质而言，公权力的腐败行使是权力滥用的极端表现，而并非权力异化行使的全部类型，这一定位将导致监察权内容的不完整。（2）监察权定位涉及面向选择问题，……监察权面向选择影响监察制度的构建，将监察委员会定位为'国家反腐败工作机构'，仅满足了监察权的消极面向需要，改革成果也只是守住了监察权运行的底线，难以实现'两个面向'的高度统一与相互推进。（3）……权利保护作为监察权运行的基本定位，提升保护的层次与水平，是现代监察权运行的目的，公权力在满足合规性要求之下的效能运行，同样是监察权运行的目标所在。监察权定位与一国人权保护能力、层次与水平正向相关，监察权直接以公权为约束对象，在维护权力合规的同时，护卫国民权益是其履职的一体两面。（4）国家反腐败工作机构的定位，也必然导致未来国家监察委员会在职能定位上对调查权与处置权的过分重视，及对监督权资源配置上的不足，其结果是国家腐败治理策略并未因国家监察委员会的建立而发生最为根本的调整。不仅如此，将监察委员会的属性定位为'国家反腐败工作机构'，也与世界监察权制度的建构与发展方

---

❶ 2016年，王岐山在北京、山西、浙江调研监察体制改革试点工作时强调指出："监察委员会实质上是反腐败机构；监察体制改革的任务是加强党对反腐败工作的统一领导，整合行政监察、预防腐败和检察机关查处贪污贿赂、失职渎职以及预防职务犯罪等工作力量，成立监察委员会，作为监督执法机关与纪委合署办公，实现对所有行使公权力的公职人员监察全覆盖。加强党的建设、全面从严治党，严肃党内政治生活、强化党内监督是最重要的标本兼治，深化国家监察体制改革目的正是完善党和国家的自我监督，不断增强自我净化、自我完善、自我革新、自我提高能力。"参见王岐山：《实现对公职人员监察全覆盖 完善党和国家的自我监督》，载《人民日报》2016年11月26日，第1版。

向难相吻合，无法形成双向互动。"❶ 对此，笔者基本表示赞同，但是需要补充说明的是，监察委员会是"对人监督"，而不是"对机关监督"和"对事监督"，只有在特定情况下才能"对事监督"，且必须通过提出监察建议的方式进行。

具体言之，根据《监察法》第 15 条的规定，"监察机关对下列公职人员和有关人员进行监察：（一）中国共产党机关、人民代表大会及其常务委员会机关、人民政府、监察委员会、人民法院、人民检察院、中国人民政治协商会议各级委员会机关、民主党派机关和工商业联合会机关的公务员，以及参照《中华人民共和国公务员法》管理的人员；（二）法律、法规授权或者受国家机关依法委托管理公共事务的组织中从事公务的人员；（三）国有企业管理人员；（四）公办的教育、科研、文化、医疗卫生、体育等单位中从事管理的人员；（五）基层群众性自治组织中从事管理的人员；（六）其他依法履行公职的人员。"监察委员会监察的是公职人员行使公权力的职务行为，该公职人员所属的单位不是监察委员会的监察对象，即"对人监督"，而不是"对机关监督"。那么，监察委员会能否"对事监督"呢？答案是肯定的，但其有严格的条件限制，即只有在监察委员会对公职人员进行监察的过程中，根据监督、调查结果，发现被监督公职人员所在单位廉政建设和履行职责存在问题时才能进行"对事监督"，且只能通过提出监察建议的方式进行。因为监察委员会提出监察建议的事项是被建议单位职责范围内的事项，监察委员会不能替代职能部门的工作，但监察建议一经提出，有关部门如无正当理由即应当采纳。可以说，监察委员会通过监察建议，将"对人监督"一定程度上延伸到了"对事监督"。正如有学者指出的："监察建议本质上是监察机关在恪守监察职权界限的前提下，通过制度化的方式将对'人'监察延伸至对'事'监督。"❷

另外，如果将监察委员会定性为行使国家监察职能的专责机关是否准确呢？根据《监察法》第 3 条的规定，"各级监察委员会是行使国家监察职能的专责机关，依照本法对所有行使公权力的公职人员（以下称公职人员）进行监察，调查职务违法和职务犯罪，开展廉政建设和反腐败工作，维护宪法和法律的尊严。"理论界与实务界有人将监察委员会定性为行使国家监察职能的专责机关。例如，全国人大常委会法工委国家法室副主任童卫东在接受媒体

---

❶ 魏昌东：《国家监察委员会改革方案之辨正：属性、职能与职责定位》，载《法学》2017 年第 3 期。

❷ 谭家超：《〈监察法〉实施过程中监察建议的制度建构》，载《法学》2019 年第 7 期。

采访时指出："监察委员会不是行政机关，也不是司法机关，是行使国家监察职能的专责机关，依照法律规定，独立行使监察权。"● 那么，何谓行使国家监察职能的专责机关呢？中共中央纪律检查委员会、国家监察委员会法规室编写的《〈中华人民共和国监察法〉释义》对《监察法》第3条释义指出，根据党中央关于深化国家监察体制改革的部署，监察机关与党的纪律检查机关合署办公。纪委是党内监督的专责机关，将监察委员会定位为行使国家监察职能的专责机关，与纪委的定位相匹配。监察委员会作为行使国家监察职能的专责机关，与党的纪律检查委员会合署办公，从而实现党对国家监察工作的领导，是实现党和国家自我监督的政治机关，不是行政机关、司法机关。值得注意的是，专责机关与专门机关相比，不仅强调监察委员会的专业化特征、专门性职责，更加突出强调了监察委员会的责任，行使监察权不仅仅是监察委员会的职权，更重要的是职责和使命担当。● 可知，行使国家监察职能的专责机关实际上只是对监察委员会职权、职能和职责的定位，并不是对监察委员会自身的定性。因为任何国家机关实际上都是行使国家某一职能的专责机关，但我们之前并没有将任何国家机关定性为行使国家某一职能的专责机关。而且，将监察委员会定性为行使国家监察职能的专责机关也不符合宪法上的习惯表述和规范用语，也不像立法机关、行政机关、司法机关这样的宪法定性简洁明了和具有特定的内涵。

此外，如果将监察委员会定性为国家政治机关是否准确呢？据新华社报道，官方将监察委员会定性为政治机关，即"准确把握监察委员会的定位。充分认识深化国家监察体制改革是确立中国特色监察体系的创制之举，明确监察委员会实质上就是反腐败工作机构，和纪委合署办公，代表党和国家行使监督权，是政治机关，不是行政机关、司法机关"●。也有学者持类似观点，如张生研究员指出："我比较关注监察机关和监察法的性质这一问题。监察机关不是行政机关、司法机关，而是实现党和国家自我监督的政治机关"●。对此，笔者认为，尽管监察委员会具有很强的政治属性，但是据此将监察委员

● 《法工委：监察委不是司法机关，是行使国家监察职能的专责机关》，https://www.sohu.com/a/224341746_260616，最后访问日期：2020年7月18日。

● 中共中央纪律检查委员会、国家监察委员会法规室编写：《〈中华人民共和国监察法〉释义》，中国方正出版社2018年版，第61~63页。

● 参见《积极探索实践　形成宝贵经验　国家监察体制改革试点取得实效——国家监察体制改革试点工作综述》，http://www.xinhuanet.com/2017-11/05/c_1121908387.htm，最后访问日期：2018年6月27日。

● 《【圆桌对话】国家监察体制改革是中国特色监察体系创制之举》，http://www.ccdi.gov.cn/yaowen/201803/t20180319_166740.html，最后访问日期：2020年7月17日。

会定性为政治机关似乎也不准确，原因在于政治机关的定性难以准确概括监察委员会的自身属性和特点，也不能准确概括监察委员会的主要职能。且在中国共产党的领导下，我国所有的国家机关都要讲政治，都具有很强的政治属性，从宽泛意义上讲，我国所有的国家机关都可以定性为政治机关，它们之间的政治属性只有强弱之分，并无本质之分，我们不能因某一机关政治属性强就将其定性为政治机关，这是不严谨的，也是不科学的。换言之，政治机关可以作为所有国家机关的定性之一，而不是监察委员会的独特定性。2018 年 7 月 12 日，习近平总书记对中央和国家机关推进党的政治建设作出重要指示时强调："中央和国家机关首先是政治机关，必须旗帜鲜明讲政治，坚定不移加强党的全面领导，坚持不懈推进党的政治建设。"[1] 这里的政治机关就是从宽泛意义上讲的，意味着我国所有的国家机关都是政治机关。中共中央印发的《关于加强和改进中央和国家机关党的建设的意见》也指出："中央和国家机关首先是政治机关，必须旗帜鲜明讲政治，坚定不移向党中央看齐，向党的理论和路线方针政策看齐，向党中央决策部署看齐，把准政治方向，认真对标对表，及时校正偏差，自觉在思想上政治上行动上同以习近平同志为核心的党中央保持高度一致。"[2] 这里也是从宽泛意义上讲政治机关的，并没有将某一机关单独定性为政治机关，而是将所有国家机关都定性为政治机关。且政治机关作为监察委员会的政治定性尚可，而作为监察委员会的宪法定性则不太准确，因为各国宪法和法律均无政治机关的类似表述，也无法从宪法和法律的角度对政治机关进行准确定性，还无法从宪法原理的角度对政治机关进行学理界定。

（二）监察委员会宪法定性的界定及其分析

那么，我们究竟应将监察委员会定性为何呢？综合各方面因素，笔者认为，将监察委员会定性为一种新型国家机关或第四种国家机关即监察机关是比较准确的。正如马怀德教授指出的："根据《宪法》和《监察法》，与'一府两院'不同，监察委员会是一种新型国家机构，其行使的权力既不是行政权，亦不是司法权。"[3] "国家监察委员会作为新型国家机关，是对人民代表大会制度的丰富和完善，国家监察委员会专司行使监察权，履行国家监督职

---

[1] 习近平：《中央和国家机关首先是政治机关》，https://www.sohu.com/a/304736250_692703，最后访问日期：2020 年 7 月 17 日。

[2] 《中共中央印发〈关于加强和改进中央和国家机关党的建设的意见〉》，载《人民日报》2019 年 3 月 29 日，第 1 版。

[3] 马怀德主编：《中华人民共和国监察法理解与适用》，中国法制出版社 2018 年版，第 41 页。

能，有效实现了人民作为权力的授予者同时又能够有效监督权力行使的'人民当家作主'的基本要求。"❶ 理由主要在于：第一，将监察委员会定性为监察机关更为符合我国宪法原意。从我国宪法条文字面意思上看，监察委员会就是我国的监察机关，其与我国的权力机关、行政机关、审判机关、检察机关一样，都是我国的一种国家机关。如我国现行《宪法》第3条第3款规定："国家行政机关、监察机关、审判机关、检察机关都由人民代表大会产生，对它负责，受它监督。"我国现行《宪法》第123条规定："中华人民共和国各级监察委员会是国家的监察机关。"全国人大常委会副委员长王晨在关于《中华人民共和国宪法修正案（草案）》的说明中也明确指出，本次修改宪法的重要内容和目的之一就是将监察委员会载入宪法，为新成立的监察委员会提供宪法依据，使其成为一个独立的国家机关。即"为了贯彻和体现深化国家监察体制改革的精神，为成立监察委员会提供宪法依据，宪法修正案（草案）在宪法第三章《国家机构》第六节后增加一节，作为第七节'监察委员会'，就国家监察委员会和地方各级监察委员会的性质、地位、名称、人员组成、任期任届、领导体制、工作机制等作出规定"❷。第二，将监察委员会定性为监察机关是中国特色社会主义制度理论与实践创新的结果和体现。如上所述，由于监察委员会的复合或混合机关特征，将其定性为立法机关、行政机关、司法机关均不准确，但囿于传统政治学与宪法学理论的限制，人们又习惯于从立法机关、行政机关、司法机关的思路来对监察委员会进行定性，自然难以对监察委员会进行准确定性。实际上，我们的国家监察体制改革本身在世界上就独树一帜，监察委员会的设置更是"前无古人"，是中国特色社会主义制度理论与实践创新的产物。正如全国人大常委会副委员长李建国在《关于〈中华人民共和国监察法（草案）〉的说明》中指出的："深化国家监察体制改革是以习近平同志为核心的党中央作出的事关全局的重大政治体制改革，是强化党和国家自我监督的重大决策部署。改革的目标是，整合反腐败资源力量，加强党对反腐败工作的集中统一领导，构建集中统一、权威高效的中国特色国家监察体制，实现对所有行使公权力的公职人员监察全覆盖。深化国家监察体制改革是组织创新、制度创新，必须打破体制机制障碍，建立崭新的国家监察机构。"❸ 因此，我们对监察委员会的定性就不能囿于传统

---

❶ 马怀德主编：《中华人民共和国监察法理解与适用》，中国法制出版社2018年版，第33页。

❷ 参见《王晨作关于〈中华人民共和国宪法修正案（草案）〉的说明》，http://www.npc.gov.cn/npc/xinwen/2018-03/06/content_2042586.htm，最后访问日期：2018年6月28日。

❸ 李建国：《关于〈中华人民共和国监察法（草案）〉的说明》，载《人民日报》2018年3月14日，第5版。

政治学和宪法学理论的限制，而应该实现理论创新，将其定性为监察机关，使其成为一种新型的国家机关或第四种国家机关，不同于传统的立法机关、行政机关、司法机关。实际上，我国的国家机构设置本身就具有鲜明的中国特色，如我国的人大及其常委会既不同于西方资本主义国家的议会，也不完全同于其他社会主义国家的苏维埃等。而人大常委会作为我国县级以上人大的常设机关，被称为"议会中的议会"，更是具有鲜明的中国特色。所以，我们对国家机关的设置和定性，在符合国家机构建设基本原理的情况下，完全可以根据中国特色社会主义实践的要求，不断进行创新，不必拘泥于既有定式。

最后，需要说明的是，为了更好地认识和深刻理解监察委员会作为国家监察机关的这一宪法定性，我们必须要从《宪法》和《监察法》文本出发，以《宪法》和《监察法》为依据，从不同维度对监察委员会的特性进行概括和解读。正如秦前红教授指出的："在《宪法》修改纳入国家监察机关和《监察法》制定后，应当以《宪法》和《监察法》对监察机关的规定来认识监察机关的性质和地位。"[1] 具体言之：

其一，监察委员会是国家机关，不是党的组织、政府内设机构和企事业单位，且是一种新型的国家机关，不是传统的立法机关、行政机关、司法机关，而是中国特色的监察机关，其与我国的人大及其常委会、政府、法院、检察院等都是我国国家机构的重要组成部分。监察委员会的设置，将我国人民代表大会制度之下的"一府两院"政权体制变革为人民代表大会制度之下"一府一委两院"政权体制，属于对我国国家机构的重新构造和重大变革。这里需要说明的是，尽管监察委员会与党的纪律检查部门合署办公，"两块牌子、一套人马"，但监察委员会是独立的国家机关，具有独特的宪法地位，依法独立行使《宪法》赋予的监察权，对外以监察委员会的名义开展活动。正如江国华教授指出的："监察委员会作为由各级人民代表大会所选举产生的机关，与行政机关、检察机关和审判机关一样，其机构性质为正式的国家机构，而非与国家机关属性相异的其他机关，也不是国家机关之中的内设机构。党的纪律检查委员会和监察委员会合署办公，并不是对监察委员会作为国家机构性质的否定。"[2]

其二，监察委员会具有国家性，而不具有地方性。在我国的国家机构中，尽管所有的国家机关都具有国家性，是国家的某一机关，但是有些国家机关

---

[1] 秦前红主编：《监察法教程》，法律出版社2019年版，第190页。
[2] 江国华著：《中国监察法学》，中国政法大学出版社2018年版，第32页。

还具有地方性，同时也是地方的国家机关，既代表国家对地方进行监督管理，也代表地方进行自我治理。如地方人大及其常委会就兼具国家性和地方性，既是国家的权力机关，又是地方的权力机关，既制定实施性地方立法，保证宪法、法律及其他上位法在本行政区域的实施，又制定创制性地方立法，依法对地方性事务进行治理。而有些国家机关只具有国家性，不具有地方性，即使设置在地方的这些国家机关也不具有地方性，仅代表国家依法行使职权。如法院和检察院就只具有国家性，而不具有地方性，只是国家的审判机关和法律监督机关，即使地方法院和检察院也是代表国家依法行使审判权和检察权，这是维护国家法制统一的必然要求，这也是民族区域自治地方自治机关只包括地方人大和政府而不包括法院和检察院的原因所在。正如韩大元教授指出的："自治机关作为一级地方政权机关，只包括自治区、自治州、自治县的人民代表大会和人民政府，不包括自治地方设立的人民法院和人民检察院，主要理由是：①我国是单一制国家，国家审判权与检察权是统一的；②人民法院是国家的审判机关，人民检察院是国家法律监督机关，不具有自治机关的性质；③人民法院与人民检察院在行使职权的过程中要照顾民族自治地方的特点，但不享有自治权。《中华人民共和国民族区域自治法》（以下简称《民族区域自治法》）把人民法院和人民检察院单独列为一章规定的目的是为了避免对自治机关性质的误解。"❶ 而监察委员会是行使国家监察职能的专责机关，代表国家依法对所有行使公权力的公职人员进行监察，调查职务违法和职务犯罪，开展廉政建设和反腐败工作，维护宪法和法律的尊严，保证宪法和法律的良好实施。因此，基于维护国家法制统一的需要，监察委员会只具有国家性，而不具有地方性，即使设置在地方的各级监察委员会也只具有国家性，代表国家依法行使监察权，对所有公职人员进行监察。正如秦前红教授指出的："各级监察委员会的性质和地位包括如下两层含义：一是各级监察委员会是国家的机关，即中华人民共和国的机关，不是任何地方的其他政党或者组织的机关；二是各级监察委员会是且仅是国家的监察机关，不是立法机关、行政机关、军事机关、检察机关和审判机关，或者其他性质的机关。"❷

其三，监察委员会作为国家监察机关依照宪法和法律规定独立行使监察权，不受行政机关、社会团体和个人的干涉。且监察委员会在工作中需要协助的，有关机关和单位应当根据监察委员会的要求依法予以协助。但监察委

---

❶ 韩大元著：《宪法学基础理论》，中国政法大学出版社 2008 年版，第 407 页。
❷ 秦前红主编：《监察法教程》，法律出版社 2019 年版，第 190 页。

员会行使监察权也应受到应有的监督制约，其在办理职务违法和职务犯罪案件时，应当与审判机关、检察机关、执法部门互相配合，互相制约。

其四，监察委员会是行使国家监察职能的专责机关。这是对监察委员会职能和职责的定位，表明监察委员会作为行使国家监察职能的专责机关，代表国家履行监察职能，依照《宪法》和《监察法》对所有行使公权力的公职人员进行监察，调查职务违法和职务犯罪，开展廉政建设和反腐败工作，维护宪法和法律的尊严。其中，"专责机关"的定位，一是表明监察委员会改变了我国过去反腐力量分散、反腐资源不集中的局面，由其代表国家集中统一行使国家监察职能，具有高效性和权威性；二是表明监察委员会作为国家监察的专责机关，与作为党内监督专责机关的党的纪委，合署办公，一道代表党和国家行使监督权，对所有行使公权力的公职人员进行监察，实现了党内监督与国家监察的有机统一，实现了党内法规与国家法律的衔接和协调；三是表明监察委员会同时承担着反腐败的职能与职责，既有权力行使监察职能，也有义务行使监察职能，两者同等重要，不可偏废。正如马怀德教授指出的："对于《监察法》第三条所采用的'专责机关'这一概念，需要从三个方面进行理解。首先，将各级监察委员会定位为行使国家监察职能的'专责机关'，是实现党内法规与国家法律相统一，保障党内监督与国家监督相协调的客观要求。其次，将各级监察委员会定位为行使国家监察职能的'专责机关'，意味着监察委员会整合了以往分散在行政监察部门、预防腐败部门、反贪污部门、反渎职部门、预防职务犯罪部门等机构和部门中的监督权，集中统一行使国家监督权力，强调了其监督职能的集中性与统一性。此外，《监察法》采用了'专责机关'的表述对监察委员会进行定位，而非我国立法中更为常用的'专门机关'或'专职机关'，意味着《监察法》着重强调各级监察委员会所承担的反腐败职能不仅仅是一项职能，同时也是一项责任。这与《监察法》第 5 条规定的'权责对等，严格监督'的国家监察工作基本原则相一致。"❶

二、监察权的宪法定性

由于"国家权力是国家机构的依据和保障。也就是说，国家机构来源于国家权力，依据于国家权力。如果离开了国家权力，国家机构便建立不起来，即使建立起来了，也无法进行活动"❷，因此，我们不仅要对监察委员会进行

---

❶ 马怀德主编：《中华人民共和国监察法理解与适用》，中国法制出版社 2018 年版，第 11~12 页。
❷ 李龙著：《宪法基础理论》，武汉大学出版社 1999 年版，第 160 页。

宪法定性，也要对监察权进行宪法定性。

（一）监察权宪法定性的争议及其分析

由于宪法是"整体权力来自被统治者的政府宪章"❶，我们不仅要依宪设立监察委员会，还要依宪赋予其监察权。我国现行《宪法》第 127 条第 1 款规定："监察委员会依照法律规定独立行使监察权，不受行政机关、社会团体和个人的干涉。"这就为我国各级监察委员会行使监察权提供了明确的宪法依据，提供了坚实的宪法保障。但是，如上所述，《宪法》对监察委员会的性质定位不明，导致人们对监察权的性质也定位不明，产生了诸多争议。"有论者认为新的监察权既非行政权，也非司法权，而是一项独立的国家权力，这是新监察体制的标志性特色；监察权是立法权、行政权、司法权之外的第四权力，该权力就是监察权；亦有论者基于改革实践中监察机关履行的监督、调查和处置职责，认为监察权具有行政权和专门调查权的二元属性；还有论者着眼于机构与职能整合的改革思路，认为国家监察体制改革本质上是既有政治资源的再整合、再分配，由此使监察权呈现为一种复合性权力的样态。"❷

应该说，目前存在的争议均有一定的合理之处，导致他们产生分歧的主要原因在于监察委员会实际上是一个集党的机关❸、行政机关、司法机关于一体的混合机关或复合机关，而与之相伴随，监察权实际上也由不同性质的权力所组成，既有原行政监察机关的行政权属性，也有检察机关的检察权属性，还涉及党的纪委的党纪监督权，因此，人们自然难以对监察权的性质进行准确界定。正如有学者指出："现行的监察权限既创造性地吸收与继承了原有反腐机构有关监察权限设置方面的优点，又改造了原有反腐机构有关监察权限设置方面的不足，从而形成具有质的飞跃的新型的监察权限。这种经过重新调整和分配的监察权限，实质上是对原有国家政治资源的重新调整和分配，即重新调整和分配了政府机关的行政监察权与行政预防权，以及重新调整和分配了检察机关的职务犯罪侦查权与职务犯罪预防权。这种新型的监察权限，是在传统'分散反腐模式'下对原隶属于各种反腐机构的监察权限及其保障措施和手段的继承和改造。"❹

---

❶ 张千帆著：《宪法学导论》，法律出版社 2008 年版，第 11 页。

❷ 秦前红：《我国监察机关的宪法定位——以国家机关相互间的关系为中心》，载《中外法学》2018 年第 3 期。

❸ 因为监察委员会与党的纪律检查部门合署办公，"两块牌子、一套人马"，我们从这个意义上说监察委员会实际上相当于党的机关。当然，严格来讲，监察委员会只能是国家机关。

❹ 谢尚果、申君贵主编：《监察法教程》，法律出版社 2019 年版，第 98~99 页。

(二) 监察权宪法定性的界定及其分析

前文我们已经将监察委员会的性质定位为国家的监察机关，与之相伴随，基于相同理由，我们应将监察权性质定位为一种新型的国家权力，即其不是一般意义上的立法权、行政权、审判权、检察权[1]，而是第五种国家权力即国家监察权，其根本不同于原有的行政监察机关的行政监察权、检察机关的检察权，其与国家立法权、行政权、审判权、检察权处于平行的地位，"而这五种权力间的相互关系则共同构成我国新型的国家权力结构样态。在这种权力结构中，监察权与行政权、检察权、审判权乃平行权力，彼此间分工合作但又相互制约"[2]。对此，徐汉明教授曾指出："隶属于政府的行政监察权上升为内嵌于国家监察机构的国家监察权，其法律属性与作为行政机关的行政监察权、与作为国家检察机关的法律监督权有着根本区别，这意味着其从过去不曾与行政权、审判权和检察权比肩的权力上升为与之平起平坐、相提并论的一种新型国家监察权力。"[3] 可以说，只有将监察权定性为一种新型的国家权力即第五种国家权力，我们才能从宪法的高度对监察权进行准确的定性。

此外，还必须要指出的是，监察权不是一种综合性权力，而是一种复合性权力，其既具有行政监察机关行政权的属性，也具有检察机关检察权的属性，还具有党的纪律检查部门党纪监督权的属性，是不同权力属性的有机整合、提炼、提升，但绝不是上述几种不同权力的简单相加，而是上述几种权力有机整合之后的一种崭新权力形态，具有独特的权力属性。也就是说，"监察委员会依法行使的监察权，不是行政监察、反贪反渎、预防腐败职能的简单叠加，而是在党直接领导下，代表党和国家对所有行使公权力的公职人员进行监督，既调查职务违法行为，又调查职务犯罪行为，可以说依托纪检、拓展监察、衔接司法，但又绝不是司法机关。这实际上是新的拓展、新的开创，监督对象和内容增多了，实现了'一加一大于二、等于三'"[4]。对此，徐汉明教授曾指出："国家监察体制改革对人民政府的行政监察权、预防腐败局的腐败预防权及人民检察院的职务犯罪查处与预防权这几种不同形态及属性的权力重合或者融合在一起产生并区别于原形态属性的新权力形态——国家监察权，而非简单地将不同权力的属性合并为一个整体权力，并在此基础

---

[1] 乌兰：《公共行政权监督的分野、补强与融合———种基于监察与行政检察公益保护职能配置的思考》，载《政法论丛》2018 年第 2 期。

[2] 江国华著：《中国监察法学》，中国政法大学出版社 2018 年版，第 24 页。

[3] 徐汉明：《国家监察权的属性探究》，载《法学评论》2018 年第 1 期。

[4] 闫鸣：《监察委员会是政治机关》，载《中国纪检监察报》2018 年 3 月 8 日，第 3 版。

上对既往权力属性进行改造、扬弃和克服进而涅槃，带来该权力属性的质的飞跃，形成了国家监察权作为新型复合性国家权力的本质属性。"❶ 这一点根本不同于一般意义上的立法权、行政权、审判权、检察权，后几种权力只是一种单一性权力。那么，我们应如何正确理解或认识监察权的复合性权力特性呢？对此，笔者认为，可以考虑用"权能分治"来予以解释。当然这里的"权能分治"不同于孙中山先生提出的"权能分治"。❷ 我们这里的"权能分治"是指监察权是一种完整权力，是统一的、不可分割的，由监察委员会统一行使；但监察委员会的职能是分开的，分为三种，即党纪监督、行政监督与法律监督。当监察委员会履行党纪监督职能时，此时其行使的监察权便具有党纪监督权属性；当监察委员会履行行政监督职能时，此时其行使的监察权便具有行政监察权属性；当监察委员会履行法律监督职能时，此时其行使的监察权便具有检察权属性。这样，就把监察权的"权""能"有效分开了，便于我们理解监察权的复合性特征，也便于监察委员会更好地行使监察权、履行监察职能。

（三）监察权与其他国家权力之关系

为了更好地认识和深刻理解监察权作为一种新型国家权力的宪法定性，我们有必要将监察权与立法权、行政权、审判权、检察权的关系进行一下梳理，以明确监察权是不同于立法权、行政权、审判权、检察权的一种新型国家权力即第五种国家权力。具体言之：

第一，监察权与立法权。由于"立法权主要是一个国家政体结构意义上的概念，它的存在以分权学说和分权制度为前提；它的归属以立法机关为主体；它的功能既包括立法，也包括议决预算、监督、调查、宣战媾和、质询、弹劾等"❸，因此，监察权与立法权的区别应该是清晰明了的，两者不存在容易混淆之处；两者的联系之处在于，一是通过立法权的运用，制定监察方面的立法，为监察权的运用提供规范依据。如 2018 年 3 月 20 日第十三届全国人大常委会第一次会议通过了《监察法》，2020 年 6 月 20 日第十三届全国人大常委会第十九次会议通过了《政务处分法》等。二是监察权中包含着监察法

---

❶ 参见徐汉明：《国家监察权的属性探究》，载《法学评论》2018 年第 1 期。

❷ 孙中山先生把国家的政治权力分为"政权"（或者"民权"）和"治权"两部分，"政权"即"权"分为四部分，即选举权、罢免权、创制权、复决权，由人民所保留；"治权"即"能"分成五个部分，即立法权、行政权、司法权、监察权和考试权，分别由立法院、行政院、司法院、监察院和考试院五个机关来行使。因此，"权能分治"实际上即"权能分开"。

❸ 李林著：《立法理论与制度》，中国法制出版社 2005 年版，第 36~37 页。

规制定权，属于广义的立法权，应遵循立法权运行的基本规律和要求，以及
《立法法》的相关规定。我国《宪法》和《监察法》在规定国家监察委员会
职权时，都没有规定其监察法规制定权。但为了贯彻实施《宪法》和《监察
法》，保障国家监察委员会依法履行最高监察机关职责，根据监察工作实际需
要，全国人大常委会作出决定，明确国家监察委员会可以行使监察法规制定
权，制定监察法规❶，这属于广义上的立法权，必须遵循《立法法》的相关
规定。根据 2019 年 10 月 26 日第十三届全国人大常委会第十四次会议通过的
《全国人民代表大会常务委员会关于国家监察委员会制定监察法规的决定》，
全国人大常委会既明确授予了国家监察委员会监察法规制定权，明确了国家监
察委员会制定监察法规的权限和程序，还对国家监察委员会的监察法规制定权
进行了监督制约，具体如下：①明确国家监察委员会制定监察法规的范围，规
定"国家监察委员会根据宪法和法律，制定监察法规"；"监察法规可以就下列
事项作出规定：（一）为执行法律的规定需要制定监察法规的事项；（二）为
履行领导地方各级监察委员会工作的职责需要制定监察法规的事项"。同时规

---

❶　全国人大常委会法制工作委员会主任沈春耀在《关于〈全国人民代表大会常务委员会关于国家监察委员会制定监察法规的决定（草案）〉的说明》中，对作出该决定的必要性做了说明，"2019年 8 月，国家监察委员会致函全国人大常委会办公厅提出，随着国家监察体制改革不断深入，监察工作中一些深层次问题逐渐显现，监察法中一些原则性表述需要进一步具体化。为便于各级监察机关更好地执行和适用法律，国家监察委员会拟制定出台《监察法实施条例》，建议全国人大常委会修改立法法或者作出相关决定，为国家监察委员会制定监察法规提供法律依据。全国人大常委会高度重视国家监察委员会的意见，按照工作安排，法制工作委员会、监察和司法委员会经与国家监察委员会工作部门密切沟通协商，认为为了保障国家监察委员会依法履行职责，由全国人大常委会作出决定，明确国家监察委员会可以制定监察法规，是必要的、可行的。第一，我国宪法规定，国家监察委员会是最高监察机关，领导地方各级监察委员会的工作。制定监察法规是国家监察委员会履行宪法法律职责所需要的职权和手段。监察法是反腐败国家立法，是对国家监察工作起统领性和基础性作用的法律。制定监察法时，考虑到当时需要解决的问题比较多，经与中央纪委协商一致，对国家监察委员会制定监察法规没有作出规定。随着国家监察体制改革工作的深入推进，为保证监察法全面贯彻实施，有必要由国家监察委员会对监察法作进一步具体化的规定。第二，我国宪法规定，监察委员会的组织和职权由法律规定。对监察法规作出明确规定，较为理想的解决方式是修改立法法。立法法是对我国的立法体制、立法权限和立法程序作出系统规定的基本法律，该法于 2000 年颁布实施，并于 2015 年作了重要修改。立法法的制定和修改均由全国人民代表大会通过。考虑到立法法的修改除涉及监察法规制定权外，关于立法的指导思想、宪法和法律委员会的职责、授权立法等规定都需要研究和修改，立法法修改近期尚未提上立法工作日程。因此，通过修改立法法来明确国家监察委员会制定监察法规的职权，时间上恐难以适应国家监察委员会的实际工作需要。由全国人大常委会作出决定，明确国家监察委员会可以制定监察法规，既具有法律效力，又能够及时地解决问题，比较适当、可行。采取由全国人大常委会作决定的方式，对机构职责问题作出规定，以往是有过先例的。据此，法制工作委员会会同国家监察委员会工作部门，拟定了《全国人民代表大会常务委员会关于国家监察委员会制定监察法规的决定（草案）》，委员长会议决定提请本次常委会会议审议"。参见沈春耀：《关于〈全国人民代表大会常务委员会关于国家监察委员会制定监察法规的决定（草案）〉的说明》，http://www.npc.gov.cn/npc/c30834/201910/0f2ffd6c12df47a58f5dc3658d9c0329.shtml，最后访问日期：2020 年 7 月 17 日。

定"监察法规不得与宪法、法律相抵触"。②明确监察法规的制定程序，规定"监察法规应当经国家监察委员会全体会议决定，由国家监察委员会发布公告予以公布"。③明确全国人大常委会对监察法规的监督，规定"监察法规应当在公布后的三十日内报全国人民代表大会常务委员会备案"；"全国人民代表大会常务委员会有权撤销同宪法和法律相抵触的监察法规"❶。

第二，监察权与行政权。由于"行政权是指行政主体依法享有的执行法律、组织和管理国家与社会行政事务的权力，它是一国公权力的组成部分，具有法定性、公共性、多样性等特征"❷，因此，行政权与监察权的区别是比较明显的，前者重在执行法律，后者重在监督法律执行情况。两者的联系之处主要在于：一是监察权内含行政权属性，是对行政监察权的全面提升和超越。由行政监察权到国家监察权，是国家监察体制改革的核心内容之一，不仅将行政监察权从行政权中剥离出来，改变了过去同体监督模式，实现了对国家公职人员监察全覆盖，还将行政监察机关由政府的内设机构升格为独立的国家监察机关，与行政机关、审判机关、检察机关并列，由同级人大及其常委会选举产生，受同级人大及其常委会监督。正如有学者指出："其意蕴有四：其一，将监察权从行政权中剥离，变同体监督为异体监督；其二，监察委员会独立于'一府两院'，不受政府人事、经费等制约；其三，融入人大制度，由人大任命，对人大负责，受人大监督，但人大无权对监察委员会以个案指导；其四，实行垂直管理。"❸ 二是监察权与行政权互相配合、互相制约。根据《监察法》第4条的规定，"监察委员会依照法律规定独立行使监察权，不受行政机关、社会团体和个人的干涉。监察机关办理职务违法和职务犯罪案件，应当与审判机关、检察机关、执法部门互相配合，互相制约。监察机关在工作中需要协助的，有关机关和单位应当根据监察机关的要求依法予以协助"。可知监察权的运行虽不受行政权的非法干涉，但监察权的运行需要行政权的配合，也需要接受行政权的监督制约，且与行政权存在互相配合、互相制约的关系。这一点将在下文分析谈监察委员会与行政机关关系时进行详述。

第三，监察权与审判权。由于审判权一般是指法院依法审理民事、行政、刑事诉讼案件并作出裁判的权力，因此，审判权与监察权的区别显而易见。

❶ 《全国人民代表大会常务委员会关于国家监察委员会制定监察法规的决定》，载《人民日报》2019年10月27日，第2版。

❷ 江国华著：《中国行政法（总论）》，武汉大学出版社2017年版，第45页。

❸ 秦前红主编：《监察法教程》，法律出版社2019年版，第177页。

就两者联系而言，根据上述《监察法》第 4 条的规定，可知监察权与审判权也存在互相配合、互相制约的关系。这一点将在下文分析监察委员会与法院关系时进行详述。

第四，监察权与检察权。由于检察权一般是指人民检察院依法实行法律监督，保障宪法和法律的正确实施，维护社会主义法制的统一和尊严，因此，检察权不同于监察权，但两者也存有不少联系之处，主要有：一是监察权内含检察权属性，融合了部分检察监督权。根据我国《宪法》和《人民检察院组织法》的有关规定，人民检察院作为我国的法律监督机关，享有广泛的法律监督权即检察监督权，"（一）对于叛国案、分裂国家案以及严重破坏国家的政策、法律、法令、政令统一实施的重大犯罪案件，行使检察权。（二）对于直接受理的刑事案件，进行侦查。（三）对于公安机关侦查的案件，进行审查，决定是否逮捕、起诉或者免予起诉；对于公安机关的侦查活动是否合法，实行监督。（四）对于刑事案件提起公诉，支持公诉；对于人民法院的审判活动是否合法，实行监督。（五）对于刑事案件判决、裁定的执行和监狱、看守所、劳动改造机关的活动是否合法，实行监督"❶。但人民检察院的检察监督权也存在一定问题，如检察监督权的对象只限于国家公务员职务活动中构成犯罪的行为，不包括一般的职务违法行为，且监督对象仅限于国家公务员，不包括其他行使公权力的公职人员，留下了监督漏洞。此外，检察院对其自侦案件的监督无疑属于同体监督，无法排除"既当运动员又当裁判员"的嫌疑，也留下了权力滥用和腐败的空间。正如有学者指出："在检察监督模式下，检察机关集侦查主体与侦查监督主体于一身，自侦监督沦为自我监督，其本质是同体监督。"❷基于此，在这次国家监察体制改革中，就将检察院的部分检察监督权即职务犯罪预防、侦查权和监督权予以剥离，与行政监察权等融合为一种新型的国家权力即国家监察权，因此，监察权不可避免地内含检察权属性，是对上述部分检察监督权的融合和升华，有利于克服之前检察监督权存在的弊端和不足。正如有学者指出："分化检察机关职务犯罪预防、侦查权和监督权，乃反腐败刑事司法改革应有之义。这并非剥离检察机关全部职务犯罪侦查权，更不是剥离其全部侦查权，而是落脚于克服或缓解检察机关同时享有职务犯罪侦查、监督权这一同体监督缺陷。"❸二是监察权与检察权监督对象存

---

❶《中华人民共和国人民检察院组织法》（1986 年）第 5 条。

❷刘计划：《侦查监督制度的中国模式及其改革》，载《中国法学》2014 年第 1 期。

❸秦前红主编：《监察法教程》，法律出版社 2019 年版，第 175 页。

在一定交叉。根据我国《监察法》第 3 条的规定，监察委员会作为行使国家监察职能的专责机关，依法对所有行使公权力的公职人员进行监察，实行"全覆盖"。但根据我国新《刑事诉讼法》第 19 条的规定，"刑事案件的侦查由公安机关进行，法律另有规定的除外。人民检察院在对诉讼活动实行法律监督中发现的司法工作人员利用职权实施的非法拘禁、刑讯逼供、非法搜查等侵犯公民权利、损害司法公正的犯罪，可以由人民检察院立案侦查。对于公安机关管辖的国家机关工作人员利用职权实施的重大犯罪案件，需要由人民检察院直接受理的时候，经省级以上人民检察院决定，可以由人民检察院立案侦查。自诉案件，由人民法院直接受理。"可知，检察院有权对司法工作人员的职务犯罪案件进行立案侦查、监督，这就使得检察权与监察权监督对象存在一定交叉，可能会出现管辖纠纷等问题。❶ 三是监察权与检察权互相配合、互相制约。根据上述《监察法》第 4 条的规定，可知监察权与检察权也存在互相配合、互相制约的关系。这一点将在下文分析监察委员会与检察院关系时进行详述。

三、监察委员会的宪法地位

国家监察体制改革是我国的重大政治体制改革，随着监察委员会载入我国《宪法》，我国的政权组织体制发生了重大变革，即从人大之下的"一府两

---

❶ 为了解决这一交叉可能带来的问题，做好检察院与监察委员会案件管辖范围的衔接，对在诉讼监督中发现的司法工作人员利用职权实施的侵犯公民权利、损害司法公正的犯罪依法履行侦查职责，最高人民检察院出台了《关于人民检察院立案侦查司法工作人员相关职务犯罪案件若干问题的规定》，一是明确了案件管辖范围。人民检察院在对诉讼活动实行法律监督中，发现司法工作人员涉嫌利用职权实施的下列侵犯公民权利、损害司法公正的犯罪案件，可以立案侦查：（1）非法拘禁罪（《刑法》第 238 条）（非司法工作人员除外）；（2）非法搜查罪（《刑法》第 245 条）（非司法工作人员除外）；（3）刑讯逼供罪（《刑法》第 247 条）；（4）暴力取证罪（《刑法》第 247 条）；（5）虐待被监管人罪（《刑法》第 248 条）；（6）滥用职权罪（《刑法》第 397 条）（非司法工作人员滥用职权侵犯公民权利、损害司法公正的情形除外）；（7）玩忽职守罪（《刑法》第 397 条）（非司法工作人员玩忽职守侵犯公民权利、损害司法公正的情形除外）；（8）徇私枉法罪（《刑法》第 399 条第 1 款）；（9）民事、行政枉法裁判罪（《刑法》第 399 条第 2 款）；（10）执行判决、裁定失职罪（《刑法》第 399 条第 3 款）；（11）执行判决、裁定滥用职权罪（《刑法》第 399 条第 3 款）；（12）私放在押人员罪（《刑法》第 400 条第 1 款）；（13）失职致使在押人员脱逃罪（《刑法》第 400 条第 2 款）；（14）徇私舞弊减刑、假释、暂予监外执行罪（《刑法》第 401 条）。二是明确了级别管辖和侦查部门。本规定所列犯罪案件，由设区的市级人民检察院立案侦查。基层人民检察院发现犯罪线索的，应当报设区的市级人民检察院决定立案侦查。设区的市级人民检察院也可以将案件交由基层人民检察院立案侦查，或者由基层人民检察院协助侦查。最高人民检察院、省级人民检察院发现犯罪线索的，可以自行决定立案侦查，也可以将案件线索交由指定的省级人民检察院、设区的市级人民检察院立案侦查。另外，本规定所列犯罪案件，由人民检察院负责刑事检察工作的专门部门负责侦查。设区的市级以上人民检察院侦查终结的案件，可以交有管辖权的基层人民法院相对

院"变革为人大之下的"一府一委两院"。这不仅为我国的国家监察体制改革提供了宪法依据,也明确了监察委员会的宪法地位。但如上所述,由于对监察委员会及其监察权定性不明,也影响了我们对监察委员会宪法地位的界定。另外,由于监察委员会的宪法地位是相较于其他国家机关的宪法地位而言的,我们要正确理解和界定监察委员会的宪法地位,就需要正确认识和处理监察委员会与其他国家机关之间的关系,既包括纵向上与人大及其常委会之间的宪法关系,也包括横向上与其他国家机关之间的宪法关系。此外,由于我国宪法确立了中国共产党的领导与执政地位,因此,为了更深刻认识和界定监察委员会的宪法地位,我们还应对监察委员会与执政党的宪法关系进行界定。

(一) 监察委员会与执政党的宪法关系

由于"中国共产党是执政党,是国家的最高政治领导力量。中国共产党领导是中国特色社会主义最本质的特征,是中国特色社会主义制度的最大优势"❶,因此,监察委员会与执政党的关系是第一位的关系,直接影响到监察委员会的政治地位与宪法地位。监察委员会与执政党的关系,既有执政党与国家机关一般关系的共性之处,也有其独特之处。

第一,监察委员会要坚持党的领导。坚持党的领导,是由中国共产党的领

(接上注)

应的基层人民检察院提起公诉;需要指定其他基层人民检察院提起公诉的,应当与同级人民法院协商指定管辖;依法应当由中级人民法院管辖的案件,应当由设区的市级人民检察院提起公诉。三是明确了案件线索的移送和互涉案件的处理。人民检察院立案侦查本规定所列犯罪时,发现犯罪嫌疑人同时涉嫌监察委员会管辖的职务犯罪线索的,应当及时与同级监察委员会沟通,一般应当由监察委员会为主调查,人民检察院予以协助。经沟通,认为全案由监察委员会管辖更为适宜的,人民检察院应当撤销案件,将案件和相应职务犯罪线索一并移送监察委员会;认为由监察委员会和人民检察院分别管辖更为适宜的,人民检察院应当将监察委员会管辖的相应职务犯罪线索移送监察委员会,对依法由人民检察院管辖的犯罪案件继续侦查。人民检察院应当及时将沟通情况报告上一级人民检察院。沟通期间,人民检察院不得停止对案件的侦查。监察委员会和人民检察院分别管辖的案件,调查 (侦查) 终结前,人民检察院应当就移送审查起诉有关事宜与监察委员会加强沟通,协调一致,由人民检察院依法对全案审查起诉。人民检察院立案侦查本规定所列犯罪时,发现犯罪嫌疑人同时涉嫌公安机关管辖的犯罪线索的,依照现行有关法律和司法解释的规定办理。四是明确了办案程序。(1) 人民检察院办理本规定所列犯罪案件,不再适用对直接受理立案侦查案件决定立案报上一级人民检察院备案,逮捕犯罪嫌疑人报上一级人民检察院审查决定的规定。(2) 对本规定所列犯罪案件,人民检察院拟作撤销案件、不起诉决定的,应当报上一级人民检察院审查批准。(3) 人民检察院负责刑事检察工作的专门部门办理本规定所列犯罪案件,认为需要逮捕犯罪嫌疑人的,应当由相应的刑事检察部门审查,报检察长或者检察委员会决定。(4) 人民检察院办理本规定所列犯罪案件,应当依法接受人民监督员的监督。

❶ 参见《王晨向十三届全国人大一次会议作关于〈中华人民共和国宪法修正案 (草案) 〉的说明 (摘要) 》,载《人民日报》2018 年 3 月 7 日,第 6 版。

导地位和历史使命所决定的。中国共产党是中国特色社会主义事业的领导核心，也是中国特色社会主义法治建设的领导核心。党的领导是中国特色社会主义法治建设的根本保证，也是社会主义法治与资本主义法治的本质区别所在。因此，包括监察委员会在内的所有国家机关，都必须要坚持党的领导，这也是我国宪法的基本要求。❶ 我国《监察法》第 2 条规定"坚持中国共产党对国家监察工作的领导，以马克思列宁主义、毛泽东思想、邓小平理论、'三个代表'重要思想、科学发展观、习近平新时代中国特色社会主义思想为指导，构建集中统一、权威高效的中国特色国家监察体制"，明确了党对监察委员会的领导地位，将坚持党的领导作为监察委员会开展国家监察工作的原则遵循，从而为监察委员会行使国家监察职能、开展国家监察工作指明了方向和提供了根本保障。正如有学者指出："坚持中国共产党对国家监察工作的领导，是开展国家监察工作的首要要求和基本遵循。党的十八大以来的反腐败实践证明，坚持和加强党的领导是反腐败工作取得胜利的根本保证。只有坚持和加强党的领导，才能从全局着眼，从长远出发，对反腐败斗争进行科学决策和科学部署，真正实现反腐败的无禁区、全覆盖、零容忍方针，坚持反腐败的重遏制、强高压、长震慑策略，强化不敢腐的震慑，扎牢不能腐的笼子，增强不想腐的自觉。"❷ 而且，监察委员会不设党组、不决定人事事项，本质上就是党直接领导下的反腐败工作机构，就是实现党和国家自我监督的政治机关。

第二，监察委员会与党的纪律检查部门合署办公。根据党中央关于深化国家监察体制改革的部署，以及党的十九届三中全会审议通过的《中共中央关于深化党和国家机构改革的决定》，健全党和国家监督体系，完善权力运行制约和监督机制，组建国家、省、市、县监察委员会，同党的纪律检查部门合署办公，实行"两块牌子、一套人马"，且由党的纪委书记兼任同级监察委员会主任（中央除外，由中纪委副书记兼任国家监察委员会主任）。由于党的纪律检查部门是党内监督的专责机关，监察委员会是行使国家监察职能的专责机关，将监察委员会与党的纪律检查部门合署办公，不仅实现了对所有行使公权力的公职人员监察全覆盖，还实现了党内监督和国家机关监督、党的

---

❶　1954 年《宪法》没有明确规定党对全国人大和国家的领导，只在序言中宣告人民的胜利是在中国共产党领导下取得的。1975 年《宪法》不仅在序言中规定要坚持党的领导，在总纲中又规定党要实现对国家的领导。1978 年《宪法》取消了这种不合宪法规范逻辑的表述，但仍保留了党对国家实施领导的规定。1982 年《宪法》不仅在《宪法》序言中规定了党的领导地位，还第一次在宪法中规定党"必须以宪法为根本的活动准则"，"必须遵守宪法和法律，一切违反宪法和法律的行为，必须予以追究"。参见韩大元著：《宪法学基础理论》，中国政法大学出版社 2008 年版，第 340 页。

❷　马怀德主编：《中华人民共和国监察法理解与适用》，中国法制出版社 2018 年版，第 11~12 页。

纪律检查和国家监察有机统一。"这一安排，一则，既充分发挥纪委党内监督作用，又保证国家监察机关依法独立行使职权；二则，破解党纪难审非党员公务人员、监察难查非政府公职人员的难题，既合理衔接法纪鸿沟，又形成全面覆盖国家机关及公职人员的国家监督体系，即凡纳入国家行政编制、由国家财政负担工资福利、依法履行公职的公务员，包括党内机关、人大、政府、政协、法院、检察院、民主党派、部分社会团体机关的公职人员以及其他实质行使公权力的人员，均受其监督。"❶

第三，监察委员会对党的机关公务员进行监察。根据我国《监察法》第15条的规定，监察委员会对包括党的机关公务员在内的所有行使公权力的公职人员进行监察。根据我国《公务员法》的相关规定，党的机关公务员具体包括：①中央和地方各级党委、纪律检查委员会的领导人员；②中央和地方各级党委工作部门、办事机构和派出机构的工作人员；③中央和地方各级纪律检查委员会机关和派出机构的工作人员；④街道、乡、镇党委机关的工作人员。❷ 需要说明的是，由监察委员会对党的机关公务员进行监察，可能会导致两个困惑或问题，一是这与监察委员会坚持党的领导是否矛盾？如前所述，监察委员会必须要坚持党的领导，但如果由监察委员会对党的机关公务员进行监察的话，会不会与坚持党的领导相矛盾？从表面来看，两者似乎存在一定矛盾之处。但如果我们明确了监察委员会只是对"人"监督，而不是对"机关"监督，上述疑问就迎刃而解了。也就是说，监察委员会只能对党的机关公务员进行监察，而不能对党的机关进行监察，相反，监察委员会还必须要坚持党的领导。这也就意味着监察委员会对党的机关公务员进行监察本身就是在党的领导下进行的，两者是和谐一致的。二是作为国家机关的监察委员会何以能监察党的机关公务员？由于党的机关与国家机关性质不同，由作为国家机关的监察委员会对党的机关公务员进行监察，确实容易导致人们对其合法性产生疑问。但是，如果我们明确了监察委员会是集党纪监督、行政监察、法律监督于一体的混合机关，与党的纪委部门合署办公，履行纪检、监察两项职能，实行一套工作机构、两个机关名称时，上述疑问便自然解决了。也就是说，监察委员会对党的机关公务员的监察实际上是监察委员会代表党和国家对党的机关公务员的监督，体现了党内监督和国家监督、党的纪律检查与国家监察的有机统一。

---

❶ 秦前红主编：《监察法教程》，法律出版社 2019 年版，第 175 页。
❷ 中共中央纪律检查委员会、国家监察委员会法规室编写：《〈中华人民共和国监察法〉释义》，中国方正出版社 2018 年版，第 108 页。

（二）监察委员会与人大及其常委会的宪法关系

民主集中制是我国国家机构的组织和活动原则，人民代表大会制度是我国的根本政治制度，也是我国的政权组织形式，因此，在我国的国家机构体系中，首先需要明确监察委员会与人大及其常委会的关系。根据我国《宪法》《监察法》等规定，人大及其常委会作为我国的国家权力机关，是我国国家机构的核心，其与其他国家机关之间的关系不是西方式的互相监督制约关系，而是一种单向的产生与被产生、监督与被监督的关系。据此，监察委员会与人大及其常委会的关系如下：

第一，监察委员会由人大及其常委会选举产生。根据民主集中制原则的基本原理，我国的一切权力属于人民，人民通过行使选举权，在普选的基础上选出代表组成各级人大，再由各级人大产生国家行政机关、审判机关、检察机关等其他国家机关，从而完成由人民授权各级人大、再由各级人大授权其他国家机关的宪制过程。那么，监察委员会作为与国家行政机关、审判机关、检察机关并列的独立国家机关，其也必须要由人大产生，由人大授权，以解决其合宪性问题。因此，我国《宪法》第3条第3款明确规定："国家行政机关、监察机关、审判机关、检察机关都由人民代表大会产生，对它负责，受它监督。"《监察法》第8条明确规定："国家监察委员会由全国人民代表大会产生，负责全国监察工作。国家监察委员会由主任、副主任若干人、委员若干人组成，主任由全国人民代表大会选举，副主任、委员由国家监察委员会主任提请全国人民代表大会常务委员会任免。国家监察委员会主任每届任期同全国人民代表大会每届任期相同，连续任职不得超过两届。国家监察委员会对全国人民代表大会及其常务委员会负责，并接受其监督。"《监察法》第9条规定："地方各级监察委员会由本级人民代表大会产生，负责本行政区域内的监察工作。地方各级监察委员会由主任、副主任若干人、委员若干人组成，主任由本级人民代表大会选举，副主任、委员由监察委员会主任提请本级人民代表大会常务委员会任免。地方各级监察委员会主任每届任期同本级人民代表大会每届任期相同。地方各级监察委员会对本级人民代表大会及其常务委员会和上一级监察委员会负责，并接受其监督。"

由此可知，一是人大及其常委会宪法地位高于监察委员会。尽管监察委员会地位超脱、职权广泛，但其必须在人大及其常委会领导之下，这是由人大及其常委会国家权力机关的性质和地位所决定的，也是人民代表大会制度的应有之义。二是监察委员会由人大产生，由人大依法授权。监察委员会不再像过去的行政监察部门一样，只是行政机关的内设机构，而是升格为与行政机关并列的独立国家机关，代表国家专司行使监察权，其必须要由人大选举产生，由人大授权。其中，监察委员会主任由同级人大选举产生，副主任、委员由监察委员会主任提请本级人大常委会任免。正如蔡定剑先生指出的："所谓国家权力机关，其特性就在于它不但立法和决定重大事情，而且组织产生其他国家机关并选任领导人员，从而使国家机关及其组成人员从属于人民代表大会，其他国家机关要对人民代表大会负责。"❶ 三是各级监察委员会主任每届任期同本级人大每届任期相同。由于"各国家领导职务的正当性直接来自本届全国人民代表大会，因此其任期亦必须与全国人民代表大会的任期保持一致，而不能单独列明"❷，因而，既然监察委员会由同级人大产生，那么，各级监察委员会主任每届任期自然要同本级人大每届任期相同，一般为 5 年，随本级人大换届而换届，各级监察委员会主任行使职权至新的监察委员会主任产生为止。其中，国家监察委员会主任每届任期同全国人大每届任期相同，连续任职不得超过两届。这一点与国务院总理、最高人民法院院长、最高人民检察院检察长任期制一致，都是连续任职不得超过两届。之所以做如此规定，是因为"每部政治宪法的目的就是，或者说应该是，首先为统治者获得具有最高智慧来辨别和最高道德来追求社会公益的人；其次，当他们继续受到公众委托时，采取最有效的预防方法来使他们廉洁奉公。用选举方式获得统治者，是共和政体独有的政策。依靠这种政体，用以预防他们腐化堕落的方法是多种多样的。最有效的一种是任期上的限制，以便保持对人民的适当责任"❸。

第二，监察委员会对人大及其常委会负责，受人大及其常委会监督。根据人民代表大会制度的基本原理和要求，监察委员会作为行使国家监察权的专责机关，与"一府两院"相一致，都由我国同级人大产生，对同级人大负责，受同级人大监督。在同级人大闭会期间，对同级人大常委会负责，受同级人大常委会监督。对此，我国《宪法》第 126 条明确规定："国家监察委员会对全国人民代表大会和全国人民代表大会常务委员会负责。地方各级监察委员会对产生它的国家权力机关和上一级监察委员会负责。"我国《监察法》第 8 条、第 9 条也作了类似规定，明确了监察委员会要对同级人大及其常委

---

❶ 蔡定剑著：《中国人民代表大会制度》，法律出版社 2003 年版，第 336 页。

❷ 韩大元：《任期制在我国宪法中的规范意义——纪念 1982 年〈宪法〉颁布 35 周年》，载《法学》2017 年第 11 期。

❸ 汉密尔顿、杰伊、麦迪逊著：《联邦党人文集》，程逢如、在汉、舒逊译，商务印书馆 1980 年版，第 290 页。

会负责，受同级人大及其常委会监督。而且，这种监督是一种单向监督，不是相互监督，即只能由人大及其常委会监督监察委员会，而不能由监察委员会监督人大及其常委会，否则，就与我国人民代表大会制度的政权组织形式相背离、相冲突。

这里面有两个问题需要明确，一是地方各级监察委员会既要对同级人大及其常委会负责并接受其监督，还要对上一级监察委员会负责并接受其监督，两者是否会存在冲突？答案是否定的，原因在于两者不是一个层面的"负责"与"监督"。地方各级监察委员会之所以要对同级人大及其常委会负责，并接受其监督，原因在于地方各级监察委员会由同级人大产生，自然要对同级人大及其常委会负责，受其监督。但这种监督只是工作监督和法律监督，而不是具体业务的监督，更不是领导层面的监督。而地方各级监察委员会之所以要对上一级监察委员会负责并接受其监督，是由监察委员会领导体制决定的。根据国家监察体制改革的部署，我国《宪法》《监察法》明确规定了监察委员会的领导体制，即国家监察委员会领导地方各级监察委员会的工作，上级监察委员会领导下级监察委员会的工作。换言之，监察委员会上下级之间是领导与被领导的关系，这样有利于保证全国监察机关集中统一领导、统一工作步调、统一依法履职，实现"全国一盘棋"。此外，监察委员会的领导体制还受党的纪律检查部门领导体制直接影响。由于党的纪律检查部门上下级之间是领导与被领导的关系，"监察机关和纪检机关合署办公，监察法规定地方各级监察委员会对上一级监察委员会负责，与上下级纪委之间的领导和被领导关系是相匹配的"❶。因此，由监察委员会上下级之间的领导与被领导关系所决定，地方各级监察委员会必须要对上一级监察委员会负责，受其监督和业务领导。所以，这种"负责"和"监督"是领导层面的，是领导体制内部的"负责"和"监督"，根本不同于监察委员会对同级人大及其常委会的"负责"及同级人大及其常委会对监察委员会的"监督"，两者不属于同一个层面，并不冲突。二是监察委员会对人大及其常委会机关公务员进行监察，与人大及其常委会监督监察委员会是否相矛盾？根据我国《监察法》第15条的规定，监察委员会有权对人大及其常委会机关的公务员进行监察，具体包括："①县级以上各级人民代表大会常务委员会领导人员，乡、镇人民代表大会主席、副主席；②县级以上各级人民代表大会常务委员会工作机构和办事

---

❶ 中共中央纪律检查委员会、国家监察委员会法规室编写：《〈中华人民共和国监察法〉释义》，中国方正出版社2018年版，第83页。

机构的工作人员；③各级人民代表大会专门委员会办事机构的工作人员。"❶
这就容易带给人们一种错觉，使人们误认为监察委员会也可以对人大及其常
委会进行监察，认为其与人大及其常委会监督监察委员会相矛盾，也与我国
民主集中制原则严重不符。例如，《中华人民共和国监察法（草案）》向社
会公布后，有人产生了这样的疑问：监察委员会由人民代表大会产生，对人
大负责并接受监督，为何又能将人大机关纳入监察范围？甚至有人觉得，这
不是"儿子"管"老子"吗？❷ 对此，我们需要明确的是，监察委员会只是
"对人监察"，即只能对人大及其常委会机关的公务员进行监察，而不能对人
大及其常委会进行监察。监察委员会与人大及其常委会的关系，只能是产生
与被产生、监督与被监督的关系，而不能相反，这是由我国人民代表大会制
度的政权组织形式所决定的。正如有学者指出："各级监察委员会应当接受本
级人民代表大会及其常务委员会的监督。这既是由监察机关的宪法地位决定
的，也是为了确保监察机关与监察人员'不走样'。"❸

（三）监察委员会与行政机关的宪法关系

根据我国现行《宪法》的相关条款，监察委员会作为国家的监察机关，
不再是国家行政机关下属的原行政监察机关，与国家行政机关之间的关系发
生了颠覆性的转变，与国家行政机关处于平行的地位，同国家行政机关与审
判机关、检察机关一样，都由同级人大产生，对同级人大负责，受同级人大
监督。对此，徐汉明教授曾指出："国家监察委员会在国家权力结构中所处的
这一位阶，既使其将同传统行政机关隶属下的行政监察机关的法律位阶发生
根本性的变化，即其从原隶属于政府的行政监察部门这一依附性的地位遂变
为与行政机关相平行、相对独立的新型国家机构的地位。"❶ 根据我国《宪
法》《监察法》的相关规定，监察委员会与行政机关的宪法关系主要体现在两
个方面，具体言之：

第一，行政机关不得干涉监察委员会依法独立行使监察权。根据我国
《宪法》第 127 条第 1 款的规定："监察委员会依照法律规定独立行使监察权，
不受行政机关、社会团体和个人的干涉。""这里的'干涉'，主要是指行政

---

❶ 中共中央纪律检查委员会、国家监察委员会法规室编写：《〈中华人民共和国监察法〉释义》，
中国方正出版社 2018 年版，第 108~109 页。

❷ 《中纪委释疑：对人大等的监督，监察的是"人"而不是"机关"!》，https://www.sohu.
com/a/204154607_743837，最后访问日期：2020 年 7 月 21 日。

❸ 江国华著：《中国监察法学》，中国政法大学出版社 2018 年版，第 303 页。

❶ 参见徐汉明：《国家监察权的属性探究》，载《法学评论》2018 年第 1 期。

机关、社会团体和个人利用职权、地位，或者采取其他不正当手段干扰、影响监察人员依法行使职权的行为，如利用职权阻止监察人员开展案件调查，利用职权威胁、引诱他人不配合监察机关工作，等等。"❶ 我国《监察法》第4条第1款也作了同样规定。这表明监察委员会作为国家监察机关，是独立的国家机关，与行政机关处于平行的地位，不受行政机关的领导和监督，依宪依法独立行使监察权，不受行政机关非法干涉。我国《宪法》《监察法》之所以做如此规定，一是基于监察委员会地位变更的需要。如前所述，监察委员会已经不同于之前的行政监察机关，不再是隶属于行政机关的内部机构，而是升格为独立的国家机关，与行政机关一样，均由人大产生、对人大负责、受人大监督，在这种情况下，监察委员会自然依法独立行使监察权，不受行政机关干涉；二是基于我国人民代表大会制度政权组织形式的需要。众所周知，我国的政权组织形式是人民代表大会制度，这就决定了我国不同国家机关之间的关系，即人大及其常委会与其他国家机关之间只能是产生与被产生、监督与被监督的关系，而除人大及其常委会之外的其他国家机关之间只能是分工合作关系，而不能是西方国家"三权分立"模式下的相互制约关系。那么，在监察委员会与行政机关分工合作的情况下，监察委员会与行政机关都是独立的国家机关，分别代表国家依法独立行使监察权与行政权，而不受对方非法干涉，更不能相互监督制约对方。所以，监察委员会只能对行政机关的公务员进行监察，而不能对行政机关进行监察。反之，行政机关不能对监察委员会进行监督制约，也不能非法干涉监察委员会依法独立行使监察权。

第二，监察委员会在办理职务违法和职务犯罪案件时，与行政执法部门互相配合、互相制约。根据我国现行《宪法》第127条第2款的规定："监察机关办理职务违法和职务犯罪案件，应当与审判机关、检察机关、执法部门互相配合，互相制约。"这里的执法部门显然不是宽泛意义上的执法部门，而应是行政执法部门或者主要是行政执法部门，包括公安机关、国家安全机关、审计机关以及质检部门、安全监管部门等。❷ 我国《监察法》第4条第2款也

---

❶　中共中央纪律检查委员会、国家监察委员会法规室编写：《〈中华人民共和国监察法〉释义》，中国方正出版社2018年版，第65页。

❷　不过尚需说明的是，此处的"执法部门"指向为何，可能还涉及对上述《宪法》和法律条文的解释和理解。因为在全国人大及其常委会制定的法律中，此前仅有极少数的法律使用了"执法部门"的表述。在此次《宪法》修正和《监察法》制定之后，较权威的解释认为，此处所言之执法部门是指公安机关、国家安全机关、审计机关以及质检部门、安全监管部门等行政执法部门。由此可见，我国《宪法》和《监察法》中的执法部门指的主要是行政机关中的执法部门。同时，由于相关规定并未使用"行政机关"或"行政执法部门"的表述，是故，并不限于行政机关中的执法部门，即此处的"执法部门"的范围要广于行政执法部门。参见秦前红主编：《监察法教程》，法律出版社2019年版，第186页。

做了同样规定。这表明在监察委员会办理职务违法和职务犯罪案件时，监察委员会与行政执法部门存在两重关系。

一是互相配合关系。"互相配合"，主要是指监察委员会与行政执法部门在办理职务违法和职务犯罪案件方面，要按照法律规定，在正确履行各自职责的基础上，互相支持，不能违反法律规定，各行其是，互不通气，甚至互相扯皮。❶ 监察委员会与行政执法部门之所以要互相配合，是由两者的分工合作宪法关系所决定的。如前所述，监察委员会与人大及其常委会之外的其他国家机关都存在分工合作关系，也就是说，监察委员会与行政执法部门之间也存在分工合作关系，既然两者分工合作，自然就存在互相配合的法定义务。所以，在监察委员会办理职务违法和职务犯罪案件时，如果遇到超出监察委员会职权范围或者自身不具备相关专业能力、专业素养的事项，从而需要行政执法部门予以配合协助的，行政执法部门就应当根据监察委员会的要求依法予以配合协助。如我国《监察法》第29条规定："依法应当留置的被调查人如果在逃，监察机关可以决定在本行政区域内通缉，由公安机关发布通缉令，追捕归案。通缉范围超出本行政区域的，应当报请有权决定的上级监察机关决定。"《监察法》第34条规定："人民法院、人民检察院、公安机关、审计机关等国家机关在工作中发现公职人员涉嫌贪污贿赂、失职渎职等职务违法或者职务犯罪的问题线索，应当移送监察机关，由监察机关依法调查处置。被调查人既涉嫌严重职务违法或者职务犯罪，又涉嫌其他违法犯罪的，一般应当由监察机关为主调查，其他机关予以协助。"《监察法》第43条第3款规定："监察机关采取留置措施，可以根据工作需要提请公安机关配合。公安机关应当依法予以协助。"等等。

二是互相制约关系。互相制约主要是指监察委员会与行政执法部门在办理职务违法和职务犯罪案件时，通过程序上的制约，防止和及时纠正错误，以保证案件质量，正确应用法律惩罚违法犯罪。❷ 这表明尽管监察委员会依法独立行使监察权，但监察委员会的权力并不是无限的，要受到包括行政执法部门在内的其他国家机关的制约。这就是说，尽管监察委员会在办理职务违法和职务犯罪案件时，行政执法部门有义务予以配合，但行政执法部门也可以依法对其予以制约，以避免监察委员会权力的滥用以及冤假错案的发生。

---

❶ 中共中央纪律检查委员会、国家监察委员会法规室编写：《〈中华人民共和国监察法〉释义》，中国方正出版社2018年版，第66页。

❷ 中共中央纪律检查委员会、国家监察委员会法规室编写：《〈中华人民共和国监察法〉释义》，中国方正出版社2018年版，第66页。

如我国《监察法》第30条规定："监察机关为防止被调查人及相关人员逃匿境外，经省级以上监察机关批准，可以对被调查人及相关人员采取限制出境措施，由公安机关依法执行。对于不需要继续采取限制出境措施的，应当及时解除。"这里的"公安机关依法执行"既是一种配合协助，也是一种制约，因为"其他机关所提供的协助并非没有原则、不讲法律的随意配合，而应当依法进行。也即其他国家机关应当在法律范围内依法给予监察机关协助，而不能超越法定职权，违反法定程序进行协助"❶。

最后，需要说明的是，上述互相制约关系并不意味着监察委员会与行政执法部门之间就是一般的互相制约关系，这里有一个基本前提，即只有在监察委员会在办理职务违法和职务犯罪案件时，才与行政执法部门存在互相制约关系，且这里的互相制约，主要是一种程序设计上的制约，并不是监察委员会与行政执法部门之间就存在互相制约关系。

（四）监察委员会与审判机关、检察机关的宪法关系

根据我国宪法体制的设计，监察委员会作为监察机关与审判机关、检察机关处于平行的地位，都由人大产生、对人大负责、受人大监督，但其排名在审判机关、检察机关之前，意味着监察委员会的政治地位实际高于审判机关、检察机关。根据我国现行《宪法》第127条第2款的规定，"监察机关办理职务违法和职务犯罪案件，应当与审判机关、检察机关、执法部门互相配合，互相制约。"可知，监察委员会与审判机关、检察机关的宪法关系主要表现在以下两个方面：

第一，互相配合关系。根据我国《宪法》和《监察法》的相关规定，监察委员会办理职务违法和职务犯罪案件时，与审判机关、检察机关存在互相配合的关系。这里的"互相配合"是指监察委员会与审判机关、检察机关应当按照法律规定，在工作程序上实现有效衔接，在工作内容上实现互助互补。❷ 这是由我国人民代表大会制度下不同国家机关之间的分工合作关系所决定的，是民主集中制原则的体现。根据我国《宪法》和《监察法》的相关条款，监察委员会在办理职务违法和职务犯罪案件时，与审判机关、检察机关存在的互相配合关系体现在两个维度：一是在办理职务违法和职务犯罪案件时，监察委员会与审判机关、检察机关各司其职，互相配合，以履行不同国家机关的不同职能，发挥各自优势，形成合力。例如，监察委员会在办理职务违法和职务犯罪案

❶ 马怀德主编：《中华人民共和国监察法理解与适用》，中国法制出版社2018年版，第18页。
❷ 马怀德主编：《中华人民共和国监察法理解与适用》，中国法制出版社2018年版，第16~17页。

件时，依法履行监督、调查、处置职责，对涉嫌职务犯罪的，监察机关经调查认为犯罪事实清楚，证据确实、充分的，制作起诉意见书，连同案卷材料、证据一并移送人民检察院依法审查、提起公诉，由审判机关依法审判。二是在监察委员会办理职务违法和职务犯罪案件时，审判机关、检察机关有义务予以配合协助。如根据我国《监察法》第 34 条规定，"人民法院、人民检察院、公安机关、审计机关等国家机关在工作中发现公职人员涉嫌贪污贿赂、失职渎职等职务违法或者职务犯罪的问题线索，应当移送监察机关，由监察机关依法调查处置。被调查人既涉嫌严重职务违法或者职务犯罪，又涉嫌其他违法犯罪的，一般应当由监察机关为主调查，其他机关予以协助。"检察机关、审判机关有义务向监察委员会移交有关人员职务违法或犯罪问题线索等。

第二，互相制约关系。根据我国《宪法》和《监察法》的相关规定，监察委员会在办理职务违法和职务犯罪案件时，与审判机关、检察机关还存在互相制约的关系。这里的"互相制约"是指监察委员会与审判机关、检察机关之间应当在法律规定的范围内相对独立地履行职责，形成有效的制约与监督关系。❶ 之所以要求监察委员会在办理职务违法和职务犯罪案件时，与审判机关、检察机关互相制约，主要就是通过程序机制的设计，保障三者都能依法行使职权，通过分工合作达到分权制约的效果，避免监察委员会滥用权力，制造冤假错案，成为新的腐败源。应该说，这是非常必要的，也是相当难得的，因为我国宪法一般强调不同国家机关之间的分工合作，较少强调不同国家机关之间的互相制约。例如，2018 年修宪之前，我国《宪法》只有一处"互相制约"条款，即"人民法院、人民检察院和公安机关办理刑事案件，应当分工负责，互相配合，互相制约，以保证准确有效地执行法律"。这就明确规定了公安机关、检察机关、审判机关在刑事诉讼中存在互相制约的关系，其目的就是为了避免"公、检、法"滥用权力。而 2018 年修宪时，在我国《宪法》中又增加了第 127 条"互相制约"条款，目的显然是通过检察机关、审判机关和执法部门对监察委员会的监督制约，对其所办理的职务违法和职务犯罪案件进行"把关"，避免监察委员会滥用权力，促进公平正义的实现。

根据我国《宪法》和《监察法》的相关条款，监察委员会在办理职务违法和职务犯罪案件时，与审判机关、检察机关存在的互相制约关系体现在两个维度：一是审判机关、检察机关对监察委员会的制约。监察委员会在办理职务违法和职务犯罪案件时，审判机关、检察机关对监察委员会的制约主要

---

❶ 马怀德主编：《中华人民共和国监察法理解与适用》，中国法制出版社 2018 年版，第 17 页。

表现在：检察机关对于监察委员会移送的案件，如经其审查，认为需要补充核实的，应当退回监察委员会补充调查，必要时可以自行补充侦查。对于补充调查的案件，应当在一个月内补充调查完毕。补充调查以二次为限。如果监察委员会移送的案件有《刑事诉讼法》规定的不起诉的情形的，检察机关经上一级检察机关批准，应当依法作出不起诉的决定。"之所以规定要报上一级检察机关批准，主要考虑是反腐败案件特殊，一般是党委批准立案，作出不起诉决定应当更为慎重，程序上更加严格。"❶ 而审判机关对于检察机关依法起诉的上述案件依法审判，如依据法律认定被告人无罪的，应当作出无罪判决；如证据不足，不能认定被告人有罪的，应当作出证据不足、指控的职务犯罪不能成立的无罪判决。二是监察委员会对审判机关、检察机关的制约。监察委员会在办理职务违法和职务犯罪案件时，与审判机关、检察机关是互相制约关系，而不是单向制约关系，因而，审判机关、检察机关既可以对监察委员会进行制约，监察委员会也可以对审判机关、检察机关进行制约，以保证审判机关、检察机关依法履行职责。如根据我国《监察法》第47条第4款规定："人民检察院对于有《中华人民共和国刑事诉讼法》规定的不起诉的情形的，经上一级人民检察院批准，依法作出不起诉的决定。监察机关认为不起诉的决定有错误的，可以向上一级人民检察院提请复议。"检察机关既可以对监察委员会进行制约，即"人民检察院对于有《中华人民共和国刑事诉讼法》规定的不起诉的情形的，经上一级人民检察院批准，依法作出不起诉的决定"，监察委员会也可以对检察机关进行制约，即"监察机关认为不起诉的决定有错误的，可以向上一级人民检察院提请复议"。

最后，同样需要说明的是，上述互相制约关系并不意味着监察委员会与审判机关、检察机关之间就是一般的互相制约关系，这里有一个基本前提，即只有在监察委员会在办理职务违法和职务犯罪案件时，才与审判机关、检察机关存在互相制约关系，且这里的互相制约，主要是一种程序设计上的制约，并不是监察委员会与审判机关、检察机关之间就存在互相制约关系。另外，监察委员会对审判机关公务员、检察机关公务员❷依法进行监察，也不意

---

❶ 中共中央纪律检查委员会、国家监察委员会法规室编写：《〈中华人民共和国监察法〉释义》，中国方正出版社2018年版，第215页。

❷ 审判机关公务员包括：（1）最高人民法院和地方各级人民法院的法官、审判辅助人员；（2）最高人民法院和地方各级人民法院的司法行政人员等。检察机关公务员包括：（1）最高人民检察院和地方各级人民检察院的检察官、检察辅助人员；（2）最高人民检察院和地方各级人民检察院的司法行政人员等。参见中共中央纪律检查委员会、国家监察委员会法规室编写：《〈中华人民共和国监察法〉释义》，中国方正出版社2018年版，第109页。

味着监察委员会可以监督制约审判机关、检察机关。因为监察委员会只是"对人监察"，而不是"对机关监察"。且根据我国《宪法》相关条款，审判机关、检察机关依法独立行使审判权、检察权，只受执政党领导、人大及其常委会监督，不受监察委员会等其他国家机关的监督制约。正如秦前红教授指出的："监察机关监督审判机关的法理基础并不存在，但审判机关公职人员所为的与审判职权无涉的行为，仍属监察之范围。"❶

四、监察委员会的宪法约束

"一切有权力的人都容易滥用权力，这是万古不易的一条经验。"❷ 尽管监察委员会因反腐而生，但如其权力不受监督和制约，也必然导致滥用和腐败，成为新的腐败产生源，特别是面对监察委员会超脱的地位、广泛的职权，人们不禁会问"谁来监督与制约监察委员会"，这应该是伴随国家监察体制改革始终的共性问题。实际上，自国家监察体制改革开始"试点"时，理论界与实务界便意识到监察委员会不是法外机关，监察权不是法外之权，必须要对其进行相应的监督制约，以避免国家监察体制改革的目的不能如期实现。正如有学者指出的："如果监察权过大过于集中，失去外部和内部的有效监督制约，它本身就可能转化为贪腐之源的一部分。缺乏有效监督制约的权力必然导致腐败，监察权也不例外。"❸ 为此，在依宪设立监察委员会并对其赋权的同时，也设计了监察委员会的监督制约机制，主要包括以下方面。

（一）执政党监督

我国《宪法》明确规定了坚持党的领导原则，包括监察委员会在内的所有国家机关都必须要坚持党的领导，这也是监察委员会依法行使监察权的根本保证。如我国《监察法》第 2 条明确规定："坚持中国共产党对国家监察工作的领导，以马克思列宁主义、毛泽东思想、邓小平理论、'三个代表'重要思想、科学发展观、习近平新时代中国特色社会主义思想为指导，构建集中统一、权威高效的中国特色国家监察体制。"对于各级监察委员会来说，其必须要接受同级党委的直接领导，也就意味着其必须要接受同级党委的直接监督，因为"党的领导本身就包含教育、管理和监督。纪委监委在党委领导下

---

❶ 秦前红著：《监察改革中的法治工程》，译林出版社 2020 年版，第 21 页。
❷ 孟德斯鸠著：《论法的精神》上卷，张雁深译，商务印书馆 1961 年版，第 154 页。
❸ 童之伟：《对监察委员会自身的监督制约何以强化》，载《法学评论》2017 年第 1 期。

开展工作，党委就要加强对纪委监委的管理和监督"❶。特别是监察委员会与同级党的纪律检查部门合署办公，"两块牌子、一套人马"，由同级党委纪委书记兼任监察委员会主任（中央层面除外，由中纪委副书记兼任国家监察委员会主任），更是意味着各级监察委员会要向同级党委全面负责和报告工作，要接受同级党委的有效监督。正如有学者指出的："《监察法》规定纪委和监委的合署办公体制，实质上即是规定了国家监委向党中央报告工作制度。地方各级纪委监委也要向同级党委报告工作。"❷ 当然，上级党委和上级纪委也可以通过垂直领导体制对下级监察委员会进行监督。

　　在众多对监察委员会的监督中，执政党监督无疑是第一位的监督，也是最有效的监督，因为执政党监督既可以确保国家监察工作沿着正确政治方向推进，也可以确保国家监察工作贯彻落实马克思列宁主义、毛泽东思想、邓小平理论、"三个代表"重要思想、科学发展观、习近平新时代中国特色社会主义思想，还可以确保监察委员会依法独立行使监察权。这里需要说明的是，执政党对监察委员会的监督，不同于对其他国家机关的监督，其不仅可以对监察委员会进行政治监督、思想监督、组织监督，还可以对监察委员会业务进行直接监督，如"党委书记定期主持研判问题线索、分析反腐形势，听取重大案件情况报告，对初核、立案、采取留置措施、作出处置决定等审核把关，随时听取重要事项汇报，这确保了党对监察工作关键环节、重大问题的监督"❸。这是由监察委员会与党的纪律检查部门合署办公的体制所决定的。而执政党对其他国家机关的监督，只是政治监督、思想监督、组织监督，一般不包括对其业务的监督，这是由执政党与国家机关的一般关系所决定的。由于执政党与国家机关性质不同，执政党只能领导国家机关，督促、支持和保证国家机关依法行使职权，而不能代替国家机关行使职权，自然不能对其业务进行直接监督。正如习近平总书记指出的："我们必须坚持党总揽全局、协调各方的领导核心作用，通过人民代表大会制度，保证党的路线方针政策和决策部署在国家工作中得到全面贯彻和有效执行。要支持和保证国家政权机关依照宪法法律积极主动、独立负责、协调一致开展工作。"❹ 此外，需要

---

　　❶ 陆国栋：《谁来监督国家监察专责机关——"五大监督"确保监察权力不被滥用》，载《中国纪检监察》2018 年第 6 期。

　　❷ 江国华著：《中国监察法学》，中国政法大学出版社 2018 年版，第 27 页。

　　❸ 陆国栋：《谁来监督国家监察专责机关——"五大监督"确保监察权力不被滥用》，载《中国纪检监察》2018 年第 6 期。

　　❹ 习近平：《在庆祝全国人民代表大会成立六十周年大会上的讲话》，人民出版社 2014 年版，第6~7 页。

指出的是，由于监察委员会与同级党的纪律检查部门合署办公，因此，同级党委对监察委员会的监督在某种程度上属于同体监督，难免出现同体监督的弊端，会在一定程度上影响监督效果，必须要借助于其他监督力量，发挥不同监督力量的应有作用，形成合力，保证监督效果。

（二）人大监督

如前所述，由于监察委员会与同级人大及其常委会之间的关系是产生与被产生、监督与被监督的关系，因而，监察委员会必须要接受人大监督即同级人大及其常委会的监督，这是由我国人民代表大会制度的政权组织形式所决定的。由于人大监督是权力机关的监督，具有地位高、权威性强的特点，在对监察委员会的监督体系中具有极其重要的地位❶，因而，同级人大及其常委会对监察委员会的监督是非常有力的，主要包括以下四个方面：

第一，监察委员会对同级人大及其常委会负责，接受同级人大及其常委会监督。这里的问题是，监察委员会要不要向人大报告工作？对此，我国《宪法》和《监察法》并没有明确规定。在这种情况下，"这里可能有两种思路，一种是基于监察委员会的独立性，采取只负责，不报告工作，以减少权力机关或者人民代表对监察机关监督职能的约束；另一种是基于监察委员会的民主正当性与受人大监督的必要性，主张监察委员会与'一府两院'一样，向人大报告工作"❷。从实践来看，监察委员会并没有向人大报告工作，只是向人大常委会做专项工作报告，从而使这一问题有了定论。"理由是监察委员会承担的反腐败工作具有特殊性，调查过程涉及大量党和国家秘密，涉及国家安全和国家利益，事关重大，保密要求高，不宜在人大会议上公开报告。"❸尽管如此，笔者仍主张监察委员会应向同级人大报告工作，这是对监察委员会监督制约的重要环节，也是监察委员会对人大负责的应有之义，且监察委员会的工作绝不会同中央军事委员会一样具有高度保密性，向人大报告工作具有现实可行性。

第二，同级人大及其常委会可以通过依法行使任免权，对监察委员会进行有效监督。根据我国《宪法》和《监察法》的相关规定，监察委员会主任由同级人大依法选举、罢免，监察委员会副主任、委员由同级人大常委会依法选举、罢免，因而，当监察委员会主任、副主任、委员滥用职权或有其他

---

❶ 谭世贵：《论对国家监察权的制约与监督》，载《政法论丛》2017 年第 5 期。
❷ 韩大元：《论国家监察体制改革中的若干宪法问题》，载《法学评论》2017 年第 3 期。
❸ 王丹：《党性和人民性的高度统一》，载《中国纪检监察报》2018 年 3 月 10 日，第 2 版。

违法乱纪行为时，同级人大及其常委会可以依法行使任免权，将监察委员会主任、副主任、委员予以罢免，以实现对监察委员会的监督。这种监督无疑是有力的，因为"代议制议会的适当职能不是管理——这是它完全不适合的——而是监督和控制政府：把政府的行为公开出来，迫使其对人们认为有问题的一切行为作出充分的说明和辩解；谴责那些该受责备的行为，并且，如果组成政府的人员滥用职权，或者履行责任的方式同国民的明显舆论相冲突，就将他们撤职，并明白地或事实上任命其后继人。这的确是广泛的权力，是对国民自由的足够保证"❶。

第三，同级人大常委会可以通过多种形式对监察委员会进行经常性监督。根据我国《宪法》《监察法》的相关规定，在同级人大闭会期间，同级人大常委会可以通过听取和审议本级监察委员会专项工作报告、组织执法检查的形式对监察委员会进行经常性的监督，以保证监察委员会依法行使监察权，避免监察委员会滥用权力。这里需要说明的是，由于监察委员会不向人大报告工作，再加上人大每年只开一次会议，且会期较短，因此，在实践中主要是人大常委会对监察委员会进行监督。但人大常委会对监察委员会监督的形式并不限于我国《监察法》规定的听取和审议本级监察委员会专项工作报告、组织执法检查，而是包括《监督法》规定的规范性文件的备案审查、特定问题调查、撤职案的审议和决定等监督形式。正如秦前红教授指出的："《监察法》虽未明确规定规范性文件备案审查、特定问题调查等监督方式得适用于监察机关，但这无疑是各级人大常委会作为权力机关的应有之义，同样也能通过监督进而防止监察机关滥用权力。"❷

第四，县级以上人大代表或人大常委会组成人员可以依法对监察委员会提出询问或者质询。根据我国《监察法》第53条第3款规定，"县级以上各级人民代表大会及其常务委员会举行会议时，人民代表大会代表或者常务委员会组成人员可以依照法律规定的程序，就监察工作中的有关问题提出询问或者质询。"县级以上人大代表或人大常委会组成人员可以依法就监察工作中的有关问题，对监察委员会提出询问或者质询，但需要两个前提条件：一是必须在县级以上各级人大及其常委会举行会议时，二是必须依照法律规定的程序进行。我国《监察法》对这一程序并无明确规定，因而，笔者认为应按照《监督法》等规定的询问和质询程序进行。下面我们以人大常委会组成人员提出询问和质询的程序为例进行说明，具体如下：一是县级以上各级人大

❶ 密尔著：《代议制政府》，汪瑄译，商务印书馆1982年版，第80页。
❷ 秦前红主编：《监察法教程》，法律出版社2019年版，第183页。

常委会审议监察工作议案和有关报告时，本级监察委员会应当派有关负责人员到会，听取意见，回答询问。二是全国人大常委会组成人员十人以上联名，省、自治区、直辖市、自治州、设区的市人大常委会组成人员五人以上联名，县级人大常委会组成人员三人以上联名，可以向常委会书面提出对本级监察委员会的质询案。质询案应当写明质询对象、质询的问题和内容。三是质询案由委员长会议或者主任会议决定交由受质询的监察委员会答复。委员长会议或者主任会议可以决定由受质询监察委员会在常委会会议上或者有关专门委员会会议上口头答复，或者由受质询监察委员会书面答复。在专门委员会会议上答复的，提质询案的常务委员会组成人员有权列席会议，发表意见。委员长会议或者主任会议认为必要时，可以将答复质询案的情况报告印发常务委员会会议。四是提质询案的常委会组成人员的过半数对受质询监察委员会的答复不满意的，可以提出要求，经委员长会议或者主任会议决定，由受质询监察委员会再作答复。五是质询案以口头答复的，由受质询监察委员会的负责人到会答复。质询案以书面答复的，由受质询监察委员会的负责人签署。

最后，必须指出的是，尽管人大监督应是最有力、最权威的监督，但从实践来看，人大及其常委会对监察委员会监督的效果并不太理想，没有达到预期的效果，原因主要在于：一是监察委员会与同级党的纪律检查部门合署办公，"两块牌子、一套人马"，高度一体，且由党的纪委书记兼任同级监察委员会主任（中央层面除外，由中纪委副书记兼任国家监察委员会主任），这样当同级人大及其常委会对监察委员会进行监督时，就会"不可避免"地监督到党的纪律检查部门头上，就会引起人大及其常委会能不能监督党的组织的争论，也容易导致人大及其常委会"不敢"监督或"不愿"监督监察委员会。正如蔡定剑教授指出的："人民代表大会在监督实践中经常碰到最难办的问题就是监督会'监督到党委头上'。而中国共产党是国家机关的领导者。因为在党政不分的情况下，党委和党的领导人直接决定国家的重大事项，甚至决定一些重大司法案件。如果这些事情出现了失误，人民代表大会就很难实施监督。作为党委领导下的人大常委会，很难去要求党委做什么。如果是党委决策做的事情出现错误，只是去纠举执行党委决定的行政、司法机关或人员的错误，这样既不能解决问题，有失公正。"❶ 二是监察委员会对人大及其常委会机关公务员进行监察，在某种程度上也影响了人大及其常委会对监察

---

❶ 蔡定剑著：《中国人民代表大会制度》，法律出版社2003年版，第410页。

委员会的监督。尽管监察委员会对人大及其常委会机关公务员的监察属于"对人监察"，而不属于"对机关监察"，但人大及其常委会对监察委员会的监督工作很多是由这些公务员承担的，这就会在某种程度上影响人大及其常委会对监察委员会的监督。三是监察委员会不向同级人大报告工作，尽管有其合理性一面，但却使人大丢掉了对监察委员会最有力的监督手段，影响了人大监督效果，也影响了民主监督、社会监督、舆论监督效果。这些问题的存在，可能是国家监察体制改革的设计者"始料未及"的，但我们必须及早正视这些问题，并在推进国家监察体制改革的过程中妥善解决这些问题，否则，就会影响同级人大及其常委会对监察委员会监督工作的有效开展，也会影响国家监察体制改革目标的最终实现。

（三）其他国家机关监督

根据我国《宪法》和《监察法》的相关条款，监察委员会在办理职务违法和职务犯罪案件时，应当与审判机关、检察机关、执法部门互相配合，互相制约，以避免监察委员会滥用权力。因而，监察委员会在办理职务违法和职务犯罪案件时，除了要接受人大及其常委会监督，还要接受审判机关、检察机关、执法部门的监督。由于前面我们已经对审判机关、检察机关、执法部门对监察委员会的监督形式进行了说明，这里不再赘述。这里要说明的问题是，上述条款规定或制度设计能否在实践中真正得以落实，以发挥其应有的作用。主要原因在于，不同国家机关在实践中要能够做到互相制约，不仅仅取决于宪法法律的相关规定，更重要的取决于不同国家机关处于一个大致平等的法律地位或政治地位；否则，如果某一国家机关法律地位或政治地位高于其他国家机关，不同国家机关之间的互相制约关系在实践中就不会真正形成，其他国家机关自然难以对法律地位或政治地位较高的国家机关进行有效监督。例如，根据我国《宪法》第140条的规定，"人民法院、人民检察院和公安机关办理刑事案件，应当分工负责，互相配合，互相制约，以保证准确有效地执行法律。"这本来是科学合理的权力制约机制设计，因为法院、检察院和公安机关的法律地位大致平等，且法院、检察院的法律地位还略高于公安机关，但是在过去的一段时期，一般由党的政法委书记兼任公安局长，导致公安机关的政治地位明显高于法院和检察院，使得公安机关在办理刑事案件中往往处于中心地位，难以与法院、检察院形成互相制约的关系，在某种程度上"公、检、法"三家办案实际上变成了公安机关一家办案，而公安机关在缺少有效监督制约的情况下，冤假错案就恐难以避免。在我国过去一段时间，冤假错案频出，与此恐怕不无关系。或许正是看到了这一弊端，根据党中央的相关决策部署，2012 年之后，一般不再由政法委书记兼任公安局长，以平衡公安机关与法院、检察院之间的关系，以形成真正的互相制约关系。❶

与上述情况相类似，尽管监察委员会法律地位与审判机关、检察机关、执法部门大致平等，但由于监察委员会与同级党的纪律检查部门合署办公，"两块牌子、一套人马"，且由党的纪委书记兼任监察委员会主任（中央层面除外，由中纪委副书记兼任国家监察委员会主任），这就导致监察委员会的政治地位明显高于同级审判机关、检察机关、执法部门。这样在监察委员会办理职务违法和职务犯罪案件时，就容易处于中心地位，很难与同级审判机关、检察机关、执法部门形成互相制约的关系，就容易只讲"互相配合"，而忽视"互相制约"。同级审判机关、检察机关、执法部门自然难以对监察委员会进行有效监督，这就增大了监察委员会滥用权力的可能。因而，这一点需要我们今后特别加以重视，并积极采取有效措施予以解决或避免。正如秦前红教授指出的："鉴于现有权力配置与运行的实践，监察权的实际位阶已然高于审判权和检察权，故而为避免监察权的滥用而保障公民基本权利，无疑更应强调监察机关与司法机关之间的制约。不过，实践中所呈现的却是对'互相配合'的过分偏重，以至于'互相制约'被不合理漠视。这极易致使检察机关的审查起诉和审判机关的独立裁判沦为形式，并可能出现所谓'监察中心主义'现象，若进而致使'冤假错案'出现，则有碍于公民基本权利的保障和国家刑事法治的建设。这显然是《宪法》和《监察法》实施中必须矫正的问题。"❷

(四) 监察委员会自我监督

为了加强对监察委员会的监督，保证监察委员会依法独立行使职权，我国《宪法》和《监察法》不仅建立了监察委员会外部监督体系，还建立了监察委员会自我监督体系，实现了外部监督与自我监督的有效衔接，构成了严密的监督体系。监察委员会自我监督体系是对监察委员会监督的最基本形式，有利于实现监察委员会的自我监督与自我净化，有利于打造一支忠诚、干净、担当的监察队伍。根据我国《宪法》和《监察法》的有关条款，监察委员会

---

❶ 《媒体称各地政法委书记大多不再兼任公安局长》，https://news.qq.com/a/20120707/000918.htm，最后访问日期：2020 年 7 月 10 日。

❷ 秦前红主编：《监察法教程》，法律出版社 2019 年版，第 184 页。

自我监督体系主要包括以下两个方面：

第一，上级监察委员会监督。根据我国《宪法》和《监察法》的相关条款，国家监察委员会领导地方各级监察委员会的工作，上级监察委员会领导下级监察委员会的工作，即我国监察委员会上下级之间是领导与被领导的关系，而上级监察委员会对下级监察委员会的领导，本身就是一种强有力的监督，上级监察委员会可以通过听取汇报、批准留置、指定管辖、提级管辖等多种方式对下级监察委员会的工作进行有效的监督。例如，根据我国《监察法》第43条的规定，"监察机关采取留置措施，应当由监察机关领导人员集体研究决定。设区的市级以下监察机关采取留置措施，应当报上一级监察机关批准。省级监察机关采取留置措施，应当报国家监察委员会备案。留置时间不得超过三个月，在特殊情况下，可以延长一次，延长时间不得超过三个月。省级以下监察机关采取留置措施的，延长留置时间应当报上一级监察机关批准。监察机关发现采取留置措施不当的，应当及时解除。监察机关采取留置措施，可以根据工作需要提请公安机关配合。公安机关应当依法予以协助"。可知，设区的市级以下监察委员会采取留置措施，应当报上一级监察委员会批准。省级监察委员会采取留置措施，应当报国家监察委员会备案。且省级以下监察委员会采取留置措施的，如需延长留置时间，应当报上一级监察委员会批准。之所以做如此规定，主要目的就是通过程序机制对留置措施进行约束，严格留置审批权限，借助上级监察委员会监督，避免下级监察委员会滥用留置措施，即"强化监察机关使用留置措施的程序制约，通过审批权限上提一级，严格限制留置期限，要求采取该措施不当时应当及时解除等，防止监察机关滥用留置措施"❶。此外，无论是采取留置措施，还是报批、批准留置措施，都应当由监察委员会领导人员集体研究决定，以避免领导人员个人任意决定、滥用留置措施，保证公民人身自由不受随意侵犯。

第二，监察委员会内部监督制约机制。习近平总书记指出："纪检监察机关不是天然的保险箱，监察权是把双刃剑，也要关进制度的笼子，自觉接受党和人民监督，行使权力必须十分谨慎，严格依纪依法。"❷ 因而，为了加强对监察委员会的监督制约，避免权力过分集中于某一部门，我国《宪法》和《监察法》也设计了一些监察委员会内部的监督制约机制，以通过程序机制设

❶ 中共中央纪律检查委员会、国家监察委员会法规室编写：《〈中华人民共和国监察法〉释义》，中国方正出版社2018年版，第197页。

❷ 习近平：《在新的起点上深化国家监察体制改革》，http://www.12371.cn/2019/02/28/ARTI1551348850366986.shtml，最后访问日期：2020年7月12日。

计来有效控权。主要表现在：一是在监察委员会内部建立问题线索处置、调查、审理各部门相互协调、相互制约的工作机制。根据我国《监察法》第 36 条规定，"监察机关应当严格按照程序开展工作，建立问题线索处置、调查、审理各部门相互协调、相互制约的工作机制。监察机关应当加强对调查、处置工作全过程的监督管理，设立相应的工作部门履行线索管理、监督检查、督促办理、统计分析等管理协调职能"。为了避免因权力集中而导致的权力滥用和腐败问题，在监察委员会内部设置了不同部门，使其分别履行问题线索处置、调查、审理职能，由监察委员会领导班子成员分别分管，既分工合作、相互协调，又相互制约、相互监督，"例如，案件承办部门具有立案调查的权力，但不直接负责问题线索的接收，这样一来也无须固定联系某一地区或部门，能够避免长期接触产生利益瓜葛；案件审理部门对于承办部门移送的材料要进行全面审查，如发现事实不清、证据不足或需要补充完善证据的情况，可以将案件退回承办部门，要求其进行重新调查或补证。此外，案件监督管理部门还负责对监察工作的全过程进行监管，对相关工作进行认真审核和监督"❶。这就有效加强了监察委员会内部监督，防范和减少了私存线索、串通包庇、跑风漏气、以案谋私等问题的出现。二是在监察委员会内部设立专门的监督机构。为了加强对监察委员会的自我监督，在监察委员会内部还设立了专门的监督机构，使其专门对监察人员执行职务和遵守法律的情况进行监督，避免监察人员滥用职权和违法乱纪，以打造一支忠诚、干净、担当的监察队伍。另外，在监察委员会内部设立专门的监督机构，还有利于弥补外部监督的不足。由于监察工作具有较强的保密性和技术性，外部监督主体在对监察委员会进行监督时，往往会存在信息不对称或缺乏专业知识的难题，而在监察委员会内部设立专门的监督机构，由其对监察人员执行职务和遵守法律的情况进行监督，"内行监督内行"，便会解决上述难题，与外部监督形成合力，增强监督实效。此外，我国《监察法》还建立了对打听案情、过问案件、说情干预的报告和登记备案制度，监察人员的回避制度，监察人员脱密期管理制度，监察人员辞职、退休后从业限制制度，对监察委员会及其工作人员不当行为的申诉和责任追究制度等，实现了对监察委员会及其工作人员监督的制度化，有利于从根本上防范监察权的滥用。

当然，毋庸讳言的是，监察委员会内部的自我监督也存在着"自己监督自己"之嫌，监督制约的效果也容易因"自己监督自己"得不到保证，这也

---

❶ 马怀德主编：《中华人民共和国监察法理解与适用》，中国法制出版社 2018 年版，第 144~145 页。

是日后加强对监察委员会监督工作需要改进的重点。目前，学界比较一致的观点是，应将监察人员的职务犯罪案件交由检察院来侦查、监督，主要理由在于：一是监察委员会对监察人员的监督尽管有其优势所在，但毕竟属于"同体监督"，难免存在自我监督的嫌疑和弊端，而检察院对监察人员的监督则属于"异体监督"，有利于实现监督无禁区、全覆盖、零容忍，这样可以有效解决监察委员会自我监督的弊端，防止出现"灯下黑"；二是可以发挥检察院作为法律监督机关的应有作用，加强对监察委员会的外部监督。检察院作为我国的法律监督机关，既具有对国家机关工作人员职务犯罪案件进行侦查、监督的能力和经验，也具有相关职权，如其依然保留一部分侦查权，可以对司法工作人员利用职权实施的非法拘禁、刑讯逼供、非法搜查等侵犯公民权利、损害司法公正的犯罪案件进行立案侦查，也可以对公安机关管辖的国家机关工作人员利用职权实施的重大犯罪案件进行立案侦查，还可以对监察委员会移送的、需要补充核实的案件自行补充侦查。因此，如果修改相关法律，授权检察院对监察人员的职务犯罪案件进行侦查、监督，具有现实可行性，也容易与我国宪法和法律的相关规定相衔接，不会造成现有法律资源的浪费。

五、人大监督监察委员会的合理界限

在坚持赋权与限权的有机统一，依宪赋权监察委员会的同时，也从内外相结合的角度依宪构建了一套比较完善的监督制约机制，对监督权进行了再监督，其中，最为重要和最具权威的监督无疑应是人大监督。但由于监察委员会及其监察权的特殊性，导致人大及其常委会如何有效监督监察委员会，成为当前理论与实践中的一个难点问题。正如有学者指出的："监察委员会行使的职权已远超党的纪律检查委员会，与之平行的国家机关中，实际没有一个机关可以监督制约它，只能由人大及其常委会进行监督，但人大及其常委会要完全行使监督职权，受到很多制约，这是需要十分重视的问题。"❶ 基于此，我们就应从理论上对人大监督监察委员会的问题进行系统研究，厘清其中的难点与争议之处，并在总结人大监督"一府两院"实践经验教训的基础上，结合监察委员会及监察权自身特点，在人大监督与监察委员会依法独立行使职权之间找到一个"黄金分割点"，以努力探寻出一条人大监督监察委员会的有效途径，找到人大监督监察委员会的合理界限所在。

---

❶ 刘松山：《对推进监察体制改革的一些建议》，载《中国法律评论》2017 年第 2 期。

（一）人大监督监察委员会的制度设计与未来挑战

监察委员会必须要接受人大及其常委会的监督，这是由我国民主集中制的国家机构组织活动原则以及人民代表大会制度的政权组织形式所决定的。从我国的宪制安排以及人大及其常委会在整个国家机构中的地位来看，人大及其常委会不仅是我国的代议机关，还是我国的权力机关，与平行的其他国家机关相比，地位更高，权威性更强❶，因而，人大及其常委会对监察委员会的监督应是非常有力的。但由于国家监察体制改革的一些独特设计，这一制度设计也面临不少挑战，急需解决。❷

1. 人大监督监察委员会的制度设计

由于民主集中制既是我们执政党的组织活动原则，也是我们整个国家机构的组织活动原则，再加上人民代表大会制度是我国的政权组织形式，因此，监察委员会作为我国新型的国家机关，必须要与其他国家机关一样，遵循民主集中制的原理和基本要求，必须要由人大产生，对人大负责，受人大监督，其具体制度设计原理和基本内容如下。

第一，监察委员会由同级人大及其常委会选举产生，对其负责，受其监督。这是由我国的民主集中制原则所决定的，也是我国人民代表大会制度的应有之义。这一点与"一府两院"和人大及其常委会的关系是一样的，基本运作原理也是一致的，在此不予展开阐述。这里需要说明的是，监察委员会缘何不向人大报告工作？有无合理性？要回答这些问题，就需要我们重新梳理一下该事情的原委。2018 年宪法修正案和《监察法》虽然明确了监察委员会与人大及其常委会的关系，但并没有规定监察委员会向人大报告工作，这就引起了人们的争论和热议。其中，对于监察委员会究竟要不要向人大报告工作更是引起了人们的各种猜测。例如，有人以缺乏《宪法》和《监察法》的明确规定为理由，认为监察委员会只是向人大负责并接受其监督，并不需要向人大报告工作。而有人却认为尽管 2018 年宪法修正案和《监察法》没有明确规定监察委员会向人大报告工作，但并不妨碍监察委员会向人大报告工作，因为我国《宪法》只是规定政府向人大报告工作，并没有规定法院和检

---

❶ 谭世贵：《论对国家监察权的制约与监督》，载《政法论丛》2017 年第 5 期。

❷ 对此，秦前红教授曾指出："如此一来，便需要在研究监察改革措施和现实推行改革时，具体厘清监察委员会如何由人大产生，监察委员会如何向人大负责，人大监督监察委员会方式的理论逻辑，并科学建构制度模本。"参见秦前红：《人大监督监察委员会的主要方式与途径——以国家监督体系现代化为视角》，载《法律科学》2020 年第 2 期。

察院向人大报告工作，但实践中法院和检察院每年也向人大报告工作，因此，监察委员会也应如同"一府两院"一样向人大报告工作。[1] 尽管上述观点都有理有据，但从 2019 年全国人大会议议程来看，监察委员会并没有向人大报告工作，从而使这一问题有了定论。但人们对这一问题的争论并未随之停止，有赞同者，也有反对者。赞同监察委员会不向人大报告工作的理由主要有：一是监察委员会工作涉密内容多，保密性强，如果向人大公开报告工作，就可能会导致监察委员会掌管的相关秘密的泄露。[2] 二是监察委员会与同级党的纪律检查机关合署办公，如果监察委员会向人大报告工作，就相当于党的纪律检查机关向人大报告工作，这显然不符合我国当前的政治体制设计。三是由于我国人大代表的兼职制，人大代表大多由《监察法》规定的监察对象兼任，这样当监察委员会向人大报告工作时，这些人大代表很可能会利用投票权"反制"监察委员会，导致监察委员会的工作报告很可能通不过，甚至造成"权力对冲"的尴尬局面。[3] 反对监察委员会不向人大报告工作的理由主要有：一是监察委员会不向人大报告工作，有违民主集中制原则，与我国人民代表大会制度设计的基本原理不符。二是监察委员会不向人大报告工作，就使人大失去了监督监察委员会最有力的手段，就会使人大监督监察委员会的工作效果受到影响。[4] 尽管上述观点各有道理，但我们主张监察委员会应向同级人大报告工作，因为这是对监察委员会监督制约的重要环节，也是监察委员会对人大负责的应有之义，且监察委员会的工作绝不会同中央军事委员会一样具有高度保密性，在监察委员会向人大报告工作时，可以采取措施，将涉密内容不予以公开报告，因而，监察委员会向人大报告工作具有现实可行性。

第二，同级人大及其常委会可以通过依法行使任免权，对监察委员会进行人事监督。根据我国《宪法》和《监察法》的相关规定，监察委员会的组成人员由同级人大及其常委会选举和罢免，这样当监察委员会组成人员滥用职权或有其他违法乱纪行为时，同级人大及其常委会可以依法行使任免权，

[1] 对此，韩大元教授曾指出："这里可能有两种思路，一种是基于监察委员会的独立性，采取只负责，不报告工作，以减少权力机关或者人民代表对监察机关监督职能的约束；另一种是基于监察委员会的民主正当性与受人大监督的必要性，主张监察委员会与'一府两院'一样，向人大报告工作。"参见韩大元：《论国家监察体制改革中的若干宪法问题》，载《法学评论》2017 年第 3 期。

[2] 王丹：《党性和人民性的高度统一》，载《中国纪检监察报》2018 年 3 月 10 日，第 2 版。

[3] 秦前红：《人大监督监察委员会的主要方式与途径——以国家监督体系现代化为视角》，载《法律科学》2020 年第 2 期。

[4] 马岭：《论监察委员会的宪法条款设计》，载《中国法律评论》2017 年第 6 期。

将监察委员会主任、副主任、委员予以罢免，以实现对监察委员会的监督。这种监督的力度无疑是最大的，监督的效果无疑是最佳的，这也是人大及其常委会其他监督形式取得实效的根本保证。❶

第三，同级人大常委会可以通过多种形式对监察委员会开展常态化监督。虽然目前监察委员会不向人大报告工作，但是人大常委会作为监督监察委员会的主要主体，其可以依法采取我国《宪法》和《监察法》规定的监督形式，如听取和审议专项工作报告、执法检查等，对监察委员会进行常态化监督，以避免监察委员会权力的"脱缰"。这里的问题是，人大常委会监督监察委员会能否采用《监督法》规定的监督形式？从表面来看，由于我国《监督法》尚未修改，其并未规定人大常委会可以采取《监督法》规定的监督形式对监察委员会开展监督，似乎人大常委会监督监察委员会不能采用《监督法》规定的监督形式。但从《监督法》的立法目的和精神来看，《监督法》是人大常委会开展监督工作的实体法依据和程序法依据，其理应适用于人大常委会对监察委员会的监督工作。所以，目前理论界和实务界普遍认为，人大常委会对监察委员会的监督工作也适用《监督法》的相关规定，也可以采取《监督法》所规定的监督形式，如备案审查、特定问题调查、撤职案的审议和决定等，但需要我们尽快修改《监督法》，增加人大常委会监督监察委员会的相关内容。❷

第四，县级以上人大代表或人大常委会组成人员可以依法对监察委员会提出询问或者质询。根据我国《监察法》第 53 条相关规定，县级以上人大代表或人大常委会组成人员可以就监察委员会工作中的事项，依法向监察委员会提出询问或质询。但需要两个前提条件：一是必须在县级以上各级人大及其常委会举行会议时，二是必须依照法律规定的程序进行。由于我国《监察法》对这一程序并无明确规定，因此，笔者认为应按照《监督法》等规定的询问和质询程序进行。

2. 人大监督监察委员会的未来挑战

上述人大监督监察委员会的制度设计从理论上来说是比较完美的。但是

---

❶ 因为"代议制议会的适当职能不是管理——这是它完全不适合的——而是监督和控制政府；……如果组成政府的人员滥用职权，或者履行责任的方式同国民的明显舆论相冲突，就将他们撤职，并明白地或事实上任命其后继人。这的确是广泛的权力，是对国民自由的足够保证。"参见密尔著：《代议制政府》，汪瑄译，商务印书馆 1982 年版，第 80 页。

❷ 对此，秦前红教授曾指出："《监察法》虽未明确规定规范性文件备案审查、特定问题调查等监督方式得适用于监察机关，但这无疑是各级人大常委会作为权力机关的应有之义，同样也能通过监督进而防止监察机关滥用权力。"参见秦前红主编：《监察法教程》，法律出版社 2019 年版，第 183 页。

"历史的经验已经反复地证明，理论上很完美的制度并不一定可以付诸实施，而行之有效的制度却未必是事先设计好的"❶。伴随着国家监察体制改革的深入进行，一些改革中潜在的问题逐渐暴露出来，从而使未来人大监督监察委员会面临许多挑战。具体言之，一是监察委员会与同级党的纪律检查部门合署办公，"两块牌子、一套人马"，高度一体，且由党的纪委书记兼任同级监察委员会主任（中央层面除外，由中纪委副书记兼任国家监察委员会主任），这样当同级人大及其常委会对监察委员会进行监督时，就会"不可避免"地监督到党的纪律检查机关头上，就会引起一定的政治争论或政治风险，也容易导致人大及其常委会"不敢"监督或"不愿"监督监察委员会。"因为在当前的党和国家体制之下，各级人大并不能支配和监督党的纪委和纪律检查权。"❷ 二是监察委员会对人大及其常委会机关公务员进行监察，在某种程度上也影响了人大及其常委会对监察委员会的监督。尽管监察委员会对人大及其常委会机关公务员的监察属于"对人监察"，而不属于"对机关监察"，但人大及其常委会对监察委员会的监督工作很多是由这些公务员承担的，这就会在某种程度上影响人大及其常委会对监察委员会的监督。三是监察委员会不向同级人大报告工作，尽管有其合理性一面，却使人大丢掉了对监察委员会最有力的监督手段，直接影响了人大监督效果。必须要指出的是，这些问题与挑战的存在，可能是国家监察体制改革的设计者"始料未及"的，但我们必须及早正视这些问题与挑战，并在推进国家监察体制改革的过程中妥善解决这些问题，否则，就会影响国家监察体制改革目标的最终实现。

（二）人大监督监察委员会的现实困境：抽象监督抑或具体监督

尽管人大监督监察委员会的形式不少，但分类归纳的话，可以分为抽象监督与具体监督两种。所谓抽象监督，即人大及其常委会对监察委员会进行的抽象的、宏观的和形式上的监督，如听取工作报告或专项工作报告。所谓具体监督，即人大及其常委会对监察委员会进行的具体的、微观的和实质上的监督，如"个案监督"等。当然，这里的抽象监督与具体监督都是相对而言的，不能一概而论。一般而言，人大及其常委会对监察委员会开展监督，既可以采取抽象监督方式，也可以采取具体监督方式。但从实践来看，由监察委员会及监察权的特性所决定，人大及其常委会监督监察委员会时，往往

---

❶　季卫东：《法治秩序的构建》，中国政法大学出版社 1999 年版，第 23 页。

❷　秦前红：《人大监督监察委员会的主要方式与途径——以国家监督体系现代化为视角》，载《法律科学》2020 年第 2 期。

面临着抽象监督与具体监督的两难抉择。具体言之：

1. 监察权独立与人大监督两者之间的关系难以平衡

根据国家机构设计的基本原理，一般在设置国家机关时都是坚持赋权与限权的有机统一，即在依宪赋予某国家机关职权、保证其独立行使职权的同时，依宪设计相应的监督制约机制，对该国家机关职权进行限制，避免其滥用职权，因而，任何国家机关都面临着如何在依法独立行使职权与接受外部有效监督之间保持一种动态平衡的难题。监察委员会也不例外，其既要依法独立行使职权，也要接受人大监督，并在这两者之间保持一种动态的平衡。因而，人大监督监察委员会，既要保证人大监督实效，也要保证监察委员会依法独立行使职权，并要在监察权独立与人大监督之间保持一种动态平衡。正如秦前红教授指出的："厘清监察委独立行使职权与人大监督之间的关系，这是监察理论研究中需要持续努力的一个重大课题。"[1] 因为监察权独立是监察委员会奉行的根本原则，其基本要求是监察权的行使不受非法干涉。之所以如此，"一是由于监察权不是政治性权力，具有腐败治理的实体与程序处分的双重功能，可称为专门的反腐败权。在立法权之下，监察权与行政权、司法权平行，具有独立性；二是监察权由监察机关统一行使，其他行政机关、司法机关以及社会团体均无权行使监察权，涉及监察的案件应及时移送监察机关进行处理。"[2] 但是，监察权独立并不意味着监察权不受任何监督和制约，相反监察权更应受到监督和制约，因为监督者更应该接受监督，如果说普通公职人员违法犯罪是污染了水流的话，那么监督者违法犯罪就是污染了整个水源。人大及其常委会监督监察委员会的目的正在于防范监察权的滥用。

这就需要我们正确界定和处理人大监督与监察权独立的关系，即监督与再监督的关系。这两者关系从理论上谈清似乎并不难，但由于体制机制的设计等原因，我们在实践中却难以处理好这两者关系，结果导致人大监督监察委员会面临着监督方式如何选择的难题。详言之，如果人大常委会通过听取专项工作报告等抽象监督方式对监察委员会进行监督的话，则监督的质量会难以保证，甚至会出现"形式化"或"虚化"的倾向。例如，从过去人大及其常委会监督"一府两院"的实践来看，"一府两院"的工作报告和专项工作报告很少被人大或人大常委会否定，基本上都是高票通过。而在人大及其常委会会期较短、议程较多的情况下，人大及其常委会是很难对"一府两院"

---

[1] 秦前红：《人大监督监察委员会的主要方式与途径——以国家监督体系现代化为视角》，载《法律科学》2020年第2期。

[2] 马怀德主编：《监察法学》，人民出版社2019年版，第110页。

工作报告或专项工作报告进行详细审议的，效果也难以保证。人大常委会听取和审议监察委员会专项工作报告，也会大概率出现上述结果。在这种情况下，虽然从表面上维护了监察权独立，但却容易导致监察权滥用和腐败现象。而如果由各级人大及其常委会通过"个案监督"等具体监督方式开展对监察委员会监督的话，虽然有助于加强人大及其常委会的监督力度，但很容易影响和破坏监察权独立，使监察委员会难以依法独立行使监察权，也容易破坏国家权力的分工和运作。例如，从过去人大及其常委会对司法机关开展的"个案监督"实践情况来看，其虽然有利于加强人大及其常委会对司法权运行的监督制约，但也容易影响司法权独立，不利于司法公正。如果人大及其常委会对监察委员会也采取类似"个案监督"等监督方式的话，也难免出现上述同样问题。

2. 监察工作的职业化与人大的民主化两者之间的关系难以协调

众所周知，监察工作是一项专业性、理论性和技术性都很强的工作，需要对监察委员会的职责、职能、权限、程序等有全面的了解，只有熟悉党规国法并具有相关专业技能和丰富实践经验的专业人才能胜任。即"行使监察权的监察官应当具有监察专业知识和能力，既要熟知党内法规制度，也要熟知国家法律，更要对党规国法有正确的理解和认识。"[1] 所以，监察工作的职业化是由其自身的属性所决定和要求的，这也是国家监察体制改革的应有之义和必然要求，目前正在构建的监察官制度正是为了适应监察工作职业化的需求。正如有学者指出的："我国监察体制改革的一项重要内容是建立中国特色监察官制度。建立监察官制度，有利于打造专业化的监察队伍，增强监察人员的荣誉感、责任感和使命感，以更高的标准、更严的要求依法履职尽责，实现权利、义务、责任和担任相统一。"[2] 因而，职业化是监察工作的本质要求和明显特征。这一点从各个国家和地区监察机关组成人员的任职资格规定就可以看出来。[3] 目前，国家已出台《中华人民共和国监察官法》，将对监察

---

[1] 秦前红主编：《监察法教程》，法律出版社 2019 年版，第 202 页。

[2] 马怀德主编：《监察法学》，人民出版社 2019 年版，第 136 页。

[3] 例如，我国台湾地区"监察院组织法"第 3 条规定了监察委员资格，即"'监察院'监察委员，须年满三十五岁，并具有左列资格之一：一、曾任'中央'民意代表一任以上或省（市）议员二任以上，声誉卓著者。二、任简任司法官十年以上，并曾任'高等法院''高等法院检察署'以上司法机关司法官，成绩优异者。三、曾任简任职公务员十年以上，成绩优异者。四、曾任大学教授十年以上，声誉卓著者。五、国内专门职业及技术人员高等考试及格，执行业务十五年以上，声誉卓著者。六、清廉正直，富有政治经验或主持新闻文化事业，声誉卓著者。前项所称之服务或执业年限，均计算至次届监察委员就职前一日止。"

官的职责、条件、任免、考核、权利、义务等问题作出明确规定，以建立职业化的监察官队伍，助推监察工作的职业化。

然而，作为我国权力机关的人大及其常委会尽管也有职业化诉求和特征，但其更追求民主化，以民主化为第一位追求和显著特征。这是因为，我国人大及其常委会是我国的权力机关，同时也是我国的代议机关和民意机关，其承担着收集民情、反映民意、维护民利、发扬民主的重任，这也是其主要职责和功能所在。❶ 因而，在这种情况下，人大及其常委会的职业化不得不让位于民主化，民主化成为人大及其常委会最显著特征和基本诉求。所以，在选举产生各级人大及其常委会时，往往注重人大代表或人大常委会委员的广泛性和代表性，而忽视了人大代表或人大常委会委员的职业化，以保证各级人大及其常委会具有最广泛和最深厚的民意基础。这就导致我国各级人大代表和人大常委会委员尽管都是来自各地区、各行业的精英，却缺乏人大代表或人大常委会委员应有的履职能力和专业知识，熟悉党规国法专业知识和监察工作的更是少数。这样，当人大及其常委会监督监察委员会时，便可能面临"智力条件不充分"❷ 的危险，也可能面临选择何种监督方式的难题。详言之，如果人大及其常委会采取抽象监督方式对监察委员会开展监督的话，由于监察工作自身的职业化、专业化、技术化，人大及其常委会往往面临着监督能力不足的问题，人大及其常委会的监督就容易停留在表面，监督成效将难以保证。例如，有学者就认为，由于监督能力的不足，人大及其常委会对监察委员会的监督只能是一种抽象的、宏观的监督，即"人大作为权力机关，对监察委员会的监督是一种宏观监督，基于机构、人力、专业能力等方面的限制，人大及其常委会的监督作用却非常有限"❸。而如果人大及其常委会采取具体监督方式对监察委员会开展监督的话，由于人大代表或人大常委会委员大多不具备相关专业知识和能力，就容易产生"外行监督内行"的弊端，也容易干涉监察委员会独立行使监察权，破坏监察权独立。

3. 监察委员会的"国家性"与地方人大的"地方性"两者之间的关系难以有效衔接

在我国的国家机构中，尽管所有的国家机关都具有国家性，是国家的某

---

❶ 诚如密尔所言："议会还有一项职能，其重要性不亚于上述职能：既是国民的诉苦委员会，又是他们表达意见的大会。它是这样一个舞台，在这舞台上不仅国民的一般意见，而且每一部分国民的意见，以及尽可能做到国民中每个杰出个人的意见，都能充分表达出来并要求讨论。"参见密尔著：《代议制政府》，汪瑄译，商务印书馆1982年版，第80页。

❷ 密尔著：《代议制政府》，汪瑄译，商务印书馆1982年版，第85页。

❸ 李红勃：《迈向监察委员会：权力监督中国模式的法治化转型》，载《法学评论》2017年第3期。

一机关，但是有些国家机关还具有地方性，同时也是地方的国家机关，既代表国家对地方进行监督管理，也代表地方进行自我治理。如地方人大及其常委会就兼具国家性和地方性，既是国家的权力机关，又是地方的权力机关；既制定实施性地方立法，保证宪法、法律及其他上位法在本行政区域的实施，又制定创制性地方立法，依法对地方性事务进行治理。而有些国家机关只具有国家性，不具有地方性，即使设置在地方的这些国家机关也不具有地方性，仅代表国家依法行使职权。如法院和检察院就只具有国家性，而不具有地方性，只是国家的审判机关和法律监督机关，即使地方法院和检察院，也是代表国家依法行使审判权和检察权，这是维护国家法制统一的必然要求，也是民族区域自治地方自治机关只包括地方人大和政府而不包括法院和检察院的原因所在。正如韩大元教授指出的："自治机关作为一级地方政权机关，只包括自治区、自治州、自治县的人大和政府，不包括自治地方设立的法院和检察院，主要理由是：①我国是单一制国家，国家审判权与检察权是统一的；②人民法院是国家的审判机关，人民检察院是国家法律监督机关，不具有自治机关的性质；③人民法院与人民检察院在行使职权的过程中要照顾民族自治地方的特点，但不享有自治权。《民族区域自治法》把人民法院和人民检察院单独列为一章规定的目的是为了避免对自治机关性质的误解。"❶

　　而监察委员会是行使国家监察职能的专责机关，代表国家依法履行监察职责，保证宪法和法律的良好实施。因而，基于维护国家法制统一的需要，监察委员会只具有国家性，而不具有地方性，即使设置在地方的各级监察委员会也只具有国家性，代表国家依法行使监察权，对所有公职人员进行监察。正如秦前红教授指出的："各级监察委员会的性质和地位包括如下两层含义：一是各级监察委员会是国家的机关，不是任何地方的、其他政党或者组织的机关；二是各级监察委员会是且仅是国家的监察机关，不是其他性质的机关。"❷ 那么，我们应如何理解由具有"地方性"的地方人大及其常委会选举产生具有"国家性"的同级监察委员会呢？这是修宪者通过宪法将组织地方各级监察委员会的权力委托给了同级地方各级人大及其常委会具体行使，是宪法委托的产物。❸

　　我国宪法的上述设计从表面看似乎并无问题，但是当地方人大及其常委会开展对监察委员会的监督时，问题便会暴露出来，因为地方人大及其常委

❶　韩大元著：《宪法学基础理论》，中国政法大学出版社 2008 年版，第 407 页。

❷　秦前红主编：《监察法教程》，法律出版社 2019 年版，第 190 页。

❸　韩大元：《地方人大监督检察机关的合理界限》，载《国家检察官学院学报》2011 年第 1 期。

会的"地方性"与监察委员会的"国家性"存在一定的张力，很可能会产生一定冲突，而且两者还难以有机衔接和协调，从而可能导致地方人大及其常委会监督监察委员会时面临着如何监督的难题。具体言之，虽然地方各级监察委员会由同级地方人大及其常委会选举产生，但地方各级监察委员会只具有"国家性"而不具有"地方性"，而地方各级人大及其常委会的"地方性"则比较明显，是地方各级行政区域人民群众行使当家做主权力的根本途径，不可避免要受到地方利益或地方保护主义的影响。在这种情况下，如果地方人大及其常委会采取具体监督形式对监察委员会开展监督的话，很可能会受地方利益或地方保护主义的影响，而干预监察权独立，甚至会使监察委员出现"地方化"的倾向。过去我国的法院、检察院之所以"地方化"比较严重，与此就有很大关联。但如果地方人大及其常委会采取抽象监督方式对监察委员会开展监督的话，由于监察委员会的"国家性"与地方人大的"地方性"的关系难以有效衔接和协调，地方人大及其常委会对监察委员会的监督就易于停留在表面，难以取得实质的监督效果。

(三) 游走在抽象与具体之间：人大监督监察委员会合理界限之界定

为了解决人大监督监察委员会面临的抽象监督与具体监督的两难抉择，我们就应基于监察委员会及监察权的特点，在抽象监督与具体监督之间划定一个合理界限，既能保证人大及其常委会对监察委员会进行有效监督，又能保证监察委员会依法独立行使监察权。而要达到这种状态，人大监督监察委员会就要从以下三个方面着手。

1. 要坚持"类案监督"，避免"个案监督"

从过去的实践来看，"个案监督"尽管有利于人大及其常委会加强对司法机关的监督，增强其对司法机关监督的实效，也取得了一定成效，但其也存在"外行监督内行"、影响司法机关依法独立行使职权、容易破坏司法权威等弊端，所以，理论界与实务界对这一监督方式看法不一，持否定态度的较多。因此，如果人大及其常委会也采取"个案监督"方式对监察委员会开展监督的话，就可能会"重蹈覆辙"，出现一系列问题。具体言之，一是"个案监督"容易破坏监察权独立。由于"个案监督"是人大及其常委会对监察委员会所办理的具体个案进行的监督，监督的"尺寸""火候"难以把握得当，这就很容易影响监察委员会依法独立办案，破坏监察权独立。二是"个案监督"与监察工作的职业化要求不符。由于监察工作的职业化，只有专业化的监察队伍才能胜任，而如果人大及其常委会对监察委员会进行"个案监督"

的话，无异于其直接参与监察案件的办理，但目前人大及其常委会中尚缺乏此方面的专业人才，无法胜任"个案监督"工作，也不符合监察工作职业化的要求。三是"个案监督"与监察案件的保密性相冲突。由于监察委员会办理的案件大都是反腐败案件，案件往往比较复杂、保密程度高，一旦泄密，监察委员会的调查工作便无从开展，甚至还会造成不特定的政治影响和社会影响，因此，监察委员会的监察工作也不适合采取"个案监督"的方式进行。

那么，如果"个案监督"方式不适合的话，人大及其常委会应采用何种监督方式对监察委员会开展监督呢？我们认为，从过去人大及其常委会监督"一府两院"的实践来看，"类案监督"❶应该是一个不错的选择。因为"类案监督"既汲取了"个案监督"的优点，又避免了"个案监督"的缺点，其并不对监察委员会办理的具体个案进行监督，而是通过对监察委员会办理的类似案件的梳理、分析，对其背后的这一类监察工作进行监督，这样可以发现监察委员会这一类监察工作中存在的共性问题，从而提出一个整体性的解决方案，从根本上解决类似问题，真正实现人大及其常委会监督监察委员会的目的。综上所述，"类案监督"是介于具体监督与抽象监督之间的一种监督方式，其既避免了具体监督中对监察委员会依法独立行使职权的干预，又避免了抽象监督中对监察委员会监督的"形式化"，有利于增强监督实效，应是人大及其常委会监督监察委员会的理想监督方式之一。

2. 要坚持"程序监督"，避免"结果监督"

所谓"结果监督"，就是人大及其常委会对监察委员会办理的监察案件结果是否合法进行的监督。"结果监督"是具体监督的一种，往往与"个案监督"相伴随，其案件来源不外乎社会关注度较高的案件、人民群众来信来访的案件、上级人大及其常委会移交的案件、可能出现监察腐败或不公的案件四种。由于"结果监督"直面监察委员会办理案件的结果，有利于全面了解掌握案情，有利于发现其中存在的问题，并提出相应的改正建议。但"结果监督"也如同"个案监督"一样，存有不少弊端，具体包括：一是"结果监督"容易干涉监察委员会依法独立办案，破坏监察委员会办理案件的终局性和权威性，使监察案件"久拖不决"，也容易出现以"监督"之名行"干涉"之实的问题；二是由于监察案件的专业性，人大及其常委会难以对监察委员

---

❶　"类案监督"是指立法机关根据执法检查、特定问题调查等形式，对司法机关办理某一类案件的情况进行检查、分析，找出司法机关在办理该类案件中普遍存在的共性问题，督促司法机关加以纠正、改善，并进一步强化内部管理和外部约束，促进司法公正的一种工作方式。参见刘用军、王美丽、梁静：《论监督司法》，群众出版社2009年版，第127～128页。

会办理案件适用法律是否正确作出准确判断，也难以对监察委员会行使自由裁量权是否合理合法作出准确判断，更难以对监察委员会办理案件的结果是否合法作出准确判断，容易产生"外行监督内行"的弊端；三是"结果监督"容易与监察委员会工作的保密性发生冲突，导致监察案件的一些保密信息泄露，可能造成一定的社会影响和政治影响；四是"结果监督"属于事后监督，即使人大及其常委会能够发现监察委员会办理案件存在的问题，并予以救济，也会不可避免造成公共资源的浪费。

要避免出现上述问题，人大及其常委会在对监察委员会进行监督的过程中就应坚持"程序监督"，避免"结果监督"，即人大及其常委会应对监察委员会办案程序的合法性进行监督，而不应对监察委员会办案结果的合法性进行监督。这样，既便于人大及其常委会对监察委员会进行实质性监督，也便于监察委员会依法独立行使职权，不受任何外部非法干涉。这样做的明显好处有：一是"程序监督"于法有据，便于人大及其常委会开展对监察委员会的监督工作。我国《监察法》第五章"监察程序"专门对监察委员会开展工作的程序进行了明确规定，为监察委员会办理案件提供了程序遵循和程序保障，也为人大及其常委会开展对监察委员会的"程序监督"提供了明确的法定依据。二是"程序监督"有利于在监察委员会依法独立行使监察权与人大监督之间保持一种动态的平衡。人大及其常委会通过对监察委员会的办案程序是否合法进行监督，而不干涉监察委员会最终的处理结果，既有利于保证人大监督实效，也有利于尊重监察委员会权威，保证监察委员会依法独立办案，并在两者之间保持一种动态的平衡。三是"程序监督"有利于实现实体正义。人大及其常委会通过"程序监督"，严密监督监察委员会的办案程序，通过严格的程序防范和程序控制，有利于防范监察委员会在办理案件过程中的"恣意妄为"，保证监察工作实体正义的实现。四是"程序监督"属于事中监督，有利于节省公共资源。人大及其常委会可以通过对监察委员会办案过程的监督，及时发现问题，及时解决问题，有利于避免公共资源的浪费，避免出现"迟到的正义"。

3. 要坚持"实质监督"，避免"形式监督"

需要指出的是，在目前人大及其常委会监督监察委员会的实践中，还是取得了一些成效的，如各地人大常委会大都听取了本级监察委员会的专项工作报告，并作出了相关决议。但在某种程度上来说，目前人大及其常委会监督监察委员会的"形式"大于"实质"，监督效果还不太理想，与人们的普遍期待还有不小的距离。例如，由于监察委员会不向同级人大报告工作，再加上人大每年只举行一次会议，实际上人大对监察委员会的监督力度和监督空间非常有限，监督效果自然难以保障。而人大常委会对监察委员会的监督主要是通过听取专项工作报告和执法检查的方式进行的，但现行法律并没有规定专项工作报告通不过的后果，也没有规定执法检查发现问题后的法律责任，这就导致人大常委会在面临相关问题时往往"于法无据""无所适从"，其对监察委员会的监督效果自然也难以保证。正如刘艳红教授指出的："监察机关以何种方式对人大及其常委会负责，如何接受其监督等都没有明示，这难免会重蹈'人大监督太软'的覆辙。"❶再加上监察委员会与党的纪律检查机关"两块牌子、一套人马"的影响，甚至可能导致人大及其常委会面临着"不敢监督""不愿监督"或"不能监督"监察委员会的难题，可能出现形式化的倾向，这样既容易损害人大及其常委会权威，也容易使监察委员会得不到应有的监督制约。

而要解决上述问题，保证人大及其常委会监督监察委员会的实效，实现对监督权再监督的目的，人大及其常委会在对监察委员会进行监督时，就应坚持"实质监督"，避免"形式监督"。具体说来，可以从以下三个方面着手。

第一，人大及其常委会要"敢于"对监察委员会进行监督。尽管监察委员会是党和国家实现自我监督的政治机关，与同级党的纪律检查机关合署办公，但监察委员会与党的纪律检查机关毕竟是两个不同的机关，如同党的纪律检查机关要接受同级党委的领导与监督一样，监察委员会也要接受同级人大及其常委会的监督，这既是由我国《宪法》和《监察法》所规定的，也是由我国的民主集中制原则所决定的。因此，人大及其常委会在对监察委员会开展监督时，要在正确理解和认识人大及其常委会与监察委员会宪制关系的基础上，"敢于"监督，绝不能因监察委员会与同级党的纪律检查机关合署办公而"不敢"监督、"不愿"监督，否则，就要承担违法失职的政治责任和法律责任。监察委员会也要自觉接受人大及其常委会监督，为人大及其常委会开展监督提供各种积极条件，而不能以与党的纪律检查机关合署办公为理由，拒绝或阻碍人大及其常委会监督，否则，就要承担相应的政治责任和法律责任。此外，人大及其常委会要"敢于"对监察委员会进行监督，还需要科学界定监察委员会与党的纪律检查机关之间的职能定位、权限划分、管辖范围等，以免因两者之间的职能定位不清、权限划分不明、管辖范围混乱而影响人大及其常委会对监察委员会的监督。例如，监察委员会可以该事项属于党的纪律检查机关管辖为"借口"，逃避或拒绝人大及其常委会的监督。而

❶ 刘艳红：《〈监察法〉与其他规范衔接的基本问题研究》，载《法学论坛》2019年第1期。

如果我们能够科学界定监察委员会与党的纪律检查机关之间的职能定位、权限划分、管辖范围等，那么，对于监察委员会职权范围内的事项，人大及其常委会便可以依法"大胆"开展监督；而对于党的纪律检查机关管辖范围内的事项，人大及其常委会便无权进行监督。

第二，人大及其常委会要"善于"对监察委员会进行监督。人大及其常委会既要"敢于"监督，也要"善于"监督，既要保证人大及其常委会监督取得实效，也要尊重和支持监察委员会依法独立行使职权。而要做到"善于"监督，一要正确认识和处理好人大监督与监察权独立之间的关系，这是基本前提。其中，关键是要明确人大及其常委会监督监察委员会的目的是为了防范监察委员会滥用权力，而不是非法干涉监察委员会独立办案。也要明确监察权独立是人大监督之下的独立，而不是不受任何监督和制约的绝对独立，否则，监察权就成为"法外特权"，就必然会滥用和腐败。二要依法对监察委员会进行监督，这是必然要求。人大及其常委会对监察委员会的监督并不是随意进行的，也不能随意选择监督手段和方式，而必须要依法进行，依法运用法定的监督手段和方式，既要运用我国《宪法》和《监察法》规定的监督手段和方式，也要运用我国《监督法》规定的监督手段和方式，如规范性文件的备案审查、特定问题调查、撤职案的审议和决定等，综合运用多种法定监督手段和方式❶，特别是要"敢于"和"善于"运用强硬的法定监督手段和方式，如组织特定问题调查委员会、质询等，以增强人大及其常委会监督的刚性。当然，这需要及时修改《监督法》等相关法律，为人大及其常委会开展对监察委员会的监督提供更加完善的规范依据。三要正确认识和处理"监督"与"支持"的关系。人大及其常委会对监察委员会的监督，既是一种"监督"，也是一种"支持"，如能妥善处理好这对关系，就会使两者相得益彰。其中，人大及其常委会要寓"支持"于"监督"之中，在对监察委员会工作进行监督的过程中，根据发现的问题，通过各种途径和方式依法支持监察委员会正确履行职责；监察委员会也要将人大及其常委会的监督看成是一种支持，通过人大及其常委会对自身工作的监督，发现自己工作存在的不足，并据此不断督促自己改进工作。监察委员会也可以借助人大及其常委会监督，排除或抵制其他组织或个人对监察委员会工作的非法干涉，保证监察委员会依法独立行使职权。

第三，人大及其常委会要"能于"对监察委员会进行监督，这是基本保障。由于监察委员会是刚组建的新型国家机关，再加上监察权是新型国家权力即第

---

❶ 姜明安：《国家监察法立法的几个重要问题》，载《中国法律评论》2017 年第 2 期。

五种国家权力，因此，各级人大及其常委会在监督监察委员会时，普遍面临着监督机构不健全、专业人员缺乏等能力不足问题，影响了监督的实质效果。为此，要保证人大及其常委会"能于"对监察委员会进行监督，就必须要加强其监督能力建设。详言之，一要加强人大及其常委会内设监督机构建设。目前大部分地方只是将过去人大的内务司法委员会更名为人大监察和司法委员会，将人大常委会的内务司法工作委员会更名为人大常委会监察和司法工作委员会，并没有实质性的机构建设，特别是编制、人员严重不足，难以为人大及其常委会监督监察委员会提供坚实的组织保障。二要加强人大代表和人大常委会委员的监督能力建设。我国实行兼职人大代表制度，再加上比较注重人大代表和人大常委会委员的代表性和广泛性，致使我国各级人大代表和人大常委会委员中熟悉法律知识的少之又少，其中熟悉监察工作知识的更是严重不足，这样当人大及其常委会对监察委员会进行监督时只能开展"形式监督"，难以取得实质的监督效果。而要解决这一问题，既要改革我国人大代表和人大常委会委员的候选人推荐制度和选举制度，增加熟悉监察工作知识的人大代表或人大常委会委员比例，也要对我国现有的人大代表和人大常委会委员进行系统培训，使其熟悉和掌握相关专业知识，增强其监督监察委员会的专业素养。

综上所述，"人民代表大会制度的重要原则和制度设计的基本要求，就是任何国家机关及其工作人员的权力都要受到制约和监督"[1]。按照这一基本要求，监察委员会作为我国新型的国家机关，也必须要接受人大及其常委会的监督，以防范其权力的滥用，保证国家监察体制改革的顺利进行以及国家监察体制改革目标的实现。但由于各种因素的影响，我国人大及其常委会的监督权并没有得到充分行使，直接影响了人大及其常委会对监察委员会的监督效果，从而导致我国人民代表大会制度的这一重要原则和制度设计并没有充分实现，也导致我国人民代表大会制度的理论优势尚未完全转化为实践优势。在当前我们坚持和完善中国特色社会主义制度、推进国家治理体系和治理能力现代化的背景下，必须要进一步坚持和完善人民代表大会制度，"支持和保证人大及其常委会依法行使职权，健全人大对'一府一委两院'监督制度"[2]，以加强人大及其常委会对监察委员会的监督，增强监督实效，发挥人民代表大会制度应有的功效，最终保障国家监察体制改革目标的实现。

---

[1] 习近平：《在庆祝全国人民代表大会成立 60 周年大会上的讲话》，载《人民日报》2014 年 9 月 6 日，第 2 版。

[2] 《中共中央关于坚持和完善中国特色社会主义制度　推进国家治理体系和治理能力现代化若干重大问题的决定》，载《人民日报》2019 年 11 月 6 日，第 1 版。

党内法规与国家法律的并存，是中国法治的根本特色所在，两者各自在不同领域发挥了积极作用，共同推进了中国法治建设的进程。因而，加强党内法规建设，形成完善的党内法规体系，保障党内法规体系的良好实施，既是全面从严治党、依规治党的必然要求，也是全面推进依法治国的应有之义。党的十八届四中全会在我们党的历史上第一次将党内法规上升为中国特色社会主义法治体系的重要组成部分，这是对党内法规性质和地位的重新认识，属于社会主义法治理论体系的重大创新，也是中国特色社会主义法治体系区别于西方资本主义法治体系的根本特征所在。正如肖金明教授指出的："党内法规体系纳入中国特色社会主义法治体系，既是中国法治特色的根本体现，又是全面推进依法治国在理论和实践上的重大突破。"❶

一、形成完善的党内法规体系

与中国特色社会主义法律体系已经基本形成不同的是，党内法规体系建设还处于初步阶段，还很不完善，无法适应当前依规治党与依法治国统筹推进的紧迫要求。因此，党的十八届四中全会在作出的《决定》中，既明确将中国特色社会主义法治体系作为全面推进依法治国的总目标，又将党内法规体系作为中国特色社会主义法治体系的重要组成部分，并提出了"形成完善的党内法规体系"的战略任务。应该说，形成完善的党内法规体系，对于全面推进依法治国总目标的实现，具有更重要的保障意义，因为"党内法规既是管党治党的重要依据，也是建设社会主义法治国家的有力保障"❷。

---

❶ 肖金明：《论党内法规体系的基本构成》，载《中共中央党校学报》2016 年第 6 期。
❷ 《中共中央关于全面推进依法治国若干重大问题的决定》，载《人民日报》2014 年 10 月 29 日，第 1 版。

(一) 判断完善的党内法规体系是否形成的基本标志

要形成完善的党内法规体系，首先就必须要明确判断完善的党内法规体系是否形成的基本标志，以加强党内法规体系建设中的"顶层设计"，指导党内法规"立改废"工作，确保完善的党内法规体系的如期形成。笔者认为，判断完善的党内法规体系是否形成的基本标志，也就是判断完善的党内法规体系是否形成的标准。一般来说，判断完善的党内法规体系是否形成的基本标志可以分为形式标志和实质标志两种，只有同时符合形式和实质这两种标志，完善的党内法规体系才能算真正形成。

从形式标志来说，完善的党内法规体系必须要同时符合以下四个方面的要求，一是党内法规部门齐全，可以涵盖党的对内对外两个方面，覆盖党的建设和党的工作各个领域，适应管党治党的基本需要；二是各党内法规部门中基本的、主要的党内法规已基本制定，特别是党的领导和党的工作方面的基础主干党内法规必须基本制定出来；三是配套党内法规比较完备，基础主干党内法规的实施办法和细则要基本完备，相应的配套专项制度也要基本健全；四是党内法规体系内部总体科学和谐统一，不同领域、不同位阶、不同效力的党内法规相互衔接并和谐一致。以上述标志来衡量，目前的党内法规体系建设虽然取得了很大进展，"以党章为根本遵循的党内法规体系已经形成，建起了全面从严治党的'四梁八柱'"●，但只能说是初步形成，还很不完善，不仅基础主干的党内法规尚不健全，党的建设和党的工作尚未完全实现"有规可依"，配套的党内法规也不完备，党内法规的匹配性、操作性、实用性一直不高，需要进一步予以完善。正如李忠研究员指出的："目前，党内法规体系建设主要存在以下问题：一是统筹协调力度不够，二是一些主要领域缺乏基础主干法规，三是一些配套法规制度没有及时建立，四是一些实践急需的党内法规没有制定出台。"●

从实质标志来说，完善的党内法规体系必须同时符合以下三个方面的要求，一是符合我国的基本国情和实际情况，切合党的建设和党的工作实际需要，并具有鲜明的自身特色，绝不盲目照搬照抄上位法以及境外政党党内法规；二是来源于党的建设和党的工作实践，并服务于党的建设和党的工作实践，注重把实践中的成功经验及时上升为党内法规，且要"与时俱进"，使党

● 祝捷：《党内法规建设为全面从严治党"立柱架梁"》，载新华网：http://news.xinhuanet.com/politics/2017-01/18/c_129452040.htm，最后访问日期：2017年3月10日。

● 李忠著：《党内法规建设研究》，中国社会科学出版社2015年版，第99~100页。

内法规建设始终随着实践的发展而发展，随着实践的进步而不断完善；三是充分体现和反映广大党员、干部的意志和利益，使党内法规制定的过程成为充分发扬党内民主的过程，避免部门利益或地方保护主义。以上述标志来衡量，目前的党内法规体系尚不完善，一些党内法规尚不符合党的建设和党的工作实际需要，也没有自身特色，存在照搬照抄上位法的现象。正如李忠研究员指出的："中央党内法规出台后，有的地方和部门出台细化措施或配套规定，只是机械地照搬照抄，为制定而制定，不考虑自身实际。"❶ 一些党内法规比较陈旧，与党的建设和党的工作实践相脱节，严重滞后于现实需要，难以有效发挥服务党的建设和党的工作实践的作用。此外，一些党内法规的制定过程不够民主，部门利益或地方保护主义现象在一定程度上还比较严重等。上述这些问题的存在，亟待我们进一步加强党内法规体系建设，以如期形成完善的党内法规体系。

（二）加强党内法规体系建设的原则指引

立法原则是指人们在立法活动中必须要遵循的最基本的准则，是立法指导思想在立法实践中的具体体现和落实。因此，加强党内法规体系建设，形成完善的党内法规体系，就必须要坚持一定的原则指引。总结党内法规体系建设的基本历程，我们认为，加强党内法规体系建设，必须坚持以下原则。

第一，坚持依规治党与依法治国统筹推进。要如期形成完善的党内法规体系，最根本的就是要坚持依规治党与依法治国的统筹推进。换言之，只有坚持依规治党与依法治国统筹推进，才能形成完善的党内法规体系。之所以如此，是由党与社会主义法治的关系所决定的，中国的法治建设根本不同于西方国家的法治建设。❷ 与西方国家的法治建设相比，中国的法治建设体现在多个层面，对于国家层面来说，是依法治国的问题，其目标是实现国家法治；对于政党层面来说，是依规治党的问题，其目标是实现党内法治；对于社会层面来说，是法治社会建设的问题，其目标是实现社会法治。这三者之间相互区别、相互联系，并有机统一于中国特色的社会主义法治体系建设实践之中。在这三者之间的关系中，依规治党与依法治国的关系最为重要。其中，依规治党是依法治国的引领和保障，只有坚持依规治党，率先实现党内法治，才能以党内法治带动国家法治，并最终实现社会法治；依法治国是依规治党的基础和依托，只有坚持依法治国，实现国家法治，才能为党内法治和社会

---

❶ 李忠著：《党内法规建设研究》，中国社会科学出版社 2015 年版，第 97 页。
❷ 张志铭、于浩：《现代法治释义》，载《政法论丛》2015 年第 1 期。

法治建设提供基石。因而，全面推进依法治国，建设中国特色社会主义法治体系，就必须要坚持依规治党与依法治国统筹推进，这就为形成完善的党内法规体系提供了根本的战略依托。此外，坚持依规治党与依法治国统筹推进，也就必然要求在形成完善的国家法律体系的同时，也要形成完善的党内法规体系，并要实现两者的衔接和协调，发挥两者的合力。

第二，坚持党内法规同国家法律的衔接和协调。如前所述，由党与社会主义法治的关系所决定，党内法规与国家法律的并存，是中国法治的一大特色，两者共同作为中国特色社会主义法治体系的重要组成部分，既相互区别，又相互联系，各自在不同领域中发挥积极作用，共同推进中国特色社会主义法治建设。因而，一方面，我们要看到党内法规与国家法律存有根本不同，党内法规从性质上说只是"软法"，不具有国家意志性，"党内法规的效力来自党员对自己权利的自愿让渡，这种让渡是通过入党誓词以明示的方式表明的"❶，其适用范围仅限于全体党员。而国家法律从性质上说是"硬法"，具有国家意志性，其适用范围包括全体公民。所以，两者绝不能相互代替。正如有学者指出："作为一种软法，党内法规尽管与国家法一样都是我国社会主义法治体系的组成部分，是我国社会主义法治体系不可或缺的构成要件，但其实质性不同决定了其彼此不宜相互替代。"❷ 另一方面，我们又要看到党内法规与国家法律密切相连，一是党内法规对国家法律具有重要的指引作用，二是国家法律对党内法规具有重要的保障作用，三是党内法规实施的状况决定着国家法律实施的状况。正如邓小平同志指出的："国要有国法，党要有党规党法，党章是最根本的党规党法。没有党规党法，国法就难以保障。"❸ 所以，又要注重两者之间的衔接和协调。这就要求，我们在形成完善的党内法规体系的过程中，必须要注重处理好党内法规与国家法律之间的关系，实现两者之间的衔接和协调，避免两者之间的矛盾和冲突。❹ 特别是要保证党内法规体现宪法和法律的精神和要求。实现党内法规体系与国家法律体系的内在统一，以充分发挥两者各自的优势作用。

第三，坚持服务大局、统筹兼顾和适当安排的有机统一。"在立法工作中严格遵循和深刻体现服务大局、统筹兼顾和适当安排的有机统一，是社会主义立法的本质要求，也是保证中国特色社会主义法律体系社会主义性质和方

---

❶ 江国华、彭超：《中国宪法委员会制度初论》，载《政法论丛》2016年第1期。

❷ 殷啸虎主编：《中国共产党党内法规通论》，北京大学出版社2016年版，第13页。

❸ 《邓小平文选》第2卷，人民出版社1994年版，第146页。

❹ 杨力：《认真对待法治思维》，载《政法论丛》2015年第2期。

向的应有之义。"❶ 对于党内法规体系建设工作来说，亦是如此，也要坚持服务大局、统筹兼顾和适当安排的有机统一。具体言之，由党的领导地位和执政地位所决定，在形成完善的党内法规体系的过程中，必须要始终坚持服务大局，这里面包括服务两个"大局"，一是要自觉服务于中国特色社会主义事业的"五位一体"总布局，二是要服务于党的建设总体布局，用党内法规的形式不断体现和保障党的理论以及路线方针政策的落实，发挥党内法规在服务大局中的积极作用。另外，由于我国各地差异较大，党员数量较多，不同党员群体的诉求不一，因而，在中央党内法规出台后，省级地方党委在制定实施细则和办法的过程中，或省级地方党委根据自身权限，在制定地方党内法规的过程中，就必须要坚持统筹兼顾和适当安排，充分考虑本地的实际情况，处理好各方面的利益关系，制定出符合本地实际情况的实施细则和办法，而绝不能机械地照搬照抄。

第四，坚持稳定性与适时变动性的有机统一。"法律必须稳定，但又不能一成不变。"❷ 党内法规作为一种特殊形态的法规，具有较强的规范性，对党组织的工作、活动和党员行为具有强制性和约束力，因而，党内法规在制定出来之后，就必须与国家法律一样，尽可能最大限度地保持其稳定和连续，而不能朝令夕改、随便变动，使各级党组织和广大党员无所适从，这样也容易破坏党内法规的权威和尊严。但是随着社会实践的变动，党内法规也要适时而动，进行相应的修改、完善甚至废止。否则，党内法规就会因缺乏社会实践基础，而成为无本之木、无源之水，就难以发挥有效的规范和调整作用。同时，也会导致整个党内法规体系存在一系列不适应、不协调、不衔接、不一致的问题，破坏党内法规体系的和谐统一。因而，我们在形成完善的党内法规体系的过程中，既要尽可能地保持党内法规的稳定性，也要保持党内法规的适时变动性，及时地开展党内法规的"立改废"工作，以保证党内法规体系的与时俱进。

（三）加强党内法规体系建设的重要举措

要如期形成完善的党内法规体系，我们就应按照《中央党内法规制定工作五年规划纲要（2013—2017 年）》和《中央党内法规制定工作第二个五年规划（2018—2022 年）》的目标指引和基本要求，从以下方面加强党内法规

---

❶ 周叶中、伊士国：《关于中国特色社会主义法律体系的几个问题》，载《思想理论教育导刊》2011 年第 6 期。

❷ 庞德：《法律史解释》，曹玉堂等译，华夏出版社 1989 年版，第 1 页。

体系建设。

1. 进一步健全基础主干党内法规

要形成完善的党内法规体系，首要就必须要建立健全基础主干党内法规，这是基础和前提所在。虽然目前基础主干党内法规已大都制定出来，但其仍不健全，许多方面还没有纳入党内法规的调整范围，一些重要的基础主干党内法规尚未制定出来，一些基础主干党内法规因存在缺陷或滞后而亟须修改完善，特别是综合性党内法规更是缺位。这就需要我们继续加强党内法规制定工作，进一步健全基础主干党内法规，形成党内法规体系的基本框架。在这一过程中，我们应始终坚持从实际出发，充分发扬党内民主，把握党的制度建设基本规律，深刻认识当前党的各项建设和党的工作的阶段性特征，根据党的建设和党的工作出现的新情况、新问题、新要求，适时地开展党内法规的"立改废"工作，确保党内法规适应党的各项建设和党的工作实践的切实需要。

具体来说，一是在党的领导和党的工作领域，要抓紧修改《中共中央关于加强对国家立法工作领导的若干意见》《中国人民解放军政治工作条例》《中国共产党军队委员会工作条例》《中国共产党军队支部工作条例》等，以将党的领导和执政进一步纳入法制化的轨道，以法治的方式与途径加强和改善党的领导；二是在党的组织建设领域，要及时修订《关于实行党政领导干部问责的暂行规定》等，以提高党的组织建设法制化水平；三是在党的作风建设领域，要修改完善党员领导干部住房、办公用房、用车、工作人员配备、医疗、休假休息、交通、安全警卫等方面的党内法规，以为加强党的作风建设、推动党的作风转变提供有力法制保障；四是在党的反腐倡廉建设领域，要加快制定《中国共产党纪律检查机关案件办理工作条例》《中国共产党纪律检查机关处理党员申诉工作规定》等，以为不能腐、不敢腐、不易腐反腐倡廉机制的形成提供法制根基；五是在党的民主集中制建设领域，要抓紧制定《中国共产党地方党委决策程序规定》《党委督促检查工作规定》等，以形成完善的党内民主制度体系，推进党内民主建设的规范化、制度化、常态化。此外，还要加强综合性党内法规建设工作，将散见于单行党内法规中的一些相关内容进行有效整合提升，避免同一类型党内法规"法出多门"或"相互打架"现象的发生，以提高党内法规的集成性和执行性。

2. 制定完备的配套党内法规

当前，党内法规体系的不完善，除了表现在基础主干党内法规不健全上，还体现在配套党内法规的不完备上。长期以来，由于我们缺乏对配套党内法规的重视，导致现有的配套党内法规不仅数量少，质量不高，而且体系化严重不足，严重影响了整个党内法规体系的可操作性和执行力。正如李忠研究员指出的："一些综合性、位阶高的党内法规出台后，没有及时制定具体、可操作、有针对性的实施细则和配套规定，影响了党内法规的实施效果，甚至使一些制度规定落不到实处。" ❶ 因此，我们必须高度重视配套党内法规制定工作，在健全基础主干党内法规的基础上，制定完备的配套党内法规，以增强党内法规体系的匹配性、可操作性和实用性。

第一，党内法规制定部门应抓紧制定和修改基础主干党内法规的相关配套党内法规。长期以来，配套党内法规制定工作存在的问题主要包括：一是有的基础主干党内法规明确规定应当制定相关的配套党内法规，但实际上并未制定；二是有的基础主干党内法规的相关配套党内法规虽已经制定出来，但规定得比较原则抽象，可操作性不强；三是有的基础主干党内法规虽然没有明确规定应制定相关配套党内法规，但从其实施情况来看，如果不制定相关配套党内法规，其实施效果自然会大打折扣。因此，党内法规制定部门应加强配套党内法规的制定或修改工作，具体包括：一要对配套党内法规的制定工作作出专门规定，明确配套党内法规制定工作的总体要求和具体安排，以保证配套党内法规制定工作的及时、规范、有序开展；二要梳理现有的基础主干党内法规，掌握应制定相关配套党内法规而未制定的情况，以及应修改相关配套党内法规而未修改的情况，并据此及时地开展相关配套党内法规的制定或修改工作，以保证基础主干党内法规具有完备的实施办法和实施细则相配套。需要说明的是，对于基础主干党内法规明确规定需要制定配套党内法规的，党内法规制定部门原则上应在该基础主干党内法规实施前制定完毕，与该基础主干党内法规同步实施。但对于情况确实复杂、马上制定配套党内法规条件不太成熟的，可以在该基础主干党内法规实施后一段时间内再制定，但不能太滞后。此外，有关部门在制定相关配套党内法规时，应以党章和上位党内法规为依据，始终遵循"不抵触"原则，以维护党内法规体系的统一性；三要通过执法检查和党内法规实施后评估等方式，对党内法规实施的情况进行检查或评估，及时发现应制定或修改相关配套党内法规的情况，并据此开展相应的制定或修改工作，以保证相关配套党内法规的与时俱进。

第二，党内法规制定部门应建立相关配套党内法规与基础主干党内法规"三同步"制度。为了保证相关配套党内法规的及时出台，避免滞后，增强基

---

❶ 李忠著：《党内法规建设研究》，中国社会科学出版社 2015 年版，第 100 页。

础主干党内法规的可操作性，党内法规制定部门应借鉴国家立法的有益经验，建立相关配套党内法规与基础主干党内法规的"三同时"制度，即同步起草、同步出台、同步实施。这就要求，党内法规制定部门在制定基础主干党内法规的同时，要对其相关配套党内法规的制定工作作出安排部署，原则上做到两者同步起草、同步出台、同步实施。对于有的党内法规确实不能做到"三同时"制度的，有关党内法规制定部门也应在尽可能短的时间内出台相关配套党内法规，以避免太过滞后。

3. 建立健全党内法规工作配套机制

坚持法制统一，既是社会主义立法工作必须遵循的首要原则，也是党内法规体系建设工作必须恪守的根本原则。因而，在形成完善的党内法规体系的过程中，必须要坚持法制统一原则，确保各项党内法规之间的协调统一。这就要求应建立健全党内法规工作的配套机制，主要包括：

第一，要建立健全党内法规的统筹规划机制。为了保证党内法规的协调统一，首要的就是要建立健全党内法规的统筹规划机制，加强对党内法规制定工作的统筹规划，明确党内法规制定工作的长期规划目标和短期规划目标，并据此制定详细的党内法规制定规划，拟订年度计划，分解任务目标，并采取有力措施督促各项规划任务的落实，以保证整个党内法规制定工作规划的有计划、有步骤实施。

第二，要建立健全党内法规的审议审核机制。要有效提高党内法规的质量，保证党内法规的协调性和统一性，关键就是要建立健全党内法规的审议审核机制，提高党内法规的审议审核水平。党内法规制定部门应借鉴国家立法的有益经验，建立党内法规的"三读"审议审核程序机制，分阶段、分目标地落实审议审核任务："一读"是将党内法规草案在党内法规制定部门首次公开并宣读其标题和要点，交有关部门审查；"二读"是对有关部门审查后的党内法规草案的内容展开充分辩论，然后重交有关部门研究和修订；"三读"是对党内法规草案进行文字上的辩论，并提交正式表决。这样就有利于提高党内法规的审议审核水平，保证党内法规的水平和质量。

第三，要建立健全党内法规的动态清理机制。对党内法规的及时清理，是党内法规体系协调统一的重要保证。这是因为党内法规是对党的建设和党的工作实践经验的总结，随着党的建设和党的工作实践的发展，会出现党内法规与之不相符合的情况，也会出现新制定的党内法规与旧党内法规相矛盾的地方，这就需要适时对滞后的党内法规进行清理，以避免党内法规执法部门适用时出现混乱，同时保证整个党内法规体系的协调统一。但是，长期以来，我们并没有建立党内法规的动态清理机制，而是采取了集中清理的做法❶，这就无法保证党内法规清理工作的及时性和有效性。因此，党内法规制定部门应尽快建立健全党内法规的动态清理机制，明确党内法规清理工作的主体及其权限、清理的方式、方法、具体程序以及后果等，以实现党内法规清理工作的常态化、规范化。

第四，要建立健全党内法规的备案审查机制。在当前党内法规制定主体多元化的情况下，建立健全党内法规备案审查机制，是保证党内法规体系统一的重要途径。当前，虽然我们已经初步建立党内法规备案审查机制，但还不健全，"一是报备不够及时规范、二是反馈不够及时全面、三是纠正不够及时到位、四是审查标准畸轻畸重"❷。因此，党内法规制定部门应进一步健全党内法规备案审查机制，一要设立专门的党内法规备案审查机构，配备专门的工作人员，使其专门承担党内法规的备案审查工作，保证党内法规备案审查工作开展的常态化；二要建立健全党内法规备案审查的程序机制，明确党内法规备案审查的范围、时间、期限、步骤、方法、处理办法等，实现党内法规备案审查工作的程序化、规范化；三要制定科学的党内法规备案审查标准，使其具有可操作性，保证备案审查工作的科学性和权威性。

第五，要建立健全党内法规的解释评估机制。为了保证党内法规的良好实施，及时总结并改进党内法规实施中存在的问题，党内法规制定部门应及时建立健全党内法规的解释评估机制，具体内容包括：一要建立常态化的党内法规解释机制，制定专门的党内法规解释法，明确党内法规解释的具体规则、办法、依据和程序，保证党内法规解释工作的常态化，对需要进一步明确党内法规条款含义的或党内法规制定实施后出现新情况需要明确党内法规适用依据的，及时作出党内法规解释，以增强党内法规的可实施性，同时弥补党内法规的缺陷和不足，保证党内法规的与时俱进；二要建立党内法规实施后评估机制，设置科学的党内法规评估指标体系，保证党内法规实施后评估工作的常态化运行，及时总结党内法规实施中存在的问题，为党内法规的"立改废"工作提供明确的依据，保证党内法规体系的进一步完善。

二、建立有效的党内法规实施后评估制度❸

要形成完善的党内法规体系，就需要我们对党内法规的实施效果进行全

---

❶ 《中央党内法规和规范性文件集中清理工作全部完成》，载新华网：http://news. xinhuanet. com/politics/2014-11/17/c_1113285412.htm，最后访问日期：2017 年 5 月 10 日。

❷ 李忠著：《党内法规建设研究》，中国社会科学出版社 2015 年版，第 101～102 页。

❸ 本部分系与郭康合作撰写，特致谢忱。

面评估，以此来分析评价党内法规自身的文本质量及其实施成效，并提出相关完善建议，为有效提升党内法规制定质量、增强党内法规执行力提供基础和保障。由此，建立有效的党内法规实施后评估制度，实现党内法规评估工作的制度化、常态化，便成为必然。因此，《中央党内法规制定工作五年规划纲要（2013—2017年）》明确指出："积极开展党内法规实施后评估工作，并根据评估反馈情况及时修改完善相关党内法规。"❶

（一）党内法规实施后评估制度的概念与特征

"科学的概念是反映科学研究对象所具有的特殊属性的一种思维形式，它要求反映出一个事物得以区别于其他事物的本质特征。"❷ 因此，我们必须对党内法规实施后评估制度的概念作出界定。

1. 党内法规实施后评估制度的概念

要对党内法规实施后评估制度的概念作出界定，首先必须准确界定党内法规实施后评估的概念。但目前学界对党内法规实施后评估的概念并没有一个权威的界定，主要是借鉴立法后评估的概念而对党内法规实施后评估所下的定义，如王振民教授指出："党内法规的立法后评估是指在党内法规实施一段时间以后，评估主体采取一定的标准和方法，对特定党内法规的实施进行分析、评价。"❸ 应该说，党内法规实施后评估与立法后评估具有很大的相似性，对党内法规实施后评估概念的界定借鉴立法后评估的概念有一定的合理性，但是我们必须注意到党内法规与国家法律存在很大的不同，在借鉴立法后评估概念的同时，要注意彰显党内法规实施后评估概念的自身特色。

我们认为，对党内法规实施后评估概念的界定，可以从界定"党内法规""实施后""评估"三个关键词出发，最后形成一个完整的概念。首先，对于党内法规的概念，尽管学界对其进行了种种界定，但比较权威的党内法规概念是由《中国共产党党内法规制定条例》（以下简称《制定条例》）界定的，即"党内法规是党的中央组织以及中央纪律检查委员会、中央各部门和省、自治区、直辖市党委制定的规范党组织的工作、活动和党员行为的党内规章制度的总称"❹。其次，对于实施后的概念，其是相较于立法前、立法中阶段

---

❶ 《中央党内法规制定工作五年规划纲要（2013—2017年）》，http://zhengwu.beijing.gov.cn/gh/xbqtgh/t1433055.htm，最后访问日期：2017年3月1日。

❷ 何华辉主编：《比较宪法学》，武汉大学出版社2013年版，第17页。

❸ 王振民、施新州等著：《中国共产党党内法规研究》，人民出版社2016年版，第205页。

❹ 《中国共产党党内法规制定条例》，http://news.12371.cn/2015/10/28/ARTI1446022180360113.shtml，最后访问日期：2017年2月13日。

而言的，是党内法规制定后的实际实施阶段。尽管这三个阶段都可以对党内法规进行评估，但各自的评估任务和目的不同，立法前评估重在评估党内法规制定的必要性和可行性，立法中评估重在评估审议阶段党内法规草案的合法性、协调性和可操作性等。而实施后评估重在评估党内法规实践，评估党内法规的实际实施效果。❶ 最后，对于评估的概念，根据《辞海》的释义，评估即评价和估量。与评价是同义词，即"评估也称为评价，通常是根据一定的标准去判断某一特定系统的整体，或系统内部诸要素和环节的结构与功能的状态，以及判断系统产出数量和质量水平及与预定目标的差距等基本情况，从而得到特定信息的过程"❷。再借鉴立法后评估的概念，即"立法后评估是指法律、法规、规章实施后，由制定机关、实施机关按照规定的程序和标准，运用科学的方法和技术，对法律、法规、规章的制度设计、实施效果、存在问题等进行跟踪、调查、评价，提出完善有关法律、法规和规章，改进行政执法等评估意见的活动"❸，我们可以将党内法规实施后评估概念界定为：党内法规实施后评估是指党内法规实施后，由制定机关、实施机关或其他主体按照规定的程序和标准，运用一定的方法对党内法规质量及其实施效果进行评价，提出完善有关党内法规，改进党内法规执行效果等评估意见的活动。相应地，我们可以将党内法规实施后评估制度的概念界定为：党内法规实施后评估制度是指党内法规实施后，由制定机关、实施机关或其他主体按照规定的程序和标准，运用一定的方法对党内法规质量及其实施效果进行评价，提出完善有关党内法规，改进党内法规执行效果等评估意见的一种制度。

2. 党内法规实施后评估制度的特征

党内法规实施后评估制度的特征既是相较于立法后评估制度而言的，也是相较于党内法规立法前、立法中评估制度而言的，与这三者相比，其既有共同特征，也具有独特特征。

第一，党内法规实施后评估制度是"党内法规"实施后评估制度，而不是立法后评估制度。要正确认识这一点，首先就必须要正确认识党内法规与国家法律之间的关系。如前所述，由党与社会主义法治的关系所决定，党内法规与国家法律的并存，是中国法治的一大特色，两者共同作为中国特色社

---

❶ 总体来说，立法后评估与立法前评估、立法过程评估有如下较为明显的区别：（1）评估的侧重点不同；（2）评估的内容不同；（3）评估的主体不同；（4）评估的阶段不同；（5）评估的依据不同。参见汪全胜等著：《立法后评估研究》，人民出版社 2012 年版，第 20~21 页。

❷ 负杰、杨诚虎著：《公共政策评估：理论与方法》，中国社会科学出版社 2006 年版，第 21 页。

❸ 袁曙宏主编：《立法后评估工作指南》，中国法制出版社 2013 年版，第 2 页。

会主义法治体系的重要组成部分，既相互区别，又相互联系，各自在不同领域中发挥了积极作用，共同推进了中国特色社会主义法治建设。因此，一方面，我们要看到党内法规与国家法律存在根本不同，党内法规从性质上说只是"软法"，不具有国家意志性，"党内法规的效力来自党员对自己权利的自愿让渡，这种让渡是通过入党誓词以明示的方式表明的"❶，其适用范围仅限于全体党员。而国家法律从性质上说是"硬法"，具有国家意志性，其适用范围包括全体公民。所以，两者绝不能相互代替。正如有学者指出："作为一种软法，党内法规尽管与国家法一样都是我国社会主义法治体系的组成部分，是我国社会主义法治体系不可或缺的构成要件，但其实质性不同决定了其彼此不宜相互替代。"❷ 同时，这也决定了党内法规不能与国家法律相抵触。另一方面，我们又要看到党内法规与国家法律密切相连，一是党内法规对国家法律具有重要的指引作用，二是国家法律对党内法规具有重要的保障作用，三是党内法规实施的状况决定着国家法律实施的状况。正如邓小平同志指出的："国要有国法，党要有党规党法，党章是最根本的党规党法。没有党规党法，国法就难以保障。"❸ 所以，又要注重两者之间的衔接和协调。而由上述两者关系所决定，党内法规实施后评估制度与立法后评估制度相比，既具有共同特征，如事后性、特定性、科学性、实效性等❹，也有其独特特征，比如在评估标准上，被评估的党内法规不仅不能与上位法也抵触，也不能与国家法律相抵触，要符合宪法和法律的精神和要求。

第二，党内法规实施后评估制度是党内法规"实施后"评估制度，而不是党内法规立法前、立法中评估制度。尽管党内法规立法前、立法中、实施后评估制度存在很多相同的特征，比如在评估主体和评估对象的选择上，评估原则的遵循上等，但是党内法规实施后评估制度与党内法规立法前、立法中评估制度之间的区别还是比较大的，最明显的特征即是事后性和实效性。如上所述，党内法规立法前、立法中、实施后三个阶段的评估任务和目的不同，这就决定了党内法规实施后评估制度相较于党内法规立法前、立法中评估制度，最明显的特征就是事后性和实效性。其中，事后性是指党内法规实施后评估一般安排在被评估党内法规实施一定阶段后进行。"历史的经验已经反复地证明，理论上很完美的制度并不一定可以付诸实施，而行之有效的制

---

❶ 江国华、彭超：《中国宪法委员会制度初论》，载《政法论丛》2016年第1期。

❷ 殷啸虎：《中国共产党党内法规通论》，北京大学出版社2016年版，第13页。

❸ 《邓小平文选》第2卷，人民出版社1994年版，第146页。

❹ 袁曙宏主编：《立法后评估工作指南》，中国法制出版社2013年版，第4~5页。

度却未必是事先设计好的。"❶ 因此，只有在党内法规实施一定阶段之后，才能真正发现党内法规的制定质量及其实施效果，才能真正发现问题，才能真正提出有针对性的意见和建议。实效性主要是指党内法规实施后评估注重评估结果的转化和有效运用，可以为党内法规制定部门"立改废"工作提供依据，有效提高党内法规制定质量，也可以为党内法规实施部门加强党内法规实施提供参考，有效保证党内法规的良好实施。

（二）党内法规实施后评估制度的内容

要实现党内法规实施后评估工作的正常化、规范化，就必须要构建党内法规实施后评估的制度，实现党内法规实施后评估工作的制度化。具体说来，党内法规实施后评估制度的具体内容主要包括以下几个方面。

1. 党内法规实施后评估的主体

党内法规实施后评估主体包括组织主体和具体实施主体两类。由于党内法规实施后评估的组织主体一般是党内法规制定部门，这个无须赘言，因此，这里我们重点探讨的是党内法规实施后评估的具体实施主体。一般来说，党内法规实施后评估的具体实施主体主要包括党内法规制定部门、党内法规实施部门以及专业社会评估机构三类，相应地在党内法规实施后评估实践中形成了自主性评估主体模式、他主性评估主体模式以及多元化评估主体模式等。下面我们分别对这三种模式作出相应的概括评述，以期构建完善的党内法规实施后评估主体模式。

（1）不同党内法规实施后评估主体模式的评析

①自主性评估主体模式

一般来说，党内法规实施后自主性评估主体是指党内法规制定部门和党内法规实施部门。从目前党内法规实施后评估实践来看，以党内法规制定部门或党内法规实施部门为党内法规实施后评估具体实施主体是普遍现象。如四川省委出台的《省委党内法规实施评估办法（试行）》明确指出，省委党内法规的评估，一般由省委党内法规牵头执行单位组织开展。❷ 之所以如此，一是受立法后评估实践的影响，是对立法后评估模式的借鉴。目前，我国立法后评估的自主性评估主体是法律、法规、规章的制定机关和实施机关。如国务院印发的《全面推进依法行政实施纲要》明确指出："规章、规范性文件

---

❶ 季卫东著：《法治秩序的构建》，中国政法大学出版社 1999 年版，第 23 页。

❷ 《我省出台〈省委党内法规实施评估办法（试行）〉》，http://www.sc.gov.cn/10462/12771/2018/1/22/10443192.shtml，最后访问日期：2018 年 2 月 15 日。

施行后，制定机关、实施机关应当定期对其实施情况进行评估。实施机关应当将评估意见报告制定机关；制定机关要定期对规章、规范性文件进行清理。"❶ 受这一模式影响，党内法规实施后评估也选择了自主性评估主体模式。二是受现实条件的制约，由于党内法规实施后评估活动刚兴起不久，与立法后评估绝不可同日而语，各方面条件都不成熟，无论是相关制度建构还是专业社会评估机构建设均十分滞后，只能由各方面条件比较成熟的党内法规制定部门或党内法规实施部门启动并主导党内法规实施后评估工作。三是从党内法规建设的内在要求来说，党内法规实施后评估作为整个党内法规体系建设中的一个环节，理应由党内法规制定部门或党内法规实施部门承担这一职责。正如《中央党内法规制定工作五年规划纲要（2013—2017年）》明确指出的："积极开展党内法规实施后评估工作，并根据评估反馈情况及时修改完善相关党内法规。"❷

应该说，自主性评估主体模式不是完美无缺的，其既有优点也有缺点，应客观全面作出评析。这一模式的优点主要在于：一是评估主体地位高，便于各部门配合开展党内法规实施后评估工作。由于各党内法规制定部门或党内法规实施部门地位较高，权限广泛，经费充足，在开展党内法规实施后评估工作时具有很大的优势和便利，其在开展党内法规实施后评估工作时，容易得到各部门、各方面的积极配合，容易就评估中的一些事项与相关部门达成共识，取得相关部门的支持，从而协调一致地开展党内法规实施后工作。二是评估信息资料的易获得性与全面性。在党内法规实施后评估的准确阶段，"与评估有关的资料的收集是首要环节，其质量高低、全面与否直接关系到准备工作是否充分，对评估对象的基本情况是否全面掌握"❸。由于党内法规制定部门或党内法规实施部门是被评估党内法规的制定主体或实施主体，其掌握被评估党内法规制定方面或实施方面的第一手信息，其自然容易获取与评估相关的全部信息资料，便于党内法规实施后评估工作的开展。三是评估的专业性。由于党内法规制定部门作为被评估党内法规的制定主体，具有比较强的立法技术能力，掌握党内法规的相关专业知识，熟悉党内法规实施后评估相关工作，有利于保证党内法规实施后评估工作的专业性和技术性。而党内法规实施部门作为被评估党内法规的实施主体，也熟悉党内法规的专业知

---

❶ 《全面推进依法行政实施纲要》，http://www.gov.cn/gongbao/content/2004/content_70309.htm?gs_ws=tsina_636451536152493584，最后访问日期：2017年3月3日。

❷ 《中央党内法规制定工作五年规划纲要（2013—2017年）》，http://www.gov.cn/jrzg/2013-11/27/content_2536600.htm，最后访问日期：2017年4月11日。

❸ 袁曙宏主编：《立法后评估工作指南》，中国法制出版社2013年版，第72页。

识，掌握党内法规实施方面的相关专业知识，具有较强的技术能力，也有利于保证党内法规实施后评估工作的专业性。四是评估的权威性。由于党内法规制定部门或党内法规实施部门是法定的党内法规实施后评估主体，由其主导并开展党内法规实施后评估工作，具有天然的权威性，由其开展的评估工作和作出的评估报告具有法定的效力和权威性，这一点是其他主体不可比拟的。

当然，自主性评估主体模式也具有自身的弊端和缺点，主要有：一是评估主体地位不独立。由于党内法规制定部门或党内法规实施部门是被评估党内法规的制定主体或实施主体，其与被评估党内法规存在各种利益联系或瓜葛，由其对自己制定或实施的党内法规进行评估，实际上就是自己评估自己的制定或实施工作，这自然有违"自己不能做自己法官"的基本法治原理，也有违程序公正的基本原则，这样也使得评估结论的公正性、客观性大打折扣。况且，如果被评估党内法规存在制定或实施方面的问题，由党内法规制定部门或党内法规实施部门主动承认自己的过错或全部承认自己的过错也有很大难度，毕竟涉及对相关部门及其工作人员的追责。二是评估专业性难以保证。如前所述，尽管党内法规制定部门或党内法规实施部门专业性较强，但是党内法规所涉及的相关业务领域越来越专业，技术性要求越来越高，这些都要求评估者具备并熟悉相关领域的理论知识与技术手段。而党内法规制定部门与党内法规实施部门往往都是综合性党组织，所属部门众多，职责广泛，缺乏专业评估机构和专业评估人才，难以保证党内法规实施后评估工作的专业性，也难以保证党内法规实施后评估结论的专业性和可行性。正如有学者指出的："立法后评估毕竟是一项专业性较强的工作，需要评估者掌握立法后评估的理论知识，熟悉评估的技术与方法，但对于这些内部评估主体来说，往往缺乏这方面的知识和理论准备，从而也让人们对其获得的评估结论表示怀疑。"● 三是评估活动缺乏经常性和规范性。由于目前党内法规实施后评估并不是一项法定活动，并不是必然要开展的，因此，是否要组织开展党内法规实施后评估工作，在多长时间内开展党内法规实施后评估工作，以及对哪一部党内法规开展党内法规实施后评估工作，都缺乏规范化与制度化的设计，往往都是由党内法规制定部门或党内法规实施部门自己单独决定。再加上党内法规实施后评估结果与党内法规制定部门、党内法规实施部门的工作成效息息相关，可能使得它们承担一定的责任或风险，在很大程度上使得

● 汪全胜等著：《立法后评估研究》，人民出版社 2012 年版，第 64 页。

它们不愿、不敢经常性地开展党内法规实施后评估工作。这就导致党内法规实施后评估工作的开展往往具有随意性，且形式化比较严重，缺乏经常性和规范性。

②他主性评估主体模式

他主性评估主体模式是指由党内法规制定部门和党内法规实施部门以外的专业社会评估机构具体承担党内法规实施后评估活动。一般来说，他主性评估主体由科研院所、商业机构、社会中介组织等中的专业社会评估机构担任。与自主性评估主体模式相同，他主性评估主体模式也是优点与缺点并存，各有利弊。他主性评估主体模式与自主性评估主体模式相比，优势表现在：一是评估的专业性高。相较于自主性评估主体，他主性评估主体往往是专业的社会评估机构，拥有一支具备深厚理论知识和较强技术能力的专业的评估队伍，且团队搭配合理，可以胜任党内法规实施后评估工作，有利于保证党内法规实施后评估工作的专业性，也有利于保证评估结论的科学性和专业性。二是评估主体地位洒脱，独立性强。他主性评估主体具有独立性，其与被评估党内法规无任何利益关系，因此，其在评估过程中就可以保持中立的地位，就可以作出客观公正的评估报告，保证整个评估活动的客观性、公正性和全面性。三是评估效果易于得到保证。由于他主性评估主体的专业性较强，独立性高，再加上他主性评估主体相关实践经验的丰富，以及专门精力和时间的投入，所以此类评估主体能够胜任党内法规实施后评估工作，扎实有效地开展党内法规实施后评估工作，能够使评估的效果得到保证，实现党内法规实施后评估的目的。[1] 四是评估效益好。由于"立法后评估工作周期长、涉及面广、工作量大，需要充分的经费保障。评估主体要为立法后评估工作提供专项经费保障，加强对立法后评估经费的管理，提高资金使用效率"[2]，因此，党内法规实施后评估工作的开展，也要讲究一定的成本效益，毕竟党内法规实施后评估工作往往是由国家财政支撑的。所以，"少花钱、多办事"应是开展党内法规实施后评估工作的首选。他主性评估主体是专业的社会评估机构，由其接受党内法规制定部门委托，具体承担党内法规实施后评估工作，就会大大降低党内法规实施后评估成本，实现党内法规实施后评估工作效益的最大化。

当然，他主性评估主体模式也有一定的弊端，主要表现在：一是获取评

---

[1] 汪全胜、金玄武：《论构建我国独立第三方的立法后评估制度》，载《西北师大学报》（社会科学版）2009年第5期。

[2] 袁曙宏主编：《立法后评估工作指南》，中国法制出版社2013年版，第132页。

估信息资料难。他主性评估主体是专业的社会评估机构，对所评估的党内法规的相关情况并不熟悉，若没有党内法规制定部门或党内法规实施部门协助，其很难获得一手的党内法规制定资料和党内法规实施现状资料，难以掌握足够多的评估信息，从而使得党内法规实施后评估工作难以开展，也使得党内法规实施后评估结果缺乏足够的信息资料支撑。正如有学者指出的："由于这些机构的工作人员大多没有直接从事立法活动，难以全面掌握立法信息和评估资料，其评估结论的实用性和准确性都受到影响。"❶ 二是缺乏法定性和权威性。他主性评估主体是专业社会评估机构，并不是法定的党内法规实施后评估主体，因此，由其独自组织开展的党内法规实施后评估活动就没有法定性和权威性，只是一个民间活动或学术活动，其所作出的评估结论也没有法定拘束力，并不能成为党内法规制定部门加强党内法规"立改废"工作的依据，也不能成为党内法规实施部门加强党内法规实施工作的依据，只能作为一定的参考。换言之，如果他主性评估主体没有接受党内法规制定部门或党内法规实施部门的委托，其开展的党内法规实施后评估活动就缺乏法定性与权威性。三是缺乏对党内法规进行实施后评估的动力。马克思曾指出："人们奋斗所争取的一切，都同他们的利益有关。"❷ 他主性评估主体是专业的社会评估机构，不同于党内法规制定部门和党内法规实施部门，其与被评估党内法规没有任何利益关系，再加上开展党内法规实施后评估工作费时费力，成本很大，因此，他主性评估主体往往缺乏开展党内法规实施后评估的动力，也缺乏相应的积极性，指望他主性评估主体经常性地主动开展党内法规实施后评估工作，显然不太现实。

③多元化评估主体模式

综上所述，无论是单纯的自主性评估主体模式，还是单纯的他主性评估主体模式，都不是尽善尽美的，都各有利弊。因而，无论由谁来具体承担党内法规实施后评估工作的任务，都不是一种理想状态，都会导致这方面或那方面的问题，都难以达到党内法规实施后评估的目的。而在我国立法后评估实践中，逐渐形成了一种多元化评估主体模式，即将自主性评估主体和他主性评估主体结合起来，强强联合，发挥两者各自的优势和作用，但以法律、法规、规章的制定机关或实施机关为主导。正如有学者指出的："这一评估模式的特点是立法后评估工作由法律法规规章的制定机关或实施机关与行政管

---

❶ 袁曙宏主编：《立法后评估工作指南》，中国法制出版社2013年版，第39页。

❷ 《马克思恩格斯全集》第1卷，人民出版社1956年版，第82页。

理相对人代表、社会中介组织、教学科研机构共同完成。"❶ 借鉴立法后评估的这一有益经验，在党内法规实施后评估的实践中也逐渐形成了一种多元化评估主体模式，也是将自主性评估主体和他主性评估主体结合起来，发挥两者各自的优势和作用。如四川省委出台的《省委党内法规实施评估办法（试行）》明确指出，省委党内法规的评估，一般由省委党内法规牵头执行单位组织开展；事关经济社会发展大局或者与人民群众切身利益密切相关的重要省委党内法规评估，由省委办公厅组织开展。根据需要，可以将非涉密省委党内法规实施评估工作的部分事项，委托具备条件的有关党校、高校、科研机构、社会组织等单位开展。❷

相较于单一的自主性评估主体模式和他主性评估主体模式，多元化评估主体模式的优点显而易见，主要表现在：一是多元化评估主体模式有利于保证评估的民主化。在立法后评估实践中采取多元化评估主体模式的意义在于，"将国家机关的内部评估与社会组织的外部评估结合起来，实现立法后评估主体的多元化，能够反映大多数公众的切身利益，从而保证立法后评估的科学性和有效性。"❸ 同理，在党内法规实施后评估实践中采取多元化评估主体模式，就有利于将党内法规制定部门或党内法规实施部门的内部评估与专业社会评估机构的外部评估有机结合，实现党内法规实施后评估主体的多元化，能够保证党内法规实施后评估活动的民主化，能够最大限度地反映各级党组织和广大党员的意志和利益，特别是能够调和不同党组织或党员之间的利益冲突和矛盾，满足各方面的利益需求，也易于达成共识，保证党内法规实施后评估结果的可接受性。二是多元化评估主体模式有利于保证评估的科学化。一方面，作为自主性评估主体的党内法规制定部门或党内法规实施部门掌握着比较全面的党内法规实施后评估信息资料，而作为他主性评估主体的专业社会评估机构则拥有一支掌握深厚理论知识和较强技术能力的专业评估团队，将这两者有机结合起来，就可以实现优势互补，保证党内法规实施后评估结论的科学性。另一方面，在多元化评估主体模式中，由于存在多种评估主体，且不同评估主体之间存在一定程度上的制约关系，特别是他主性评估主体与被评估党内法规没有任何利益牵连，这样就有利于保证党内法规实施后评估的科学性，有利于保证党内法规实施后评估结论的科学性和公正性。三是多

---

❶ 袁曙宏主编：《立法后评估工作指南》，中国法制出版社 2013 年版，第 35 页。

❷ 《我省出台〈省委党内法规实施评估办法（试行）〉》，http://www.sc.gov.cn/10462/12771/2018/1/22/10443192.shtml，最后访问日期：2018 年 2 月 15 日。

❸ 袁曙宏主编：《立法后评估工作指南》，中国法制出版社 2013 年版，第 35 页。

元化评估主体模式有利于保证评估的法治化。在多元化评估主体模式下，党内法规制定部门或党内法规实施部门是党内法规实施后评估的主体之一，这就保证了党内法规实施后评估的法定性和权威性，也保证了党内法规实施后评估结论的法定性，使其具有法定效果，从而克服了他主性评估主体非法定性和非权威性的弊端。且在不同评估主体都参与党内法规实施后评估时，就必须要通过一定的规范或制度明确各种不同评估主体的权利和义务，以及评估的具体工作流程，这样就有利于保证党内法规实施后评估工作的规范化和制度化。

然而，多元化评估主体模式也不是没有问题，也有其自身的缺陷，特别是在党内法规实施后评估刚起步阶段，问题更多。主要表现在：一是专业社会评估机构不健全。相较于立法后评估，党内法规实施后评估实践刚刚起步，与之相伴随，专门从事党内法规实施后评估的专业社会评估机构尚未建立健全，正在不断孕育和发展之中，特别是在专业评估人员培育和评估团队建设上还需要进一步努力，这一现状严重制约了多元化评估主体模式在党内法规实施后评估实践中的采用。二是他主性评估主体的独立地位易于受到不当干扰。尽管他主性评估主体具有地位独立的优势，但由于他主性评估主体只是专业社会评估机构，地位并不高，且无职无权，易于受到各方面因素干扰，特别是易于受到作为其委托方的党内法规制定部门或党内法规实施部门不当干扰，这就会影响其独立公正地开展党内法规实施后评估工作，也会影响其作出的评估结论的科学性和公正性。三是广大党员的意志和利益难以得到有效反映。在传统的多元评估主体模式下，由于党内法规制定部门或党内法规实施部门的主导地位，在党内法规实施后评估活动中也易存在广大党员的参与度与有效度都不高的问题，使得广大党员的意志和利益难以得到有效反映。

（2）新型党内法规实施后评估主体模式的构建和操作

要发挥上述三种评估主体模式的各自优势，并克服其弊端，就应构建一种新型的党内法规实施后评估主体模式。从我国立法后评估实践来看，多元化评估主体模式应是党内法规实施后评估工作的首选，但不应仅以党内法规制定部门或党内法规实施部门为主导，也可以由专业社会评估机构为主导。所以，我们要构建的新型党内法规实施后评估主体模式就是以专业社会评估机构为主导的多元化评估主体模式。需要指出的是，与目前实践中存在的以党内法规制定部门或党内法规实施部门为主导的传统多元化评估主体模式相比，新型多元化评估主体模式以专业社会评估机构为主的特点能有效解决传统多元化主体模式存在的问题。此外，在新型多元化评估主体模式下，除了党内法规实施后评估的组织主体和具体实施主体，还应明确党内法规实施后评估的参与主体，明确其在党内法规实施后评估中的地位和作用，并拓宽参与主体的范围，以保证党内法规实施后评估工作的民主化，保证党内法规实施后评估工作目的的实现。也就是说，我们要构建的新型党内法规实施后评估主体模式是"组织主体+具体实施主体+参与主体"的模式。当然，这并不是说传统多元化评估主体模式下不重视参与主体，而是没有明确参与主体的地位、作用与范围，以及没有注重对参与主体的有效回应。

①新型多元化评估主体模式的建构原则和路径

第一，新型多元化评估主体模式的建构原则。多元化评估主体模式由不同的评估主体组成，到底选择哪些评估主体参与某项党内法规实施后评估工作，必须要衡量各方面利益，考虑各方面因素，并遵循以下原则：一是充分考虑党内法规实施后评估目的的原则。由于党内法规实施后评估的目的不尽相同，因而，党内法规实施后评估主体的选择就不应相同，以适应不同党内法规实施后评估工作的需要。例如，有的是总结发现被评估党内法规在文本质量方面存在的问题，为党内法规制定部门开展"立改废"工作提供科学依据。这时就应选择党内法规制定部门或党内法规实施部门作为党内法规实施后评估主体，因为两者都熟悉被评估党内法规的制定状况及其文本质量状况。有的是总结发现被评估党内法规在实施过程中存在的问题，为党内法规实施部门加强党内法规实施工作提供明确依据，这时就应选择党内法规实施部门作为党内法规实施后评估主体。二是充分考虑被评估党内法规内容及其重要性原则。由于党内法规数量众多，差异很大，因此，针对不同党内法规的内容及其重要性，要选择不同的党内法规实施后评估主体，以保证党内法规实施后评估工作开展的针对性和可操作性。如四川省委出台的《省委党内法规实施评估办法（试行）》就根据被评估党内法规的内容及其重要性明确了不同的党内法规实施后评估主体，即"省委党内法规的评估，一般由省委党内法规牵头执行单位组织开展；事关经济社会发展大局或者与人民群众切身利益密切相关的重要省委党内法规评估，由省委办公厅组织开展。根据需要，可以将非涉密省委党内法规实施评估工作的部分事项，委托具备条件的有关党校、高校、科研机构、社会组织等单位开展。"❶

第二，新型多元化评估主体模式的建构路径。当前，要建构新型的多元化评估主体模式，主要应从以下三个方面着手：一要建立健全专业社会评估

---

❶ 《我省出台〈省委党内法规实施评估办法（试行）〉》，http://www.sc.gov.cn/10462/12771/2018/1/22/10443192.shtml，最后访问日期：2018 年 2 月 15 日。

机构。要建构新型的多元化评估主体模式，首先就必须要建立健全专业社会评估机构，特别是党内法规实施后评估专业机构。经过多年的立法后评估实践，我国已经建立了不少比较完善的立法后评估专业社会机构，如高等院校、科研机构、社会团体等中的立法后评估专业社会机构，其已经在我国立法后评估实践中发挥了十分重要的作用。目前，很多地方和部门已经委托立法后评估专业社会机构开展了立法后评估活动，取得了巨大成效，并逐渐成为立法后评估的潮流。"这是由于委托的社会组织开展立法后评估工作具有较大的独立性。他们能够运用专业的评估办法，通过科学的评估程序，在更大的程度上保证评估质量，使得评估结果客观公正，评估结论较为可靠。"[1] 因此，我们应借鉴立法后评估的相关经验，并加快提供保障社会中介组织独立性的法制条件，建立健全专业社会评估机构，特别是积极培育党内法规实施后评估专业社会机构。二要拓宽党内法规实施后评估的参与主体范围。与党内法规实施后评估组织主体、具体实施主体不同的是，党内法规实施后评估的参与主体范围是十分广泛的，实际上，只要与被评估党内法规具有利益的牵连，任何组织或党员都可以作为党内法规实施后评估的参与主体，即利益相关者都是党内法规实施后评估的参与主体。[2] 但是，在党内法规实施后评估实践中，我们对党内法规实施后评估参与主体的重视程度不够，且范围比较狭窄，没有充分将被评估党内法规的利益相关者都吸纳到党内法规实施后评估工作中来。因此，今后应高度重视党内法规实施后评估参与主体的重要作用，并进一步拓宽党内法规实施后评估参与主体的范围，尽可能地将被评估党内法规的利益相关者都吸纳到党内法规实施后评估工作中来，以更好地协调和反映不同的利益需求，并在协调不同利益的基础上作出科学的评估结论，且将其有效运用，实现党内法规实施后评估的目的。三要扩大党员参与党内法规实施后评估的渠道。由于广大党员与被评估党内法规息息相关，是被评估党内法规的利益相关者，因此，党员参与党内法规实施后评估工作的数量多少、

● 袁曙宏主编：《立法后评估工作指南》，中国法制出版社 2013 年版，第 39 页。

❷ 利益相关者参与立法后评估，其价值在于：（1）信息的全面性、真实性。不同的利益相关者对同一问题的认识会有所不同，在评估过程中，经过交流，充分考虑不同的利益相关者的意见，可以使我们对评估对象有一个全面的、完整的、真正的认识与评价。克服在立法后评估中，单纯由立法主体评估造成的受专业知识所限、认识上的片面性以及思考问题的主观性等问题。（2）目标管理性。立法后评估首先确立的是评估的目标，在评估目标不明确时，立法后评估也就失去了重要的评价标准。对不同利益相关者的要求的总结可以成为评估工作的评价依据。（3）结果应用性。我们强调的立法后评估重点在于挖掘与立法有关的信息，客观评价法律法规的实施效果，目的是为了改进立法工作，在权衡各方利益的基础上作出的决策、提出的建议易于被不同主体所接受，从而使立法易于推行与实施，增加了评估结果的可应用性。参见汪全胜等著：《立法后评估研究》，人民出版社 2012 年版，第 57 页。

范围大小、程度深浅等，直接关系到党内法规实施后评估工作的民主化与科学化程度。所以，应将广大党员吸收到党内法规实施后评估活动中，使其能够充分表达自身的愿望和要求。但是，目前党员参与党内法规实施后评估工作的渠道比较狭窄，且回应性较差，因此应借鉴立法后评估的相关做法，通过"座谈会、论证会、听证会"等形式不断扩大党员参与党内法规实施后评估的渠道，增强广大党员参与党内法规实施后评估活动的实效性。

②新型多元化评估主体模式的操作规范

为了实现党内法规实施后评估工作的程序化、规范化，必须要构建新型多元化评估主体模式的操作规范。具体来说：

第一，自主性评估主体的确定。党内法规实施后评估的组织主体一般是党内法规制定部门，因而，这里需要确定的是党内法规实施后评估的具体实施主体。如前所述，我们应根据党内法规实施后评估的目的、党内法规本身的内容及其重要性确定党内法规实施后评估的具体实施主体，即是党内法规制定部门还是党内法规实施部门，抑或两者都有。需要说明的是，并不是每一次党内法规实施后评估工作都由党内法规制定部门或党内法规实施部门作为党内法规实施后评估具体实施主体。因为有时候作为党内法规实施后评估组织主体的党内法规制定部门可以直接委托专业社会评估机构作为党内法规实施后评估具体实施主体，而无须其他主体再作为党内法规实施后评估具体实施主体。在立法后评估实践中，许多地方和部门已经将立法后评估工作全部委托给专业社会评估机构。如《广东省政府规章立法后评估规定》第6条规定："评估机关可以根据需要，将立法后评估的部分事项或者全部事项委托高等院校、科研机构、社会团体（以下统称受委托评估单位）进行。"❶借鉴这一做法，将来党内法规实施后评估组织主体也可以将党内法规实施后评估工作直接全部委托给专业社会评估机构进行。

第二，专业社会评估机构的选择。在确定被评估党内法规以后，党内法规实施后评估组织主体应根据本次党内法规实施后评估的目的，并结合被评估党内法规的内容及其重要性，选择某一专业社会评估机构作为委托主体。借鉴立法后评估的做法，即"受委托的社会组织应当具备这样一些条件：（1）具有熟悉法律制度及其实施工作、掌握评估方法技术的人员；（2）相关人员参与评估的时间能够得到保障；（3）具备开展评估工作的必要设备、设

---

❶ 《广东省政府规章立法后评估规定》，http://www.gov.cn/flfg/2009-04/02/content_1275498.htm，最后访问日期：2017年9月10日。

施。"● 能够作为党内法规实施后评估委托主体的专业社会评估机构必须具备以下条件：一是具备完善的组织体系和规章制度，例如，有健全的领导机构、有完善的规章制度等。二是要有专业的评估人员和评估团队，其能够熟悉党内法规相关理论知识，掌握党内法规实施后评估的专业理论知识和评估方法技术，且有充分的时间和精力从事党内法规实施后评估工作。三是要有开展党内法规实施后评估工作的必要设备和资料，且有稳定的经费支持。在选择符合上述条件的专业社会评估机构后，党内法规实施后评估组织主体应与其签订党内法规实施后评估委托协议，明确双方各自的权利和义务，特别是明确各自的违约责任。

　　第三，明确参与主体的范围。党内法规实施后评估参与主体的范围并不是固定的，而是随着被评估党内法规的改变而改变，因而，我们确定党内法规实施后评估参与主体的范围，必须视被评估党内法规的情况而定。尽管如此，但每个党内法规实施后评估参与主体范围仅以与被评估党内法规利益相关者为限。但是由于利益相关者的范围可大可小，也必须要对利益相关者的范围加以大致界定❷，以明确党内法规实施后评估参与主体的范围。我们认为，明确党内法规实施后评估参与主体范围即利益相关者的范围的原则是：一是与被评估党内法规有直接利益相关者应当成为党内法规实施后评估的参与主体，而与被评估党内法规有间接利益相关者可以视情况被吸收进党内法规实施后评估参与主体的范围。二是必须同时吸收具有不同利益诉求的利益相关者，尽可能涵盖被评估党内法规直接影响到的不同利益群体代表，如受益群体与受损群体、直接影响者与间接影响者等❸，使其能够发表自己的意见和心声，从而汇集不同利益群体的意志。据此，我们可以将党内法规实施后评估参与主体的范围大致界定为：党内法规制定部门、党内法规实施部门、受委托专业社会评估机构、与被评估党内法规有利益关系的各级党组织和广

　　● 袁曙宏主编：《立法后评估工作指南》，中国法制出版社 2013 年版，第 39 页。
　　❷ 利益相关者范围的界定与利益相关者的概念界定不无关系，因此，有必要对利益相关者的概念加以明确。事实上，从 1963 年斯坦福大学一个研究小组首次定义利益相关者以来，经济学家已给出了 30 多种表达方式。这些定义归结起来，大致分为三类：第一类定义最宽，即凡是能影响公司活动或被公司活动所影响的人或团体都是利益相关者。股东、债权人、员工、供销商、顾客、政府部门、相关的社会组织和社会团体、周边的社会成员等，全被纳入此范围。第二类定义稍窄些，即凡是与公司有直接关系的人或团体才是利益相关者。该定义排除了政府部门、社会组织及社会团体、社会成员等。第三类定义最窄，即只有在公司中下了"赌注"的人或团体才是利益相关者。这一定义直接与主流经济学中的"资产专用性"概念相通，即只有在公司中投入了专用性资产的人或团体才是利益相关者。参见汪全胜等著：《立法后评估研究》，人民出版社 2012 年版，第 73～74 页。
　　❸ 卓越主编：《公共部门绩效评估》，中国人民大学出版社 2004 年版，第 25 页。

大党员等。

2. 党内法规实施后评估的对象

党内法规实施后评估的对象是指党内法规实施后评估的客体，其解决的是党内法规实施后评估中评估谁的问题。

（1）党内法规实施后评估对象选择的范围

目前我们党内法规的种类和数量繁多，不可能对每一部党内法规都进行实施后评估，只能选择其中有现实评估必要性的党内法规进行评估。因而，党内法规实施后评估对象选择的范围即有现实评估必要性党内法规的范围。这里我们选择其中有代表性的作一下概述，说明为什么这些党内法规有评估的现实必要性。

第一，某部党内法规有效期即将届满的。对这类党内法规进行实施后评估的目的，在于评估该党内法规是否有继续施行的必要。由于该党内法规有效期马上届满，就马上面临该何去何从的命运，特别是有些党内法规是针对特定时期的特殊需要出台的，在该特定时期结束以后，该党内法规怎么办？这时就必须开展党内法规实施后评估工作，才能对该党内法规的命运作出合理的安排，是继续施行该党内法规还是废止该党内法规提供科学的依据。其中，如果经过党内法规实施后评估，发现该党内法规有效期届满后确实无继续施行必要的，就由党的领导部门废止该党内法规。而如果经过党内法规实施后评估，发现该党内法规有效期届满后有必要继续施行的，就由党的领导部门作出继续适用该党内法规的决定或对该党内法规进行修改后继续施行该党内法规。一般来说，在特定时期出台的党内法规在有效期届满后，通常只是某些条款不符合经济社会发展状况，但大部分条款还有继续施行的必要。在这种情况下，通过对该党内法规进行实施后评估，党内法规制定部门可以根据评估情况对其中某些条款作出修改后继续施行。

第二，某部党内法规在实施过程中存在问题较多的。如果某部党内法规在实施过程中存在问题较多，争议较大，相关各级党组织和广大党员对此反响较大，并纷纷要求对该党内法规进行修改或废止，此时就有必要启动党内法规实施后评估工作。特别是当党内法规可能存在与上位法相抵触，可能破坏党内法治统一时，甚至与国家宪法法律有可能相抵触时，这时更应该启动党内法规实施后评估工作，对该党内法规进行实施后评估，以掌握该党内法规的文本质量及其实施状况，为党内法规制定部门或党内法规实施部门开展党内法规建设工作提供直接依据。如果经过党内法规实施后评估，确实属于党内法规制定方面问题的，就应及时启动"立改废"程序。如果经过党内法规实施后评估，确实属于党内法规实施方面问题的，就应由党内法规实施部门采取相关措施，进一步加强党内法规实施工作。可以说，对这些党内法规进行实施后评估的目的，就在于评估其文本质量及其实施状况，找出该党内法规实施状况不佳的原因，并提出进一步完善的举措，为党内法规制定部门开展"立改废"工作或党内法规实施部门加强党内法规实施工作提供直接参考和科学依据。

第三，暂行或试行的党内法规已经实施一定期限的。由于当前党内法规制定技术的不成熟，再加上很多党内工作正处于探索时期，因此，党内法规制定部门制定了大量的暂行党内法规或试行党内法规，以暂时调整相关党内社会关系。但这些党内法规毕竟只是暂时的、临时的，很不成熟，也不健全，在其实施一段时间后，必须要采取一定的后续措施。如果这些党内法规确实有必要继续实施，就由党内法规制定部门修改这些党内法规或另行制定正式的党内法规，同时废止这些暂行或试行党内法规。如果这些党内法规确实没有必要继续实施的，就应废止这些暂行或试行党内法规。但这些都离不开党内法规实施后评估工作，需要以党内法规实施后评估结论为依据。实际上，如果不经过党内法规实施后评估，这些暂行或试行的党内法规存在的问题便很难被发现，即使有所发现，也不会很全面。因此，暂行或试行的党内法规，在实施一定期限后，以二年或三年为宜，必须要对其进行实施后评估。对这些党内法规评估的目的，在于评估其是否有继续实施的必要，以及在有继续实施必要的前提下，是否需要对其做相应的修改或制定正式的党内法规。

第四，拟列入党内法规制定部门立法计划，需要修改、废止的党内法规。如前所述，开展党内法规实施后评估的目的在于提高党内法规制定质量以及保证党内法规的良好实施。因而，必须要将党内法规实施后评估结果与党内法规制定部门或党内法规实施部门加强党内法规建设工作有机结合起来，并将党内法规实施后评估结果作为党内法规制定部门或党内法规实施部门加强党内法规建设工作的直接依据。这时如果需要对某些党内法规进行修改或废止时，就必须要首先开展党内法规实施后评估工作，对该党内法规修改或废止的必要性和可行性进行充分的评估，并将该党内法规实施后评估结果作为党内法规制定部门开展相应修改或废止工作的直接依据。只有经过党内法规实施后评估，确实需要对这些党内法规进行修改或废止时，党内法规制定部门才能对这些党内法规进行修改或废止。否则，不得随意修改或废止党内法规。可以说，对这些党内法规进行实施后评估的目的，在于评估其修改、废止的必要性和可行性，为党内法规制定部门提供直接依据。正如有学者指出的："对拟作重大修改、废止的，或者拟上升为上一效力级次法律制度的法规、规章，必须按照立法后评估的程序、方法、原则、内容等进行评估，并得出尽可能准确的评估结论，以便为法规、规章的废止、修改完善打下坚实的基础。"❶

（2）党内法规实施后评估对象选择的可行性

所谓党内法规实施后评估对象选择的可行性，即所选的评估对象必须是可以进行评估的。这里说的党内法规实施后评估对象选择的可行性主要是指，对某党内法规进行实施后评估的时机已经成熟，并且评估所需的人力、物力、财力等条件能够满足党内法规实施后评估工作的需要。

①评估的时机已经成熟

党内法规实施后评估工作的开展，必须在评估的时机成熟的情况下才能进行，否则，难以达到党内法规实施后评估的目的。正如有学者指出的："从提高立法后评估质量的角度来看，如果我们对实施时间太短的法律、法规和规章进行立法后评估，这部法律、法规和规章对社会各个方面产生的影响还未完全显现出来，积累的评估资料也不够充分，将不利于发现它在实施过程中暴露出来的问题，势必影响评估效果。反之，如果我们对实施时间过长的法律、法规和规章进行立法后评估，固然可以给评估积累出更加完整的信息资料，但如果这部法律、法规和规章本身确实存在一定问题的话，那么它给社会带来的不良影响将会更大，不利于及时对它进行修改完善。"❷ 那么，应如何判断某一党内法规的评估时机已经成熟了呢？我们认为，主要有以下几种情况：第一，如果某党内法规有效期即将届满，这时就属于评估时机成熟，就应对该党内法规进行实施后评估。第二，如果某党内法规属于暂行或试行党内法规，在实施期限即将届满或实施 2~3 年时，这时就属于评估时机成熟，就应对该党内法规进行实施后评估。第三，如果某党内法规制定或实施过程中存在的问题较多，争议较大，且实施了 3 年以上时，这时就属于评估时机成熟，就应对该党内法规进行实施后评估。这里之所以要强调党内法规实施 3 年以上，是对立法后评估有关做法和有益经验的借鉴，即"从我国法治建设的现状来看，对已经实施 3 年以上的法律、法规和规章进行立法后评估是比较适当的。这是因为一部法律、法规和规章经过 3 年以上的实施，其中的各项措施是否具有可操作性、是否可行已经比较明确，制定时的目标是否已经达到也应有所体现，也积累了相当数量的数据以便对比分析，能为保证立法

---

❶ 袁曙宏主编：《立法后评估工作指南》，中国法制出版社 2013 年版，第 44 页。

❷ 袁曙宏主编：《立法后评估工作指南》，中国法制出版社 2013 年版，第 43 页。

后评估工作的质量准备必要的条件"❶。第四，如果某部党内法规明确规定了对其进行实施后评估的具体时间，在该评估时间到来时，这时就属于评估时机成熟，就应对该党内法规进行实施后评估。

②评估的人力、财力、物力、制度条件已经达到

从立法后评估实践来看，立法后评估是一项费力费时费钱的活动，必须要具备一定的人力、财力、物力条件才能得以开展。同理，具备一定的人力、财力、物力条件，是开展党内法规实施后评估工作的前提和基础，是党内法规实施后评估活动开展的物质条件。如前所述，由于在党内法规实施后多元评估主体模式中，党内法规制定部门基本上都是党内法规实施后评估的组织主体，再加上党内法规实施部门或专业社会评估机构参与其中，有可能成为党内法规实施后具体实施主体，这就保证了党内法规实施后评估所需的人力、财力、物力条件。具体来说：

第一，党内法规实施后评估必须具备一定的人力条件。如前所述，党内法规实施后评估是一项专业性和技术性都很强的工作，需要依赖专业的评估人才和评估团队才能进行和完成。正如有学者指出的："立法后评估是一项专业性和技术性都很强的工作，不大可能靠某一个评估实施主体完成。因此，有必要将立法后评估的部分事项委托给高等院校、科研机构、社会团体等单位进行。"❷ 而在多元评估主体模式下，就可以发挥不同评估主体的人才优势，为党内法规实施后评估工作的开展提供一定的人才条件。例如，党内法规制定部门或党内法规实施部门的工作人员具备党内法规的相关专业知识，熟悉被评估党内法规的制定状况和实施状况，掌握被评估党内法规的一手信息资料，容易知悉党内法规主要存在的问题；而专业社会评估机构有一支专业的评估团队，掌握着专业评估知识和评估技术手段，具备较强的评估能力，那么，这两者强强联合，优势互补，就能为党内法规实施后评估活动的开展提供人才支撑和保障。

第二，党内法规实施后评估必须具备一定的财力和物力条件。党内法规实施后评估需要依赖一定的财力和物力条件才能进行和完成，这是其物质基础所在。而在多元化评估主体模式下，总有党内法规制定部门或党内法规实施部门参与其中，这些部门都有充分的经费保障和财政资金支持，能够提供党内法规实施后评估工作所需的财力和物力条件。况且，开展党内法规实施后评估工作也是完善党内法规体系的重要举措，应当有专门的经费保障和支持。而在由专

---

❶ 袁曙宏主编：《立法后评估工作指南》，中国法制出版社 2013 年版，第 43 页。
❷ 袁曙宏主编：《立法后评估工作指南》，中国法制出版社 2013 年版，第 38 页。

业社会评估机构作为党内法规实施后评估具体实施主体时，因为其接受的是党内法规制定部门的委托，其经费来源是由作为委托方的党内法规制定部门负责的，自然也具备开展党内法规实施后评估的财力和物力条件。

第三，党内法规实施后评估必须具备一定的制度条件。要有效避免党内法规实施后评估活动的运动化和形式化，就必须要建立健全党内法规实施后评估的制度体系，实现党内法规实施后评估的制度化。目前，我们不断建立健全党内法规实施后评估制度体系，明确了党内法规实施后评估的主体、对象、程序、方法、评估指标体系、评估结果及其运用等问题，逐渐实现了党内法规实施后评估工作的规范化、制度化、程序化，为党内法规实施后评估工作的开展提供了坚实的制度支撑和保障。

3. 党内法规实施后评估的程序

党内法规实施后评估的程序是指党内法规实施后评估工作要遵循的步骤，其解决的是党内法规实施后评估的具体环节问题。因而，我们要在立足党内法规实施后评估活动实践需求的基础上，借鉴立法后评估程序的一般做法，并将其与党内法规实施后评估程序的自身特色有机结合起来，来构建党内法规实施后评估程序的具体步骤和环节，以便为党内法规实施后评估活动的开展提供明确细致的程序遵循。如同立法后评估程序一样，党内法规实施后评估程序一般也应由准备和启动、评估方案实施以及评估报告运用四个步骤组成。❶ 具体来说：

（1）党内法规实施后评估的准备

①选择和确定评估对象

党内法规实施后评估程序各个环节中，第一步就是进行选择和确定党内法规实施后评估对象。因为选择合适的评估对象是党内法规实施后评估活动取得预期目标的基础。那么，我们应如何选择和确定评估对象呢？一般应综合考虑党内法规体系建设的现实需要、党员的关注程度、党内法规实施的效果等各方面因素，以综合确定被评估的党内法规。根据当前全面从严治党的要求，为了能够更好地约束和规范党员，加强依规治党建设，结合《执行责任制规定》的相关规定，我们对今后可以作为党内法规实施后评估对象的党内法规范围作出如下界定：一是涉及党员权利义务、涉及党的路线方针政策指引、关系党的重大事项等方面党内法规可能存在严重问题的；二是党内法规规范和调整事项发生较大变化或党内法规实施效益不佳，需要

---

❶ 汪全胜等著：《立法后评估研究》，人民出版社 2012 年版，第 176~198 页。

修改甚至废除的；三是党内法规实施中遇到较大困难、党员们对其存在较大争议、反映问题比较突出的；四是因情势变迁而导致上位党内法规和党内规范性文件作出新规定、提出新要求的；五是党内法规试行期满或者没有规定试行期但试行超过 5 年的；六是因法律法规作出新规定而导致相关党内法规不衔接或不协调的。❶ 必须要说明的是，当前的政治和经济形势变化发展很快，应当及时和准确地去界定需要进行评估的党内法规范围，并根据轻重缓急对其依次进行实施后评估，以准确分析并找出其中存在的问题，提出相应的对策建议，不断提升党内法规制定质量及党内法规实施效益，如期形成完善的党内法规体系。

②确定评估主体

党内法规实施后评估工作是由一定主体组织完成的，因而，在确定了评估对象后，下一个关键步骤就是确定评估主体。根据《中国共产党党内法规制定条例》（以下简称《制定条例》）第 32 条规定，一般由党内法规制定部门或党内法规实施部门担任党内法规实施后评估主体，这无疑具有一定的权威性和合理性。因为党内法规实施后评估是一项比较复杂的技术性工作，专业性和技术性要求都比较高，故由上述部门进行评估是必要且可行的，也是其职责所在。且由党内法规制定部门或党内法规实施部门担任评估主体具有其他部门无法比拟的优势，因为其既熟悉党内法规制定的背景及目的，也掌握着党内法规实施情况的第一手资料，由其组织开展党内法规实施后评估工作，既能保证评估工作的真实性与权威性，也能提高评估工作的效率。但是，由党内法规制定部门和党内法规实施部门担任评估主体也存在"自我评估"之嫌，且不利于发挥专业社会评估机构的积极作用。毕竟专业社会评估机构属于中立第三方，能够保证评估结果的相对客观公正，且具有更多的专业评估人才，专业优势也比较明显，能够更好地适应党内法规实施后评估对专业性和技术性的要求，而党内法规制定部门和党内法规实施部门往往相对缺乏这方面的专业性人才。对此，韩强教授曾指出："党内法规制定主体如果对自身制定的党内法规进行评估，由于其具有较高的站位、较强的权威性，熟悉党内法规制定意图及制定过程，并掌握着丰富的相关资料和资源，因此便于保证评估的权威性、准确性，但是由于自我监督本身所具有的片面性和局限性，在评估中也不可避免地会产生易自我肯定的不客观不公正性。……当然，社会组织因专业性和注重民众代表性，其适度介入也可以有效保证评估的公

❶ 伊士国：《党内法规实施后评估的制度化》，载《人民法治》2018 年第 Z1 期。

正性。"● 因此，党内法规实施后评估主体的选择可以是多元化的，既可以指定党内法规制定部门或党内法规实施部门，还可以聘请一定的专业社会评估机构，以发挥每个主体各自独特的优势和作用。最后，必须说明的是，上述评估主体各有自身的独特优势，同时亦有自身难以克服的短板，所以应根据每次党内法规实施后评估的具体需求，根据每次评估对象与评估目的的不同，来相应选择不同的评估主体，既可以是单一评估主体，也可以是两个以上评估主体的联合。●

③确定评估方案

在党内法规实施后评估对象和主体确定后，党内法规实施后评估方案的确定便成为重要任务。党内法规实施后评估方案的确定是保证整个党内法规实施后评估活动顺利进行以及达到如期目标的基石。因为制定科学合理的党内法规实施后评估方案不仅是构建党内法规实施后评估程序的必要环节，还是保证党内法规实施后评估工作程序正义与实体正义实现的前提和基础。可以说，科学合理的党内法规实施后评估方案有助于党内法规实施后评估主体进一步明确评估工作的具体安排及其难点、重点，保证评估工作按照预定方案进行，避免评估工作的杂乱无章。党内法规实施后评估方案是党内法规实施后评估工作各大议题的综合体现，涉及的内容非常丰富和繁杂，具体内容应包括：一是释明党内法规实施后评估目的，以使党内法规实施后评估主体在特定目的指引下开展评估活动，做到有的放矢；二是科学界定党内法规实施后评估的具体内容，以明确党内法规实施后评估什么的问题；三是确定党内法规实施后评估的指标体系●，为党内法规实施后评估工作提供统一标尺；四是选择党内法规实施后评估方法，为党内法规实施后评估工作提供方法遵循，保证评估工作保质保量完成；五是合理预算党内法规实施后评估经费，解决评估经费保障问题；六是设计党内法规实施后评估时间表，以便把握好各个步骤之间的时间安排，做到合理衔接，环环紧扣，协调好不同主体之间的程序转化或衔接；七是明确党内法规实施后评估的监督与保障，以防范评估工作因意外或人为因素而无法顺利进行。

（2）党内法规实施后评估的启动

在党内法规实施后评估的各项准备工作完成后，就需要适时启动党内法

● 韩强：《论党内法规实施效果评估的标准及价值功能》，载《湖北行政学院学报》2019年第1期。

● 汪全胜等著：《立法后评估研究》，人民出版社2012年版，第179页。

● 林蓉蓉、谷志军：《从文本质量到实施效果：党内法规实施后评估指标体系的构建》，载《探索》2020年第3期。

规实施后评估工作。之所以要"适时"，是因为无论启动得过早或过晚，都会影响党内法规实施后评估结果的科学性和有效性。详言之，如果党内法规实施后评估工作启动太早，则党内法规潜在的一些问题尚无法全部暴露出来，这样容易导致评估工作"徒劳无功"，达不到预期评估目的。同时，党内法规实施后评估结论中所提出的建议或意见也往往因缺乏相应的针对性和可操作性，容易使党内法规实施后评估工作"流于形式"。而如果党内法规实施后评估工作启动过晚，就可能使党内法规早就存在的问题长期得不到正视和解决，容易使党内法规实施后评估工作的价值和意义"大打折扣"，也容易影响党内法规的制定或实施工作，甚至损害党内法规的权威性。尽管如此，对于应何时启动党内法规实施后评估工作，各地、各部门并没有进行科学的考量，也没有明确的规范依据，各地做法不一，评估的启动时间也早晚不一，最终导致党内法规实施后评估结果的科学性大打折扣。因此，我们应尽快明确党内法规实施后评估的启动时间，具体可以分为定期评估和不定期评估两种情形。具体言之：第一，在定期评估情形下，可以由党内法规或党内规范性文件明确规定在一定的期限内，由特定的党内法规实施后评估主体对其进行综合评估，并以评估结果为依据对其相应作出继续施行、修改或废止等决定。定期评估的适用范围主要是试行的党内法规，在这种情况下，党内法规实施后评估的启动时间一般就是党内法规试行的截止时间。第二，在不定期评估情形下，可以根据党的建设和党内法规体系建设的具体情况，由党内法规制定部门或党内法规实施部门，临时动议对已经制定并实施一定阶段的党内法规进行评估，并以评估结果为依据对其提出制定或实施方面的建议、意见等，作出相应的决定。不定期评估的适用范围包括所有党内法规，因而，可以更加灵活地根据党内法规实施后评估的实际需求来选择启动党内法规实施后评估的时间。我们认为，在不定期评估情形下，将启动评估的时间界定在党内法规实施之后的 2~4 年，相对来说比较符合实际情况，有利于真正评估出党内法规的制定质量及实施效果。各地、各个部门可以根据不同党内法规实施评估的具体需求，在这个弹性范围内自主决定该党内法规实施后评估的启动时间。

（3）党内法规实施后评估方案的实施

党内法规实施后评估方案的实施是党内法规实施后评估程序的核心环节，也是党内法规实施后评估活动能否成功的关键因素。党内法规实施后评估方案一旦实施，就要求所有参与主体按照评估方案预设的各项要求进行，特别是要对被评估党内法规的相关信息进行收集、整理、研判，以了解被评估党

内法规在制定或实施方面的基本状况，得出初步的评估结果。❶

①评估信息的收集与研判

从某种程度上来说，党内法规实施后评估程序就是党内法规实施后评估主体对评估信息进行收集和研判的过程。这就要求通过多种方式和途径收集党内法规实施后评估相关信息，既可以通过发放纸质及网络调查问卷等形式进行评估信息收集，也可以通过实地调研进行评估信息的收集，还可以在条件成熟时，建立专门的党内法规实施后评估信息收集系统来收集评估信息。❷在此基础上，再由党内法规实施后评估主体对收集到的评估信息进行专门性的研判工作，做到分门别类、详略得当。其中，首先就是要通过各种方式和途径对相关党内法规实施后评估信息进行甄选与整理，以为党内法规实施后评估工作的顺利进行提供坚实的信息保障。但是，考虑到党内法规实施后评估信息数量太大，如果将其全部具体应用到某项党内法规实施后评估任务中就未免显得有些随意或不严谨，也会增加许多"无用功"，并增加评估的各项成本，这就要求党内法规实施后评估主体对评估信息进行进一步的筛选与整理，根据评估对象和评估目的的不同而选择相应的评估信息组合。其次就是对评估信息进行系统研判，以了解被评估党内法规的相关情况。在对党内法规实施后评估信息进行甄选与整理之后，就应当由相关评估主体对选取的评估信息进行具体研判，运用统计学等多种科学方法对其进行详细分析，不仅要了解被评估党内法规制定背景、目的、出台过程等，还要总结归纳出被评估党内法规在实施过程中出现的普遍性、概括性问题，也要知悉与被评估党内法规有直接利害关系的党员及党组织的意见建议等。❸

②评估报告的形成与公布

党内法规实施后评估信息的初步分析结论并不是最终的党内法规实施后评估结果，其还需要由有关主体进一步加工形成最终的党内法规实施后评估报告，并予以公布。当然，形成的党内法规实施后评估报告是否予以公开应当根据实际情况加以考虑，只要不涉及党内秘密或不违背保密原则的就应予以公开。但党内法规实施后评估报告公开的范围也应当有所限制，一般只需要在党内进行公开。只有当涉及有关群众或社会组织利益，且有必要时，才可以向社会公开。对此，王建芹教授等曾指出："对于完成的评估报告，还需

---

❶　王建芹、肖寓芳：《试论党内法规实施后评估的程序设计》，载《桂海论丛》2018 年第 5 期。
❷　郭康：《党内法规实施后评估制度研究》，河北大学 2018 年硕士学位论文，第 13 页。
❸　汪全胜、黄兰松：《党内法规的可操作性评估研究》，载《中共浙江省委党校学报》2017 年第 3 期。

要考虑是否公开。由于涉及党员利益，所以有必要在党内公开；对关切群众利益的党内法规，其评估报告也有必要向民众公开。其中的例外则是涉及党的秘密时不宜公开，但'党的秘密'范围需要进行严格限制，否则可能成为拒绝公开评估报告的借口。"❶

第一，党内法规实施后评估报告的形成。党内法规实施后评估报告是党内法规实施后评估结果的物质载体，反映了整个党内法规实施后评估工作的最终成果，其完善与否，不仅会影响党内法规实施后评估工作的效益，最终还可能会影响被评估党内法规的制定或实施工作。正是基于此，在党内法规实施后评估工作结束后，必须由党内法规实施后评估主体综合整理相关评估信息，撰写并形成一份完整的党内法规实施后评估报告。而一份完整的党内法规实施后评估报告至少应当包括以下几方面的内容：一是党内法规实施后评估目的、评估标准、评估方法等；二是对被评估党内法规制定必要性等情况的总结分析；三是对被评估党内法规的实施成本、实施效益的评价分析；四是对被评估党内法规实施中存在问题及其成因的分析；五是对被评估党内法规的制定或实施工作提出初步的建议和意见，为有关部门作出立、改、废或加强实施的决定提供依据。需要说明的是，党内法规实施后评估报告是党内法规实施后评估主体对被评估党内法规的制定及实施情况的调查与总结，对于被评估党内法规将来的立、改、废或实施工作具有重要的参考作用，但其并不是党内法规或党内规范性文件，自然不具有类似党内法规或党内规范性文件这样的强制约束力。

第二，党内法规实施后评估报告的公布。公布是评估程序的重要环节，未经公布，评估报告不具有正当性，对外也不产生效力。因此，在党内法规实施后评估报告最终形成后，要由特定主体在法定的期限内，用法定的方式将之公之于众。如上所述，尽管党内法规实施后评估报告不具有强制约束力，但是其仍然具有一定的约束性，将其及时予以公布具有重要的意义，尤其是有利于完善评估报告中对党内法规立、改、废或实施工作方面的意见或建议。因为通过公布的方法可以引起广大党员和各级党组织对被评估党内法规更加密切的关注，从而提出更多具有可操作性的修改意见或完善建议。这里的问题是，评估主体应采取何种方式将党内法规实施后评估报告予以公布。一般来说，党内法规实施后评估主体应当通过各种途径和形式，使党内法规实施后评估报告的内容为广大党员和各级党组织所知晓，特别是使受其直接影响

---

❶ 王建芹、肖寓芳：《试论党内法规实施后评估的程序设计》，载《桂海论丛》2018年第5期。

的党员、党组织能及时知晓。这一点可以借鉴立法后评估的相关做法。现在许多国家都非常重视立法后评估报告公布渠道的畅通、高效，以保持立法后评估信息量的增长和立法后评估信息的传播速度与公众接受立法后评估报告的机会、渠道之间的大致均衡。因而，党内法规实施后评估报告的公布方式完全可以借鉴立法后评估报告的公布方式，也可以像立法后评估报告一样采取多种方式对党内或社会予以公开。❶ 此外，党内法规实施后评估报告的公布不一定采取类似党内法规公布方式这样的正式方式，因为党内法规实施后评估报告毕竟不具有党内法规这样的适用性和拘束力，它仅是党内法规制定部门或党内法规实施部门加强党内法规建设的重要依据，因而，它的公布方式不必要求具有法定性和严格性，只要有利于党内法规实施后评估报告的公开就行。

（4）党内法规实施后评估报告的运用

党内法规实施后评估报告的运用是党内法规实施后评估程序中最后的步骤，也是党内法规实施后评估活动能否取得切实成效的关键。如果我们不能将党内法规实施后评估报告有效予以运用，仅仅是为了评估而评估，开展党内法规实施后评估工作也就没有任何意义。因而党内法规实施后评估报告的运用，不能只停留在口头的重视上，应体现在具体实践的运用上，特别是应对其反映出的党内法规制定或实施方面存在的问题予以及时回应和解决，并以之为依据不断加强党内法规制定或实施工作，提高党内法规制定质量，保证党内法规实施效果。可以说，党内法规实施后评估报告的运用是党内法规实施后评估程序中的"最后的一公里"，只有打通这"最后的一公里"，即将党内法规实施后评估报告予以有效运用，党内法规实施后评估工作才有意义、才有必要，党内法规实施后评估工作才能真正有效开展。因而，我们在构建党内法规实施后评估程序时，必须要高度重视这"最后的一公里"，保证党内法规实施后评估报告的有效运用。

党内法规实施后评估报告指明了党内法规制定或实施工作中存在的问题，因而，党内法规实施后评估报告的运用，实际上就是要求党内法规制定部门或实施部门以党内实施后评估报告为依据，及时解决这些问题，并不断加强党内法规体系建设。所以，根据党内法规实施后评估报告所反映问题及所提对策建议的不同，党内法规实施后评估报告运用的结果主要有以下几种情形：一是党内法规保留。如果被评估党内法规不存在制定及实施问题，不与国家

---

❶ 汪全胜等著：《立法后评估研究》，人民出版社2012年版，第191～192页。

法律、上位党内法规相抵触，实际实施效果良好，且将来有必要继续施行的，就应将该党内法规予以保留，继续施行。二是党内法规修改。如果被评估党内法规存在文本制定质量问题，如其与国家法律、上位党内法规相抵触，与党的最新方针政策不符，存在用词不当、文字错误、标点错误等制定技术问题，且经过部分修改就可以继续施行的，就应启动修改程序，对该党内法规进行及时修改。三是党内法规解释。如果被评估党内法规某些条文规定得比较原则、抽象，导致相关党组织和党员对其基本概念、条文表述以及适用范围理解容易产生歧义的，就应当启动党内法规解释程序，对该党内法规进行解释，以明确该党内法规相关条文的含义、界限及其适用范围。四是党内法规废止。如果被评估党内法规制定的目的已经实现，或制定的依据不复存在，或与国家法律、上位党内法规相抵触，或与党的最新方针政策严重不符，或被新党内法规所代替，或不具有可操作性，或试用期已过，且无继续施行必要或无法修改的，就应启动党内法规废止程序，将该党内法规予以废止，以实现党内法规清理的及时性。

4. 党内法规实施后评估的指标体系

党内法规实施后评估的指标体系是指用来进行党内法规实施后评估工作，由多个有机联系、层次分明、各部分权重设置科学合理的指标形成的标准综合体，其解决的是党内法规实施后评估的标准或依据问题。党内法规实施后评估指标体系是评价党内法规质量的具体标准，对党内法规实施后评估工作起着重要的指引作用。因而，必须设计科学、规范、具有可操作性的党内法规实施后评估指标体系。一般来说，党内法规实施后评估的指标体系由逻辑合理的多个不同层级的指标构成，包括一级指标、二级指标等，并根据其重要性的不同设置了相应的分值。此外，需要说明的是，由于党内法规实施后评估指标体系是一个涵盖了各方面的指标集合体，每次对党内法规进行实施后评估时，可以根据不同的评估对象、评估任务和评估目标，设置不同的评估指标体系，并根据评估指标的具体内容和评估对象的特点对分值进行相应的调整。

党内法规实施后评估的指标体系直接决定着党内法规实施后评估的方向和评估的结论是否正确、科学和符合实际，因而我们应站在中国问题、国外经验的立场上，梳理国内外有关立法后评估指标体系现状，结合党内法规自身特点，加以借鉴、整合和吸收，构建科学的、规范的党内法规实施后评估指标体系，以为党内法规实施后评估工作的开展提供坚实支撑。

（1）党内法规实施后评估指标体系的设置

与党内法规实施后评估理论和实践十分滞后相比，立法后评估工作在我国已经日渐成熟，几乎所有省市都出台了立法后评估工作的规范依据，其制度化、规范化、程序化不断加强，因而，立法后评估的指标体系也十分健全、十分丰富，代表性的有"三指标式（质量标准、实施标准、实施绩效标准）""四指标式（法理标准、价值标准、实践标准、技术标准）""五指标式（合法性、合理性、协调性、实效性、技术性）""六指标式（法制统一、合理性、可操作性、地方特色、成本效益分析、实效性）""七指标式（合法性、合理性、协调性、操作性、规范性、实效性、适应性）"等。对此，我们认为，上述指标体系虽然范围大小有所差别，但实质上并无本质不同，且主要指标基本一致。考虑到党内法规实施后评估工作尚处于探索阶段，党内法规实施后评估指标体系设计既不宜太过复杂，也不宜太过简单，应构建既能较为全面客观评估、又能便于操作的指标体系。2018年，四川省委出台的《省委党内法规实施评估办法（试行）》采取了"八指标式（政治性、合法性、合理性、协调性、操作性、实效性、规范性和必要性）"。❶ 对此，我们认为，该"八指标式"党内法规实施后评估指标体系具有较强的科学合理性，涵盖了党内法规实施后评估所需的基本标准，体现和反映了党内法规实施后评估的基本规律和一般要求，但该"八指标式"党内法规实施后评估指标体系也存在一定问题，如不够简单明了，可操作性不强。例如，"政治性"本身是任何党内法规都必须具备的，也不好量化评估，在评估实践中难以具体量化出哪部党内法规"政治性"更高或更低，自然就失去了评估的意义。因此，我们认为，应该构建"七指标式（必要性、合理性、合法性、协调性、可行性、规范性、实效性）"的党内法规实施后评估指标体系，具体内容见表3。这样既满足了党内法规实施后评估工作的各方面需求，涵盖了党内法规实施后评估的基本要素，也利于为党内法规实施后评估工作的开展提供明确的评估标准，有利于实现党内法规实施后评估的目标。

（2）党内法规实施后评估指标体系的结构

一般来说，科学系统的党内法规实施后评估指标体系的结构至少包括三个层次，或者说包括三级以上的指标，但在实践中以三级指标为宜，因为四级以上指标就比较复杂，不好操作，容易影响评估工作的效率。当然，如果确有需要，也可以根据评估实践实际情况细化为四级指标或五级指标。考虑到党内法规实施后评估实践刚刚开始，我们建议将党内法规实施后评估指标体系细化为三级指标为宜，这样更为简单明了，易于操作，有利于保证党内

---

❶ 《我省出台〈省委党内法规实施评估办法（试行）〉》，http://www.sc.gov.cn/10462/12771/2018/1/22/10443192.shtml，最后访问日期：2018年3月11日。

法规实施后评估工作的有效开展，也有利于保证党内法规实施后评估结果的全面客观公正。具体来说：

第一，一级指标。在党内法规实施后评估指标体系中，一级指标为最高指标，具体包括上述必要性、合理性、合法性、协调性、可行性、规范性、实效性七大评估标准。应该说，这七个一级指标基本涵盖了党内法规实施后评估的理论与实践的各方面要素和要求，内涵全面，外延周密，既符合立法后评估的一般要求，也符合党内法规实施后评估的基本规律。这七大一级指标均属于关键性的一般指标，必须分别进行描述，尽量完成指标的量化和细化，以保证这些指标的可操作性。同时，在党内法规实施后评估工作结束后，党内法规实施后评估主体还必须依据对七个一级指标的打分情况进行综合计算，统计出被评估对象的总评估分数，以准确掌握被评估党内法规的制定质量及其实施效果等评估结论。

第二，二级指标。一般来说，二级指标是对一级指标的细化和量化，是对一级指标的进一步描述。但是，二级指标对一级指标的细化和量化并不是随心所欲的，而是需要按照专业技术的要求进行，特别是对规范性和实效性一级指标的细化，必须要体现专业技术特殊性的要求。至于二级指标的具体设置，需要根据一级指标的具体情况分别细化和量化，以能涵盖一级指标的基本内容和要素为基本要求和依据。"若一个具体的指标体系未设置三级指标，那么在完成对二级指标量化分析的同时，还必须有适当的质性描述诠释，以能具体体现量化和质述的互相结合补充。"❶ 考虑到党内法规实施后评估的特殊性和重要性，我们对其进行了三级指标细化，因而在设置二级指标时不需要考虑上述情况。我们认为，可以将党内法规实施后评估一级指标必要性、合理性、合法性、协调性、可行性、规范性、实效性进一步分解设置为二级指标等：一是将一级指标"必要性"细化为 3 个二级指标（立规具有必要性，立规符合经济社会发展需求，立规时机、条件具备）。二是将一级指标"合理性"细化为 3 个二级指标（符合公平、公正要求，采取的党规措施必要、适当，权利义务分配合理）。三是将一级指标"合法性"细化为 5 个二级指标（立规目的合法、立规主体合法、立规程序合法、立规依据合法、立规内容合法）。四是将一级指标"协调性"细化为 4 个二级指标（与上位法的兼容和衔接、与平行法的协调、与下位法的配套、自身内部规定和谐一致）。五是将一级指标"可行性"细化为 3 个二级指标（规定具体、明确、完整，针对性强，

---

❶ 袁曙宏主编：《立法后评估工作指南》，中国法制出版社 2013 年版，第 57 页。

规定的内容具有可操作性）。六是将一级指标"规范性"细化为2个二级指标（结构合理，逻辑关系明确、严谨，语言文字、标点规范）。七是将一级指标"实效性"细化为2个二级指标（党内法规得到良好实施、党内法规产生良好经济效益和社会效益）。

至于各种二级指标的权重，应根据一级指标的权重，并按照具体情况，由党内法规实施后评估主体借鉴立法后评估的相关有益经验，按照一定的方法，遵循一定的原则分别设置。正如有学者指出的："将各个评估指标数量化，得到所有评估指标的得分后，立法后评估者可使用加权平均法、工效系数法、主次兼顾法、罗马尼亚选择法等多种方法进行指标综合，以确定各个指标的权重。众所周知，采用多重指标综合评价某一事物或现象时，各项实际指标的重要程度并不完全一样，这就需要确定各指标的权重，为了评价的客观性，通常需要对不同的指标赋予不同的权数。"[1] 据此，我们分别设置了二级指标的权重，具体见表3。

第三，三级指标。三级指标是对二级指标的进一步细化，也是一级指标的再次细化。一般来说，由于二级指标具有一定的抽象性和概括性，离开了三级指标的细化，二级指标便难以简单明了，更难以保证其可行性和可操作性。但是从立法后评估实践来看，三级指标并不是在每一个立法后评估指标体系中都是必需的，有的二级指标没有设置三级指标，甚至有的立法后评估指标体系只设置到二级指标，完全没有三级指标。出现这些情况是正常的，因为有的立法可能比较简单，通过二级指标的设置，就可以把立法后评估的目的和重点表述清楚，就没有必要再设置三级指标了。有的立法后评估主体在设置二级指标时，规定得比较明确细致，使得很难再设置三级指标或没有必要再设置三级指标了。但是，如上所述，由于党内法规实施后评估工作刚开始不久，还不成熟，再加上党内法规的特殊性，对党内法规的实施后评估还是要设置三级指标体系，以明确党内法规实施后评估的重点和目的，使党内法规实施后评估主体在开展党内法规实施后评估工作时能够明确每一个评估指标的具体内容和要求，保证党内法规实施后评估工作的切实效果。正如有学者指出的："三级指标应该具体到评估对象中重点评估内容的'要点'，并且直接转化成若干条具体的问题，以便于形成调查问卷。实践中，这些指标的评价、考量结果，可以通过不同人员对这些问题的回答而获得。"[2]

根据这一要求，我们可以将上述党内法规实施后评估的二级指标进一步

[1] 汪全胜等著：《立法后评估研究》，人民出版社2012年版，第343页。
[2] 袁曙宏主编：《立法后评估工作指南》，中国法制出版社2013年版，第57页。

细化为三级指标，一是将一级指标"必要性"中的 3 个二级指标（立规具有必要性，立规符合经济社会发展需求，立规时机、条件具备）分别细化为，立规具有必要性：A1 该事项是否属于党内法规调整范围，A2 是否存在党内法规的替代手段；立规符合经济社会发展需求：A3 该党内法规是否符合经济社会发展规律，A4 该党内法规是否符合社会发展需要，A5 该党内法规是否符合人民群众的利益需求；立规时机、条件具备：A6 该党内法规制定时机是否成熟，A7 该党内法规制定所需要的条件是否具备。二是将一级指标"合理性"中的 3 个二级指标（符合公平、公正要求，采取的党规措施必要、适当，权利义务分配合理）分别细化为，符合公平、公正要求：B1 党内法规是否贯彻落实了权责相统一原则，B2 党内法规是否有利于维护广大党员和各级党组织的合法权益；采取的党规措施必要、适当：B3 执规自由裁量权范围是否适当❶，党纪处罚的种类与范围是否和党组织或党员的违规行为相对称，B4 是否因执规程序规定不合理或不具体而给执规程序不公或随意留下空间，从而损害各级党组织或广大党员的权益，B5 是否因该党内法规规定的职权不明确、权责不匹配而导致有关党组织监管不力或执规不作为，B6 是否明确规定有对党组织或党员损害最小的执规方式；权利义务分配合理：B7 党内法规规定的权利义务是否相一致❷，B8 是否因该党内法规规定的权利缺乏救济措施，或救济措施规定不周或不当而导致党员无法正当维权。三是将一级指标"合法性"中的 5 个二级指标（立规目的合法、立规主体合法、立规程序合法、立规依据合法、立规内容合法）分别细化为，立规目的合法：C1 党内法规制定目的是否符合法治精神、法治原则，C2 党内法规制定目的是否符合党内法规体系建设要求；立规主体合法：C3 党内法规制定主体是否适格，C4 党内法规制定主体是否具有法定立规权限；立规程序合法：C5 是否依规制定、实施党内法规制订工作计划，C6 是否依规组织开展党内法规制定起草工作，C7 是

---

❶ 有学者认为，违反党内法规责任归责中的裁量决定只存在于党内法规规则中的"处理"和"法规后果"部分。在党内法规规则的"处理"部分，由于"可以""应当"等联系词的不同而产生的决定作为还是不作为的裁量属于"决定裁量"，即是否需要作出处理；在党内法规规则的"法规后果"部分，由于法规后果的不同而产生的裁量属于"选择裁量"，即在可选择的多种处理后果中选择哪一种处理后果。参见王振民、施新州等著：《中国共产党党内法规研究》，人民出版社 2016 年版，第 200~203 页。

❷ 需要说明的是，尽管党内法规以权利和义务为主要内容，但相比于国家法，党内法规更多地突出和强调义务。之所以如此，主要原因在于党作为国家的执政党和社会主义革命及建设事业的领导者，需要保持其自身的先进性与纯洁性。为此，其对于自身党组织及党员的要求在伦理道德层面上要远远高于一般法律规范对于社会公众的要求，较多地强调义务，因为只有突出和强调义务才更能够促使党员秉承全心全意为人民服务的宗旨，立党为公，执政为民，凸显党的先进性与纯洁性。参见殷啸虎主编：《中国共产党党内法规通论》，北京大学出版社 2016 年版，第 6~7 页。

否依规进行党内法规制定的审查与决定，C8 是否依规对党内法规进行报请备案，C9 是否依规对党内法规的解释请求及时作出合理解释；立规依据合法：C10 是否严格遵循依据上位法，C11 是否有明确的法定依据或授权依据；立规内容合法：C12 党内法规的内容是否在其制定主体的权限范围内，C13 党内法规的内容是否与上位法相违背，C14 党内法规内容是否存在不必要的重复上位法的规定，C15 党内法规内容是否有地方或自身特色。四是将一级指标"协调性"中的 4 个二级指标（与上位法的兼容和衔接、与平行法的协调、与下位法的配套、自身内部规定和谐一致）分别细化为，与上位法的兼容和衔接：D1 是否与宪法、法律、行政法规、中央部委部门规章兼容和衔接，D2 是否与上位法的原则、精神相抵触，或与其具体内容相冲突，导致执规冲突或相关党内法规纠纷；与平行法的协调：D3 是否与同级党组织制定的党内法规不一致或相冲突，D4 是否与本级党组织制定的其他党内法规相协调；与下位法的配套：D5 是否与下位法的规定相配套，D6 是否成为下位法的制定依据；自身内部规定和谐一致：D7 党内法规的内部结构是否逻辑严密，D8 党内法规的具体内容规定是否无内在冲突和矛盾。五是将一级指标"可行性"中的 3 个二级指标（规定具体、明确、完整，针对性强，规定的内容具有可操作性）分别细化为，规定具体、明确、完整：E1 党内法规条款规定是否无歧义，E2 党内法规条款规定是否无异议；针对性强：E3 是否因该党内法规的内容缺乏针对性的解决实际问题的措施，而导致实践中难以操作，E4 是否因该党内法规的一些重要条款过于笼统，而导致该党内法规难以实施；规定的内容具有可操作性：E5 是否因该党内法规规定的程序过于烦琐或不完善，而导致实践中很难或根本无法操作，E6 是否因该党内法规规定的自由裁量权范围过大，而导致执规部门对同样案件的不同处理。六是将一级指标"规范性"中的 2 个二级指标（结构合理，逻辑关系明确、严谨，语言文字、标点规范）分别细化为，结构合理，逻辑关系明确、严谨：F1 党内法规的体系结构是否合理，F2 党内法规的逻辑结构是否合理；语言文字、标点规范：F3 党内法规的名称是否科学、精确、统一，F4 党内法规概念、术语是否明确、准确、统一、规范，F5 党内法规的语言文字是否符合要求，清晰准确，是否存在非规范语言表达，F6 标点符号、数字的表述是否符合党内法规制定要求。七是将一级指标"实效性"中的 2 个二级指标（党内法规得到良好实施、党内法规产生良好经济效益和社会效益）分别细化为，党内法规得到良好实施：G1 党内法规是否被大多数党员知晓并自觉遵守，G2 党内法规生效之后每年是否被有关党组织适用，G3 党内法规制定实施后，违规案件的发生率是否降低，

G4 广大党员对该党内法规的主要条款在实践中执行和落实情况是否满意；党内法规产生良好经济效益和社会效益：G5 是否能收到党内法规的预期经济效益和社会效益、G6 广大党员对该党内法规实施后所产生的经济效益和社会效益是否满意，具体见表 3。至于各种三级指标的权重，应根据上述二级指标权重的设计思路，在充分考虑党内法规实施后评估实际情况的基础上，分别设置。据此，我们设计了各种三级指标的权重，具体见表 3。

表 3　党内法规实施后评估指标体系

序号	一级指标	二级指标	三级指标	分值	打分
1	A 必要性（16分）	立规具有必要性（4分）	A1 该事项是否属于党内法规调整范围	2	
			A2 是否存在党内法规的替代手段	2	
		立规符合经济社会发展需求（6分）	A3 该党内法规是否符合经济社会发展规律	2	
			A4 该党内法规是否符合社会发展需要	2	
			A5 该党内法规是否符合人民群众的利益需求	2	
		立规时机、条件具备（6分）	A6 该党内法规制定时机是否成熟	3	
			A7 该党内法规制定所需要的条件是否具备	3	
2	B 合理性（17分）	符合公平、公正要求（2分）	B1 党内法规是否贯彻落实了权责相统一原则	1	
			B2 党内法规是否有利于维护广大党员和各级党组织的合法权益	1	
		采取的党规措施必要、适当（12分）	B3 执规自由裁量权范围是否适当，党纪处罚的种类与范围是否和党组织或党员的违规行为相对称	3	
			B4 是否因执规程序规定不合理或不具体而给执规程序不公或随意留下空间，从而损害各级党组织或广大党员的权益	3	
			B5 是否因该党内法规规定的职权不明确、权责不匹配而导致有关党组织监管不力或执规不作为	3	
			B6 是否明确规定有对党组织或党员损害最小的执规方式	3	
		权利义务分配合理（3分）	B7 党内法规规定的权利义务是否相一致	1	
			B8 是否因该党内法规规定的权利缺乏救济措施，或救济措施规定不周或不当而导致党员无法正当维权	2	

序号	一级指标	二级指标	三级指标	分值	打分
3	C 合法性（15分）	立规目的合法（2分）	C1 党内法规制定目的是否符合法治精神、法治原则	1	
			C2 党内法规制定目的是否符合党内法规体系建设要求	1	
		立规主体合法（2分）	C3 党内法规制定主体是否适格	1	
			C4 党内法规制定主体是否具有法定立规权限	1	
		立规程序合法（5分）	C5 是否依规制订、实施党内法规制订工作计划	1	
			C6 是否依规组织开展党内法规制定起草工作	1	
			C7 是否依规进行党内法规制定的审查与决定	1	
			C8 是否依规对党内法规进行报请备案	1	
			C9 是否依规对党内法规的解释请求及时作出合理解释	1	
		立规依据合法（2分）	C10 是否严格遵循依据上位法	1	
			C11 是否有明确的法定依据或授权依据	1	
		立规内容合法（4分）	C12 党内法规的内容是否在其制定主体的权限范围内	1	
			C13 党内法规的内容是否与上位法相违背	1	
			C14 党内法规内容是否存在不必要的重复上位法的规定	1	
			C15 党内法规内容是否有地方或自身特色	1	
4	D 协调性（18分）	与上位法的兼容和衔接（4分）	D1 是否与宪法、法律、行政法规、中央部委部门规章兼容和衔接	2	
			D2 是否与上位法的原则、精神相抵触，或与其具体内容相冲突，导致执规冲突或相关党内法规纠纷	2	
		与平行法的协调（4分）	D3 是否与同级党组织制定的党内法规不一致或相冲突	2	
			D4 是否与本级党组织制定的其他党内法规相协调	2	
		与下位法的配套（6分）	D5 是否与下位法的规定相配套	3	
			D6 是否成为下位法的制定依据	3	

续表

序号	一级指标	二级指标	三级指标	分值	打分
4	D 协调性 （18 分）	自身内部规定 和谐一致 （4 分）	D7 党内法规的内部结构是否逻辑严密	2	
			D8 党内法规的具体内容规定是否无内在冲突和矛盾	2	
5	E 可行性 （15 分）	规定具体、明确、 完整（5 分）	E1 党内法规条款规定是否无歧义	3	
			E2 党内法规条款规定是否无异议	2	
		针对性强 （6 分）	E3 是否因该党内法规的内容缺乏针对性的解决实际问题的措施，而导致实践中难以操作	3	
			E4 是否因该党内法规的一些重要条款过于笼统，而导致该党内法规难以实施	3	
		规定的内容 具有可操作性 （4 分）	E5 是否因该党内法规规定的程序过于烦琐或不完善，而导致实践中很难或无法操作	2	
			E6 是否因该党内法规规定的自由裁量权范围过大，而导致执规部门对同样案件的不同处理	2	
6	F 规范性 （8 分）	结构合理， 逻辑关系明确、 严谨（2 分）	F1 党内法规的体系结构是否合理	1	
			F2 党内法规的逻辑结构是否合理	1	
		语言文字、 标点规范（6 分）	F3 党内法规的名称是否科学、精确、统一	1	
			F4 党内法规概念、术语是否明确、准确、统一、规范	2	
			F5 党内法规的语言文字是否符合要求，清晰准确，是否存在非规范语言表达	2	
			F6 标点符号、数字的表述是否符合党内法规制定要求	1	
7	G 实效性 （11 分）	党内法规得到 良好实施（7 分）	G1 党内法规是否被大多数党员知晓并自觉遵守	2	
			G2 党内法规生效之后每年是否被有关党组织适用	2	
			G3 党内法规制定实施后，违规案件的发生率是否降低	2	
			G4 广大党员对该党内法规的主要条款在实践中执行和落实情况是否满意	1	

续表

序号	一级指标	二级指标	三级指标	分值	打分
7	G 实效性 （11分）	党内法规产生良好经济效益和社会效益 （4分）	G5 是否能收到党内法规的预期经济和社会效益	2	
			G6 广大党员对该党内法规实施后所产生的经济和社会效益是否满意	2	
合计				100	

（三）党内法规实施后评估制度的意义

构建党内法规实施后评估制度，开展党内法规实施后评估工作，有利于客观评价党内法规制定质量以及党内法规实施效果，并提出有针对性的完善意见和建议，因此，这一制度无疑具有重要意义。

1. 有利于提高党内法规质量，形成完善的党内法规体系

中共中央印发的《中央党内法规制定工作第二个五年规划（2018—2022年）》明确提出，要适应新时代坚持和加强党的全面领导、以党的政治建设为统领全面推进党的各项建设的需要，到建党 100 周年时形成以党章为根本、以准则条例为主干，覆盖党的领导和党的建设各方面的党内法规制度体系，并随着实践发展不断丰富完善。[1] 而要实现这一目标，如期形成完善的党内法规体系，关键在于要提高党内法规质量，这就离不开党内法规实施后评估制度功效的发挥。这是因为，"党内法规制度体系建设的主要矛盾将从新法规的创制向现行法规的修改、补充、废止过渡。对现行党内法规进行反思，考察其实施的实际效果，对现行党内法规的修改、补充、废止等都离不开立法后评估工作。"[2] 具体言之：

首先，党内法规实施后评估制度有利于全面评估现行党内法规的制定质量，及时发现党内法规本身存在的质量问题，并提出相应的完善建议。尽管任何立法者都希望自己的立法"尽善尽美"，"完备无缺"，但实际上受各种内外因素影响，特别是受立法者自身认识水平和立法能力有限等因素影响，再加上社会变迁，党内法规体系中总有部分党内法规会存在这样或那样的质

---

[1]　《中央党内法规制定工作第二个五年规划（2018—2022 年）》，http://www.gov.cn/xinwen/2018-02/23/content_5268274.htm，最后访问日期：2018 年 3 月 15 日。

[2]　王振民、施新州等著：《中国共产党党内法规研究》，人民出版社 2016 年版，第 206~207 页。

量问题，但很多问题并不容易被发现，只有在党内法规实施一定时间后，经过客观评估，才能真正掌握党内法规的制定质量，才能发现党内法规在制定质量方面存在的问题，才能有针对性地提出修改、废止、出台配套法规等完善建议，有效提高现行党内法规的制定质量。

其次，党内法规实施后评估制度有利于集中体现和反映广大党员的意志和利益，提升党内法规的民主化和科学化程度。"党内法规的制定是否科学、民主、依法，直接影响党内法规制定的质量和生命力。"❶尽管在党内法规制定过程中需要坚持民主立法、科学立法，集中体现和反映广大党员的意志和利益，即"党内法规的立项论证要科学，要从党的建设的实际出发，通过党内法规解决实际问题；党内法规的制定过程要民主，要集思广益，充分反映广大党员和党组织的利益和愿望"❷，但是在党内法规实施后评估的过程中，也要通过实地调研、问卷调查、座谈会、讨论会、专家论证会等各种形式和途径，来广泛深入地听取各级党组织和广大党员的意见和建议，特别是利益相关群体对党内法规设计和实施情况的意见和要求，以集中体现和反映广大党员的意志和利益，为将来该党内法规的修改和完善提供借鉴参考，进一步提升该党内法规的民主化和科学化程度。

最后，党内法规实施后评估制度有利于为形成完善的党内法规体系指明方向。要形成完善的党内法规体系，必须要开展党内法规实施后评估工作，这是因为，"在立法后评估过程中，可以通过对单部法律法规或一项制度的深入分析考察，充分考虑立法项目的选定、立法技术的运用、立法标准的把握等，从中寻找共性问题，探索经验，准确把握制度建设的客观规律，不断创新立法工作机制，改进立法工作方法，从而有效提高立法工作质量"❸。同理，通过开展党内法规实施后评估工作，也可以选择不同的评估方法，对有代表性的党内法规进行全面客观的评估，通过个案评估总结共性问题，总结党内法规制定的经验教训，把握党内法规建设的基本规律，可以为党内法规的"立改废"工作提供参考借鉴，为形成完善的党内法规体系指明方向。

2. 有利于加强党内法规实施，形成党内法治

党的十九大报告指出，要坚持"依法治国和依规治党有机统一"❹。之所

---

❶ 张晓燕：《进一步完善党内法规制定体制机制》，载《中国党政干部论坛》2015 年第 2 期。
❷ 殷啸虎主编：《中国共产党党内法规通论》，北京大学出版社 2016 年版，第 83 页。
❸ 袁曙宏主编：《立法后评估工作指南》，中国法制出版社 2013 年版，第 8 页。
❹ 习近平：《决胜全面建成小康社会 夺取新时代中国特色社会主义伟大胜利——在中国共产党第十九次全国代表大会上的报告》，载《人民日报》2017 年 10 月 28 日，第 1 版。

以如此，是由依规治党在依法治国中的地位和作用所决定的。如前所述，坚持党的领导是中国特色社会主义法治的本质特征和根本优势所在，这就决定了中国的法治建设是以中国共产党为核心的，而不是像西方国家法治建设是以司法为中心的。因而，中国共产党作为中国特色社会主义法治建设的领导者和组织者，必然要求"各级党组织和全体党员要带头尊法学法守法用法，任何组织和个人都不得有超越宪法法律的特权，绝不允许以言代法、以权压法、逐利违法、徇私枉法"❶。且只有首先使作为中国特色社会主义法治建设领导者和组织者的中国共产党服从规则的治理、服从法治的训诫，即通过依规治党，培育全体党员的规则意识和法治观念，率先实现党内法治，再以党内法治带动国家法治，才能保证中国特色社会主义法治建设目标的实现。应该说，在我们这样的一个后发展中国家，为了节省时间成本和机会成本，只能走自上而下的政府推进型法治道路，即将执政党和政府作为我国法治建设的主要推动力量。在这种情况下，坚持依规治党，率先实现党内法治，再以党内法治带动国家法治，无疑成为我们当前最为合理和现实的选择。

但是，现代法治的核心是良法善治，即"已成立的法律获得普遍的服从，而大家所服从的法律又应该本身是制定得良好的法律"❷。对于党内法治来说，亦应如此。因此，形成完善的党内法规体系即制定"良法"，只是实现党内法治的第一步。而确保完善的党内法规体系"获得普遍的服从"，则是实现党内法治的第二步，且是最关键的一步。所以，在当前完善的党内法规体系日渐形成的情况下，党内法规建设工作应逐步实现"从制定党内法规到实施党内法规"重心的转移，提高党内法规的执行力，确保党内法规的良好实施，实现党内法治的目标。这就离不开党内法规实施后评估制度功效的发挥，具体言之：

首先，通过开展党内法规实施后评估工作，可以及时发现党内法规实施过程中存在的问题，并提出相应的对策建议。实现党内法治，最关键的在于实现党内法规的良好实施，做到有规必依、执规必严、违规必究。因而，党内法规本身实施的好坏，直接关系到党内法规能否得到全面正确的实施，直接关系到党内法规的立法目的能否得到真正实现，关系到广大党员的合法权益能否得到切实的保障，关系到依规治党能否得到切实的推进和落实。但是，目前党内法规实施的状况并不尽如人意，党内法规并没有完全得到良好实施，

<hr />

❶　习近平：《决胜全面建成小康社会　夺取新时代中国特色社会主义伟大胜利——在中国共产党第十九次全国代表大会上的报告》，载《人民日报》2017年10月28日，第1版。

❷　亚里士多德著：《政治学》，吴寿彭译，商务印书馆1965年版，第199页。

有规不依、执规不严、违规不究的现象还比较严重，成为制约党内法治建设的关键一环。正如李忠研究员指出的："近年来，各地区各部门普遍注重党内法规的贯彻执行，有效增强了党内法规的权威和尊严。但由于各方面原因，'制度失灵''制度空转'的现象仍然比较普遍地存在，执行不力已成为党内法规建设的短板。一是制度规定难落实，二是执行机制不健全，三是贯彻执行不平衡，四是执行能力待提高，五是规矩意识未树立。"❶ 但是党内法规实施过程中存在的这些问题，并不会轻易显露出来，也不会一次性地展现出来。只有开展党内法规实施后评估工作，深入广大党员以及党内法规实施部门中调查研究、召开座谈会等，才能切实了解党内法规的实施现状，才能及时准确地发现党内法规实施过程中存在的具体问题，才能有针对性地提出加强党内法规实施的对策建议，保障党内法规的全面正确实施。

其次，通过开展党内法规实施后评估工作，可以全面评估党内法规的实施效果，明确党内法治的建设方向。如上所述，通过开展党内法规实施后评估工作，可以全面评估党内法规的实施效果，发现党内法规实施过程中存在的问题，并提出相应的对策建议。但是，造成党内法规实施效果不佳的原因是多方面的，有的是党内法规自身质量问题导致的，例如，有的党内法规制定部门在制定党内法规时没有立足实际情况，导致该党内法规脱离实际，难以实施。有的党内法规制定过程中没有正确集中和反映广大党员意志和利益，导致该党内法规实施过程中遭遇过多"抵制"而没有得到良好实施。有的党内法规在制定时没有坚持科学立法，制度设计和规范条文缺乏可行性和可操作性，实施效果自然难以得到保证等。❷ 这时，如果经过党内法规实施后评估，发现确实是因党内法规自身质量问题导致的党内法规实施效果不佳，就可以向党内法规制定部门提出相应的"立改废"建议，使其进一步提升党内法规制定质量，为党内法治的实现提供坚实的前提和基础。而有的是党内法规实施部门实施不力原因导致的，例如，有的党内法规实施部门责任意识不强，没有正确履行实施党内法规职责，没有加大监督检查力度，导致党内法

---

❶ 李忠著：《党内法规建设研究》，中国社会科学出版社 2015 年版，第 102~104 页。

❷ 一些党内法规提倡性、号召性规定多，禁止性、强制性要求少，"硬度"不够；一些党内法规仅限于提出一般性要求，缺乏具体程序、监督检查措施和相应的惩戒追责机制，成了"没有牙齿的老虎"；一些党内法规对执行主体的规定不合理，或者执行主体缺位、无人执规，或者多头执规、"龙多作旱"；一些党内法规不符合实际，一出台就流于形式，造成"制度浪费"；一些党内法规的规定不周延、不严谨，实践中存在制度漏洞和盲区，使有些行为不受拘束；一些党内法规交叉重复甚至相互冲突，各级党组织和广大党员无所适从。参见李忠著：《党内法规建设研究》，中国社会科学出版社 2015 年版，第 102~103 页。

规实施状况不佳。❶ 有的党内法规实施部门违反法定程序，滥用职权，不履行或拖延履行党内法规实施职责，导致党内法规没有得到良好实施。有的党内法规缺乏长效实施机制，导致党内法规实施缺乏体制机制保障，难以得到有效实施等。这时，如果经过党内法规实施后评估，发现确实是因党内法规实施部门的问题而导致的党内法规实施效果不佳，就可以有针对性地向党内法规实施部门提出意见和建议，建立健全党内法规实施机制，进一步加强党内法规实施工作，保障党内法规的全面正确实施，为党内法治的实现打造最关键的一环。

三、构建完善的党内法规实施保障体系

坚持有规必依、执规必严、违规必究，加大党内法规执行力度，实现党内法规良好实施，既是党内法规体系完善的重要内容，也是党内法治建设的应有之义。因为"党内法规的生命在于实施，党内法规的价值只能在实施中得到实现，党内法规的规范效力也只能在实施中得到体现"❷。特别是在完善的党内法规体系日趋形成的情况下，实施党内法规体系就成为党内法治建设的中心工作。但历史和经验都告诉我们，党内法规实施都不是自动实现的，必然会遇到各种困难，如果没有完善的保障体系提供相应保障，党内法规实施便会受阻，党内法治便难以实现。因此，从某种意义上说，党内法规实施保障体系的完善与否，是考量党内法治建设程度的重要参考依据。这就要求必须构建完善的党内法规实施保障体系，以确保党内法规体系的良好实施。

（一）建立完备的依规治党制度体系

构建完善的党内法规实施保障体系，首先必须要建立完备的依规治党制度体系。之所以如此，是由依规治党在依法治国中的地位和作用所决定的。众所周知，坚持党的领导是中国特色社会主义法治的本质特征和根本优势所在，这就决定了中国的法治建设是以中国共产党为核心的，而不是像西方国家法治建设是以司法为中心的。因此，中国共产党作为中国特色社会主义法治建设的领导者和组织者，必然要求"各级党组织和全体党员要带头尊法学

---

❶ 部分执规人员对党内法规的学习领会不准确、不透彻，实践中难以掌握"应该"与"不得"的界限；不善于抓住主要矛盾，并根据环境和对象的变化选择适当的执行方式，影响了执行效果。党员在党内法规制定工作中主体地位弱化，知情权、参与权落实不到位，影响了其执行制度的积极性和自觉性。参见李忠著：《党内法规建设研究》，中国社会科学出版社 2015 年版，第 103~104 页。

❷ 王振民、施新州等著：《中国共产党党内法规研究》，人民出版社 2016 年版，第 184 页。

法守法用法，任何组织和个人都不得有超越宪法法律的特权，绝不允许以言代法、以权压法、逐利违法、徇私枉法"❶。且只有首先使作为中国特色社会主义法治建设领导者和组织者的中国共产党服从规则的治理、服从法治的训诫，即通过依规治党，培育全体党员的规则意识和法治观念，率先实现党内法治，再以党内法治带动国家法治，才能保证中国特色社会主义法治建设目标的实现。同时，依规治党对于依法治国也有重要的保障作用，广大党员只有严格遵守各项党内法规，才会自觉遵守国家宪法法律，保证宪法法律的良好实施。❷ 正如邓小平同志指出的："国要有国法，党要有党规党法，党章是最根本的党规党法。没有党规党法，国法就很难保障。"❸ 此外，中国共产党只有坚持依规治党，党内法规的制定与实施才既有必要也有可能。可以说，依规治党的落实程度，直接决定了党内法规体系的形成与实施程度。因此，中国共产党坚持依规治党，是党内法规实施的最根本保障。这就要求必须建立完备的依规治党制度体系，实现依规治党的制度化、体系化，以保障依规治党的落实。一般来说，依规治党主要包括依规授权、依规用权、依规监督三个环节，相应地，建立坚实的依规治党制度体系，就要建立健全依规授权制度、依规用权制度、依规监督制度。具体言之：

1. 建立健全依规授权制度

依规治党是依法治国条件下党要管党、从严治党的基本方式，但依规治党的前提和基础却在于依规授权。这是因为只有依规授权，各级党组织与党的领导干部才能获得自身执政的合法性地位，才能真正解决自身执政权来源的正当性与合法性问题。一般来说，依规授权主要包括两种途径和方式：一是由广大党员或党员代表根据党章和党的组织类党内法规选举产生党的各级代表大会和各级委员会，通过依规授权使党的各级组织获得合法的执政权；二是由党的各级委员会全体会议根据党章和党的组织类党内法规选举产生常务委员会和书记、副书记等，通过依规授权使党的各级领导干部获得合法的职权。所以，各级党组织与党的领导干部在执政时，就必须要坚持依规治党，必须要依照党内法规从事执政活动，否则，就会违背广大党员依规授权的目的。

这就要求必须通过完善党的组织类党内法规的途径，建立健全依规授权

---

❶ 习近平：《决胜全面建成小康社会　夺取新时代中国特色社会主义伟大胜利——在中国共产党第十九次全国代表大会上的报告》，载《人民日报》2017年10月28日，第1版。
❷ 伊士国：《论形成完善的党内法规体系》，载《学习与实践》2017年第7期。
❸ 《邓小平文选》第2卷，人民出版社1994年版，第140页。

制度。一是要改革党内选举推荐制度，改进候选人提名制度和选举方式。推广基层党组织领导班子成员由党员和群众公开推荐与上级党组织推荐相结合的办法，逐步扩大基层党组织领导班子直接选举范围，探索扩大党内基层民主多种实现形式。二是要改革党内选举程序机制，保证党内选举的民主化。党内选举的实质在于使优秀的党员进入各级党组织，担任党的领导职务，实现依规授权的目的。要保证这个目的的实现，就必须要建立民主化的党内选举程序机制，使各级党组织依规通过严格的民主选举程序推荐和任免党的领导干部，真正做到"选贤任能"。三是要改革党内选举保障机制，保证党员民主选举权利的落实。要加大对破坏党内选举行为的依规制裁力度，用不同方式来保障广大党员及其代表自由行使党内选举权和被选举权，使党内选举真正体现选举人的意志和利益，保证各级党组织和党的领导干部经由党内民主选举产生，实现依规授权。

2. 建立健全依规用权制度

依规治党的核心在于依规用权，即党的各级组织和党的领导干部应依规掌握并运用执政权，包括依照党章和党的领导类党内法规、党的组织类党内法规等规定的方式、途径、范围运用执政权，否则，党的各级组织和党的领导干部就丧失了其执政的合法性基础，也难以有效运用执政权。这就要求必须通过完善党的领导类党内法规、党的组织类党内法规的途径，不断建立健全依规用权制度。一是要推行执政权清单制度，依规明确各级党组织和党的领导干部执政权范围，使各级党组织和党的领导干部在党内法规规定的范围内运用执政权。根据依规治党基本原理，各级党组织和党的领导干部的执政权都是由广大党员依规授予的，都应有明确的法定范围。因而，各级党组织和党的领导干部都必须在党内法规规定的范围内运用执政权，而不能超出这一范围，越权无效。这就要求借鉴政府权力清单制度，推行执政党权力清单制度，依规明确各级党组织和党的领导干部的执政权范围，做到职权法定。二是要构建执政程序机制，依规明确规定各级党组织和党的领导干部执政程序，使各级党组织和党的领导干部通过党内法规规定的程序机制运用执政权，既为其依规用权提供程序保障，也为其依规用权提供程序限制。因为"正是程序决定了法治与恣意的人治之间的基本区别"❶。

3. 建立健全依规监督制度

"一切有权力的人都容易滥用权力，这是万古不易的一条经验。"❷ 各级

---

❶ 转引自季卫东著：《法治秩序的建构》，商务印书馆2014年版，第3页。
❷ 孟德斯鸠著：《论法的精神》上卷，张雁深译，商务印书馆1961年版，第154页。

党组织和党的领导干部在运用执政权的过程中，如果不受监督和制约，也容易滥用权力和出现腐败现象，这是对中外执政经验教训的深刻总结。因此，要避免各级党组织和党的领导干部滥用执政权，就必须对其运用执政权的活动依规进行监督和制约。在此需要说明的是，之所以强调依规监督，这是由党内法规既"授权"又"限权"的特性所决定的。也就是说，既然各级党组织和党的领导干部的执政地位来自于广大党员的依规授权，各级党组织和党的领导干部又要依规用权，就应该依规对各级党组织和党的领导干部运用执政权的活动进行监督和制约。这就需要通过完善党的监督保障类党内法规的途径，不断建立健全依规监督制度。一是要建立"以权力制约权力"的监督机制，具体就是要建立党的决策权、执行权、监督权相互监督、相互制约的权力制约机制，以"防止把某些权力逐渐集中于同一部门"❶，改变过去重决策、执行轻监督的局面，使不同党组织依规行使决策权、执行权、监督权，避免党的决策权、执行权、监督权的滥用。二是要健全"以权利监督权力"的监督机制，依规保障党员的知情权、参与权、表达权、监督权，"扩大党内基层民主，推进党务公开，畅通党员参与党内事务、监督党的组织和干部、向上级党组织提出意见和建议的渠道"❷，使广大党员能够通过多种途径和方式对各级党组织和党的领导干部进行有效监督，确保有权必有责、有责要担当、用权受监督、失责必追究，以保证党的执政权始终服务于广大党员的意志和利益。

(二) 建立常态化的党内法规解释制度

为了保障党内法规良好实施，实现党内法治，还要建立常态化的党内法规解释制度。因为历史和经验证明，运用党内法规解释手段，可以在最大限度保持党内法规稳定的情况下，将党的建设的最新实践要求逐渐充实到党内法规的具体内容之中，从而使党内法规与时俱进，不断适应党的建设要求。特别是在形成完善党内法规体系时期，党内法规理论与党内法规实施实践的良性互动更应该通过党内法规解释活动来实现。因而，通过党内法规解释的运用，对党内法规的内容、条款的含义及其界限、适用等问题作出说明，有利于党内法规更好地适应党的建设实践需求，避免党内法规进行频繁修改，使党内法规在稳定性与适应性之间保持动态的平衡，保证党内法规的良好实

---

❶ 汉密尔顿、杰伊、麦迪逊著：《联邦党人文集》，程逢如等译，商务印书馆 1980 年版，第 264 页。

❷ 习近平：《决胜全面建成小康社会　夺取新时代中国特色社会主义伟大胜利——在中国共产党第十九次全国代表大会上的报告》，载《人民日报》2017 年 10 月 28 日，第 1 版。

施。现在国家法律之所以修改的频率越来越低，正是得益于法律解释制度的日益发达和常态化。基于此，我们党已经通过《制定条例》《中国共产党党内法规解释工作规定》（以下简称《解释工作规定》）等初步建立了党内法规解释制度，明确了党内法规解释的主体、权限、程序、效力等，使党内法规解释工作有了明确的制度依据，保障了党内法规解释工作的开展。但是，目前党内法规解释制度还不健全，导致党内法规解释工作未能经常性开展，没有发挥这一制度应有的功效。因此，为了保证党内法规良好实施，应该通过修改《解释工作规定》等的途径，建立常态化的党内法规解释制度，保障党内法规解释工作的经常性开展，具体说来：

1. 进一步明确党内法规解释主体

《制定条例》《解释工作规定》按照"谁制定谁解释"的原则，明确了党内法规的解释主体，即党中央、中央纪律检查委员会以及党中央工作机关和省、自治区、直辖市党委分别对其制定的党内法规进行解释❶，这样可以更好地理解党内法规的原意和精神，可以保证党内法规解释的权威性。同时，《制定条例》《解释工作规定》还对党内法规解释主体作了"例外规定"，即党中央对其制定的中央党内法规既可以自行解释，还可以授权中央有关部委进行解释❷，这个规定具有一定的特殊性，不同于国家法律解释主体的规定，但也具有合理性，有利于保证党内法规解释工作的常态化。但是，党内法规解释主体依然存在一定的模糊地带，妨碍了党内法规解释工作的开展，需要进一步予以明确。

具体言之，一是没有明确规定党章的解释主体，导致党章的解释工作难以有效开展。党章作为党内的"根本大法"，具有类似宪法的地位和作用，如果不能对其进行有权解释，其他党内法规的解释工作便无从开展，党内法规实施也会受到严重影响。因此，应修改《制定条例》，明确党章的解释主体。考虑到党章的地位以及党章解释工作的可操作性，只能由党中央作为党章的

---

❶　《中国共产党党内法规制定条例》第34条："党内法规需要进一步明确条款具体含义或者适用问题的，应当进行解释。中央党内法规由党中央或者授权有关部委解释，中央纪律检查委员会以及党中央工作机关和省、自治区、直辖市党委制定的党内法规由制定机关解释。党内法规的解释同党内法规具有同等效力。"

❷　《中国共产党党内法规解释工作规定》第3条规定："党的中央组织可以对其制定的党内法规进行解释，也可以在其制定的党内法规中授权有关部委进行解释。授权多个部委进行解释的，牵头单位应当会同有关部委统一作出解释，不得各自解释。中央纪律检查委员会、中央各部门对其制定的党内法规进行解释，不得授权内设机构进行解释，但是具体解释工作可以由内设机构承担。省、自治区、直辖市党委对其制定的党内法规进行解释，不得授权部、委、厅、局等进行解释，但是具体解释工作可以由部、委、厅、局等承担。"

解释主体，行使党章解释权，并不得授权中央有关部委进行解释。二是没有明确中央多个部委"会同"解释中央党内法规时的权限划分及争议解决机制，导致"会同"解释工作难以正常开展。根据《解释工作规定》第 3 条规定，党中央可以授权多个中央部委对其制定的中央党内法规进行解释，这时就涉及中央多个部委"会同"解释问题。虽然《解释工作规定》第 3 条规定，"授权多个部委进行解释的，牵头单位应当会同有关部委统一作出解释，不得各自解释"。但是没有明确规定中央多个部委在"会同"解释时的权限划分问题，特别是当其发生争议时如何裁决的问题，这就影响了中央多个部委"会同"解释工作的开展。对此，应适时修改《解释工作规定》，对上述问题进行明确细化，建议按照权责相统一原则，明确牵头中央部委的主导地位和作用，特别是当发生争议时，应以牵头中央部委的意见为准，这样可以避免中央多个部委"会同"解释时出现的推诿、扯皮问题，保证中央多个部委"会同"解释工作的有效开展。

2. 健全党内法规解释程序机制

《解释工作规定》第 6 条至第 11 条对党内法规解释工作的程序机制进行了明确规定，包括启动、起草、审核、审批、公布等环节，为党内法规解释工作的开展提供了明确的程序遵循。但是，党内法规解释的程序机制仍不健全，还需要进一步完善，以为党内法规解释工作的开展提供健全的程序机制保障。

第一，党内法规被动解释启动难、门槛高，应降低相应难度和门槛。根据《解释工作规定》第 6 条的规定❶，党内法规解释工作的启动有主动启动和被动启动两种方式，即党内法规解释主体既可以依职权主动对党内法规进行解释，也可以依相关党组织的书面请示、请求被动对党内法规进行解释。但是《解释工作规定》对党内法规被动解释的启动规定了较高的门槛，这就大大增加了党内法规被动解释启动的难度。一是党内法规被动解释的申请只能逐级向党内法规解释机关提出，不能越级提出申请。考虑到党内法规解释机关最低级别是省（部）级党委，而提出党内法规解释申请的主体则可能是包括基层党组织在内的各级党组织，如果相关党组织只能逐级而不能直接向党内法规解释机关提出申请的话，势必增加党内法规解释难度，甚至有可能会

---

❶ 《中国共产党党内法规解释工作规定》第 6 条："解释机关可以根据工作需要主动对党内法规作出解释，也可以基于党的机关或党组（党委）的书面请示、请求等作出解释。关于党内法规解释的请示，应当逐级向解释机关提出，不得越级提出。是否对党内法规作出解释，一般由解释机关的法规工作机构提出意见，报解释机关负责同志审批。决定作出解释的，由解释机关办公厅（室）统一登记，交相关单位承办。决定不予解释的，一般应当在收到请示、请求后 15 日内给予答复。"

出现因上级党组织拒绝继续提出申请而导致党内法规解释申请"半途中止"的现象。对此，我们建议修改《解释工作规定》的相关规定，允许相关党组织可以直接向党内法规解释机关提出申请，而不必逐级提出申请，以减少相关程序环节，也降低申请门槛，便于党内法规被动解释工作的启动。二是党内法规被动解释是否需要作出要由党内法规解释机关负责人审批。根据《解释工作规定》第6条的规定，党内法规被动解释最终是否需要作出，要由党内法规解释机关负责人审批，这样一方面增加了启动难度，另一方面由负责人审批党内法规被动解释是否需要作出，似乎也不利于保证党内法规解释工作的民主性、科学性。对此，我们建议修改《解释工作规定》的相关规定，废止由党内法规解释机关负责人审批的规定，改由党内法规解释机关的法规工作机构审核决定，这样既有利于降低党内法规被动解释启动的门槛，也有助于发挥党内法规解释机关法规工作机构的专业优势，毕竟党内法规解释的具体工作是由其承担的，其对于提出申请的党内法规是否需要作出解释更具有发言权和判断力。

第二，党内法规解释草案的审批规定存在模糊之处，应予以明确。根据《解释工作规定》第9条第1款的规定[1]，党内法规解释草案的审批分为两种方式进行，即采取会议审议批准的方式或按程序报解释机关主要负责同志审批的方式。这里面存在的问题，一是没有明确这两种审批方式的各自适用范围，即什么情况下选择会议审议批准方式、什么情况下选择按程序报解释机关主要负责同志审批方式，而在这两种审批方式各自适用范围不明确的情况下，在实践中就容易导致人们为图省事而愿意选择按程序报解释机关主要负责同志审批的方式，这样就不利于发挥会议审议批准方式的优势。二是由党内法规解释机关主要负责同志审批党内法规解释草案，也不利于保证党内法规解释工作的民主性和科学性，所以这种审批方式应废除或限制在最小范围内。对此，我们建议对《解释工作规定》第9条第1款规定做进一步细化，要么直接废止由解释机关主要负责同志审批这一方式，要么按照"会议审议批准为主、解释机关主要负责同志审批为辅"的原则，明确这两种审批方式的具体适用范围。

第三，党内法规解释的发布方式不规范，应进一步予以规范。根据《解释工作规定》第10条的规定，党内法规解释以普发性文件形式发布，但是其都不是以党内法规解释机关自身文件形式发布，而是以党内法规解释机关办公机构文件形式发布的。例外的规定是，中央纪律检查委员会、中央各部门

---

[1]　《中国共产党党内法规解释工作规定》第9条第1款："党内法规解释草案的审批，采取会议审议批准的方式或按程序报解释机关主要负责同志审批。"

经授权对中央党内法规作出的解释，以中央纪律检查委员会、中央各部门文件形式发布。由于党内法规解释具有与党内法规相同的效力，理应以党内法规解释机关自身文件形式发布，这样既符合《制定条例》的精神和要求，也与党内法规解释的效力等级相匹配。而以党内法规解释机关办公机构文件形式发布，与党内法规解释的效力等级明显不相匹配，无形之中就会降低党内法规解释的效力，也不利于党内法规解释的实施。对此，我们建议对《解释工作规定》第10条的规定进行修改，废止以党内法规解释机关办公机构文件形式发布党内法规解释的规定，明确党内法规解释以党内法规解释机关自身文件形式发布，与其效力等级相匹配。而对于中央纪律检查委员会、中央各部门经授权对中央党内法规作出的解释，应以党中央文件形式发布，而不能以中央纪律检查委员会、中央各部门文件形式发布，毕竟中央党内法规解释的效力具有与中央党内法规相同的效力。

（三）建立有效的党内法规备案审查制度

建立有效的党内法规备案审查制度，维护党内法规体系的统一，既是形成完善党内法规体系的重要经验，也是保障党内法规良好实施的内在要求。正如有学者指出的："无备案则无统一，无审查则无救济。如果没有备案审查，难以避免党内法规和规范性文件之间相互冲突、前后矛盾的情况，党内法规、规范性文件与国家法律不一致的地方也没有解决途径。"[1] 这也是由统一而又分层次的党内法规制定体制所决定的，特别是在当前中央赋予副省级城市、省会城市党委党内法规制定权、党内法规制定主体越来越多的情况下，强调维护党内法规体系统一、保障党内法规良好实施，意义就更为重大和突出。这就要求必须建立健全党内法规备案审查制度，加强对党内法规的备案审查，以保证党内法规符合政治性、合法合规性、合理性、规范性等标准，以保证党内法规不同上位党内法规相抵触、不与同位党内法规相冲突、不与宪法法律相抵触，实现党内法规体系内部的和谐一致，从而保障完善党内法规体系的形成和良好实施。为此，《制定条例》《中国共产党党内法规和规范性文件备案审查规定》（以下简称《备案审查规定》）等确立了党内法规备案审查制度，明确了党内法规备案审查的主体、报备、审查、处理、保障、监督等内容，为党内法规备案审查工作的开展提供了制度保障。但从党内法规备案审查的实践来看，目前这一制度还存在一些问题，未能实现有效化运

---

[1] 王振民、施新州等著：《中国共产党党内法规研究》，人民出版社2016年版，第160页。

作，需要进一步进行完善，以建立有效的党内法规备案审查制度，保障党内法规良好实施。具体来说：

1. 健全《备案审查规定》配套实施细则

《备案审查规定》的制定与修订，使得党内法规备案审查工作已基本实现了有规可依，但其实施情况却不尽如人意，没有发挥应有功效。其中，一个重要原因就在于《备案审查规定》比较原则、抽象，缺少与之相配套的实施细则，已有的一些部门制定的配套实施细则也缺乏体系化，结果导致其可操作性不强，影响了党内法规备案审查工作的有效开展。尽管 2019 年修订的《备案审查规定》对党内法规备案审查规定作了进一步细化，"一是强化报备主体的意识和责任；二是完善备案审查的标准和程序；三是优化审查处理的方式和手段"❶。但是其在备案审查标准、范围、程序、处理等方面依然比较抽象，仍需进一步细化。因此，现阶段党中央必须更加重视《备案审查规定》配套实施细则制定工作，尽快制定和修改与《备案审查规定》相配套的实施细则，把党内法规备案审查的规定进一步细化。如《备案审查规定》第 8 条规定："未按照规定时限报备的，审查机关应当责令其限期补报，必要时可以通报。"那么，何谓"必要时"？什么情况属于"必要时"？《备案审查规定》对此并无明确规定，这样就容易导致审查机关在实践中无所遵循，影响党内法规备案审查工作的开展。对此，党中央就应及时制定《备案审查规定》配套实施细则予以细化，将"必要时"予以列举说明。此外，中央纪律检查委员会、党中央工作机关、省级党委也应根据 2019 年修订的《备案审查规定》，从中央纪律检查委员会、党中央工作机关、省级党委等的实际出发，因地、因时制宜，制定或修改与《备案审查规定》相配套的实施细则。如在 2012 年《备案审查规定》制定后，省级党委大都制定了与《备案审查规定》相配套的实施细则，但在 2019 年修订《备案审查规定》后，这些省级党委却并未及时对其制定的与《备案审查规定》相配套的实施细则进行修订，导致 2019 年修订的《备案审查规定》缺乏相应的配套实施细则，这就要求省级党委及时修订与《备案审查规定》相配套的实施细则，以增强《备案审查规定》的针对性和可操作性，发挥党内法规备案审查制度的应有功效，保障党内法规良好实施。

---

❶　《加强新时代党内法规制度建设的重要举措——中央办公厅负责人就〈中国共产党党内法规制定条例〉等 3 部党内法规答记者问》，http://www.xinhuanet.com//2019-09/15/c_1124998391.htm，最后访问日期：2019 年 12 月 30 日。

2. 完善党内法规备案审查机制

随着 2019 年《备案审查规定》的修订，党内法规备案审查机制有了进一步完善，但是仍然不健全，导致党内法规备案审查工作实践缺乏明确的依据，无法实现有效化运作。对此，应适时再次修订《备案审查规定》，以不断完善党内法规备案审查机制。一是要建立党组织和党员提出审查建议的反馈与公开机制。《备案审查规定》只是规定了人大常委会、政府、军队备案审查工作机构提出审查建议的反馈与公开机制❶，而没有建立党组织和党员提出审查建议的反馈与公开机制，这就不利于发挥党组织和党员在党内法规备案审查工作中的积极性、主动性，而党组织和党员更容易发现党内法规存在的问题。基于此，应借鉴《立法法》的相关规定，建立党组织和党员提出审查建议的反馈与公开机制，规定各级党组织和党员个人有权向审查机关提出党内法规审查建议，审查机关可以将审查、处理情况向提出审查建议的党组织和党员反馈，并可以在党内公开。二是要健全党内法规备案审查保障与监督机制。为了保证党内法规备案审查工作的有效开展，《备案审查规定》建立了党内法规备案审查保障与监督机制，但这一机制还不完善，突出表现在缺乏严格的责任追究制，如《备案审查规定》第 25 条规定，只有在造成严重后果时，才应当依规依纪追究有关党组织、党员领导干部以及工作人员的责任，这样就容易导致备案审查工作重视程度不够，甚至流于形式。对此，应修改《备案审查规定》相关规定，建立严格的责任追究制，只要违反《备案审查规定》规定，就应依规依纪追究有关党组织、党员领导干部以及工作人员的责任，以保障党内法规备案审查工作的有效开展。

3. 加强党内法规备案审查能力建设

随着党内法规建设日益提速，党内法规备案审查工作量越来越大，对党内法规备案审查能力要求越来越高。但从党内法规备案审查工作实践来看，还存在专门备案审查机构缺失、编制紧张、专业人员不足等备案审查能力不足的问题，严重影响了党内法规备案审查工作的开展。因此，应加大党内法规备案审查能力建设力度，以适应党内法规备案审查工作实践需求。一是要加强党内法规备案审查机构建设，设置专门的备案审查工作机构。目前党内法规备案审查

---

❶ 《中国共产党党内法规和规范性文件备案审查规定》第 12 条："对内容复杂敏感、专业性强、涉及面广的党内法规和规范性文件，审查机关可以征求有关方面意见建议或者进行会商调研。人大常委会、政府、军队备案审查工作机构发现党内法规和规范性文件可能存在违法违规问题的，可以向同级党委备案审查工作机构提出审查建议。同级党委备案审查工作机构应当研究处理，并以适当方式反馈结果。"

工作由审查机关所属法规工作机构或承担相关职能的工作机构办理，缺乏专门的备案审查工作机构。考虑到这些机构都有自己的本职工作，再加上党内法规备案审查工作量日益增多，其难以有足够的能力承担起如此繁重的党内法规备案审查工作，易使党内法规备案审查工作流于形式。因此，可以考虑借鉴全国人大常委会法规备案审查室的设置，在审查机关下设置专门的党内法规备案审查工作机构，使其专门承担党内法规备案审查任务，为党内法规备案审查工作开展提供坚实的组织保障。二是要加强党内法规备案审查队伍建设，保证党内法规备案审查工作的专业化、科学化。党内法规备案审查工作是一项专业性、技术性很强的工作，只有专门的人员才能胜任。但目前从事党内法规备案审查工作的人员较少，编制严重不足，专业人才更是缺乏，难以胜任种类、数量繁多的党内法规备案审查工作。这就需要加强党内法规备案审查队伍建设，除了要增加编制、扩充工作人员，还要加强队伍的专业化建设，通过培训原有人员等途径提高其专业化水平，使其有能力承担党内法规备案审查工作，保证党内法规备案审查工作的有效开展。

参考文献

一、马克思主义经典著作

[1] 马克思恩格斯全集（第 1 卷）[M]. 北京：人民出版社，1972.

[2] 马克思恩格斯全集（第 6 卷）[M]. 北京：人民出版社，1961.

[3] 马克思恩格斯全集（第 20 卷）[M]. 北京：人民出版社，1971.

[4] 马克思恩格斯全集（第 42 卷）[M]. 北京：人民出版社，1982.

[5] 马克思恩格斯选集（第 3 卷）[M]. 北京：人民出版社，1995.

[6] 列宁全集（第 10 卷）[M]. 北京：人民出版社，1958.

[7] 列宁全集（第 17 卷）[M]. 北京：人民出版社，1988.

[8] 列宁全集（第 26 卷）[M]. 北京：人民出版社，1989.

[9] 列宁选集（第 3 卷）[M]. 北京：人民出版社，1972.

[10] 列宁选集（第 9 卷）[M]. 北京：人民出版社，1984.

[11] 毛泽东选集（第 2 卷）[M]. 北京：人民出版社，1991.

[12] 邓小平文选（第 1 卷）[M]. 北京：人民出版社，1994.

[13] 邓小平文选（第 2 卷）[M]. 北京：人民出版社，1994.

[14] 邓小平文选（第 3 卷）[M]. 北京：人民出版社，1993.

[15] 彭真文选（1941—1990 年）[M]. 北京：人民出版社，1991.

[16] 江泽民文选（第 1 卷）[M]. 北京：人民出版社，2006.

[17] 江泽民文选（第 2 卷）[M]. 北京：人民出版社，2006.

[18] 刘少奇选集（下卷）[M]. 北京：人民出版社，1985.

[19] 周恩来统一战线文选 [M]. 北京：人民出版社，1984.

二、中文著作

[1] 徐秀义，韩大元. 现代宪法学基本原理 [M]. 北京：中国人民公安大学出版社，2001.

[2] 秦前红. 新宪法学 [M]. 武汉：武汉大学出版社，2005.

[3] 紫竹. 中国传统人生哲学纵横谈 [M]. 济南：齐鲁书社，1992.

[4] 陈福胜. 法治：自由与秩序的动态平衡 [M]. 北京：法律出版社，2006.

[5] 张宏生. 西方法律思想史 [M]. 北京：北京大学出版社，1983.

[6] 周叶中. 宪法 [M]. 北京：高等教育出版社，北京大学出版社，2000.

[7] 蔡定剑. 论道宪法 [M]. 南京：译林出版社，2011.

[8] 蒋碧昆. 宪法学 [M]. 北京：中国政法大学出版社，2002.

[9] 李龙. 宪法基础理论 [M]. 武汉：武汉大学出版社，1999.

[10] 莫纪宏. 实践中的宪法学原理 [M]. 北京：中国人民大学出版社，2007.

[11] 中华人民共和国人民代表大会文献资料汇编（1949—1990）[M]. 北京：中国民主法制出版社，1991.

[12] 韩大元，林来梵，郑贤君. 宪法学专题研究 [M]. 北京：中国人民大学出版社，2008.

[13] 《法理学》编写组. 法理学 [M]. 北京：人民出版社，高等教育出版社，2010.

[14] 李步云. 中国法学——过去、现在与未来 [M]. 南京：南京大学出版社，1988.

[15] 张千帆. 宪法学导论 [M]. 北京：法律出版社，2008.

[16] 翟小波. 论我国宪法的实施制度 [M]. 北京：中国法制出版社，2009.

[17] 殷啸虎. 宪法 [M]. 北京：清华大学出版社，2012.

[18] 龚祥瑞. 比较宪法与行政法 [M]. 北京：法律出版社，2012.

[19] 季卫东. 法治秩序的建构 [M]. 北京：商务印书馆，2014.

[20] 林来梵. 宪法学讲义 [M]. 北京：清华大学出版社，2018.

[21] 韩大元. 宪法学基础理论 [M]. 北京：中国政法大学出版社，2008.

[22] 韩大元. 比较宪法学 [M]. 北京：高等教育出版社，2003.

[23] 何俊志. 作为一种政府形式的中国人大制度 [M]. 上海：上海人民出版社，2013.

[24] 刘建军，何俊志，杨建党. 新中国根本政治制度研究 [M]. 上海：上海人民出版社，2009.

[25] 穆兆勇. 第一届全国人民代表大会实录 [M]. 广州：广东人民出版社，2006.

[26] 许崇德. 中华人民共和国宪法史（下卷）[M]. 福州：福建人民出版社，2005.

[27] 刘政，程湘清. 人民代表大会制度的理论和实践 [M]. 北京：中国民主法制出版社，2003.

[28] 蔡定剑访谈录 [M]. 北京：法律出版社，2011.

[29] 乔石谈民主与法制（下）[M]. 北京：人民出版社，中国长安出版社，2012.

[30] 孙哲. 全国人大制度研究（1979—2000）[M]. 北京：法律出版社，2004.

[31] 蔡定剑. 中国人民代表大会制度 [M]. 北京：法律出版社，2003.

[32] 浦兴祖. 当代中国政治制度 [M]. 上海：复旦大学出版社，2011.

[33] 杜志淳. 符合国情的政体选择 [M]. 上海：上海教育出版社，2010.

[34] 郑永年. 中国改革三步走 [M]. 上海：东方出版社，2012.

[35] 应克复，等. 西方民主史 [M]. 北京：中国社会科学出版社，2012.

[36] 蔡定剑. 民主是一种现代生活 [M]. 北京：社会科学文献出版社，2010.

[37] 俞可平. 中国政治发展30年（1978—2008）[M]. 重庆：重庆出版社，2009.

[38] 周叶中. 宪政中国研究 [M]. 武汉：武汉大学出版社，2006.

[39] 中共中央宣传部理论局. 六个"为什么"——对几个重大问题的回答 [M]. 北京：学习出版社，2009.

[40] 蔡定剑. 一个人大研究者的探索 [M]. 武汉：武汉大学出版社，2007.

[41] 蒋劲松. 议会之母 [M]. 北京：中国民主法制出版社，1998.

[42] 习近平. 论坚持全面依法治国 [M]. 北京：中央文献出版社，2020.

[43] 习近平关于全面依法治国论述摘编 [M]. 北京：中央文献出版社，2015.

[44] 蔡定剑. 历史与变革——新中国法制建设的历程 [M]. 北京：中国政法大学出版社，1999.

[45] 习近平关于全面深化改革论述摘编 [M]. 北京：中央文献出版社，2014.

[46] 《中共中央关于全面推进依法治国若干重大问题的决定》辅导读本 [M]. 北京：人民出版社，2014.

[47] 秦前红. 监察改革中的法治工程 [M]. 南京：译林出版社，2020.

[48] 江国华. 中国监察法学 [M]. 北京：中国政法大学出版社，2018.

[49] 钟秉正，蔡怀卿. 宪法精义 [M]. 台北：新学林出版股份有限公司，2007.

[50] 中共中央纪律检查委员会，国家监察委员会法规室. 《中华人民共和国监察法》释义 [M]. 北京：中国方正出版社，2018.

[51] 马怀德. 中华人民共和国监察法理解与适用 [M]. 北京：中国法制出版社，2018.

[52] 谢尚果，申君贵. 监察法教程 [M]. 北京：法律出版社，2019.

[53] 李林. 立法理论与制度 [M]. 北京：中国法制出版社，2005.

[54] 刘用军，王美丽，梁静. 论监督司法 [M]. 北京：群众出版社，2009.

[55] 何华辉. 比较宪法学 [M]. 武汉：武汉大学出版社，2013.

[56] 负杰，杨诚虎. 公共政策评估：理论与方法 [M]. 北京：中国社会科学出版社，2006.

[57] 卓越. 公共部门绩效评估 [M]. 北京：中国人民大学出版社，2004.

三、中文译著

[1] 沃特森. 多元文化主义 [M]. 叶兴艺，译. 长春：吉林人民出版社，2005.

[2] 亨廷顿. 变化社会中的政治秩序 [M]. 王冠华，译. 北京：生活·读书·新知三联书店，1989.

[3] 诺内特，赛尔兹尼克. 转变中的法律与社会：迈向回应型法 [M]. 季卫东，张志

铭，译. 北京：中国政法大学出版社，2004.

[4] 哈耶克. 法律、立法与自由（第一卷）［M］. 邓正来，译. 北京：中国大百科全书出版社，2000.

[5] 哈耶克. 通往奴役之路［M］. 王明毅，译. 北京：中国社会科学出版社，1997.

[6] 哈耶克. 自由秩序原理（上册）［M］. 邓正来，译. 北京：生活·读书·新知三联书店，1997.

[7] 休谟. 人性论（上册）［M］. 关文运，译. 北京：商务印书馆，1980.

[8] 亚里士多德. 政治学［M］. 吴寿彭，译. 北京：商务印书馆，1997.

[9] 黑格尔. 法哲学原理［M］. 范扬，张企泰，译. 北京：商务印书馆，1961.

[10] 哈特. 法律的概念［M］. 张文显，等，译. 北京：中国大百科全书出版社，1996.

[11] 庞德. 法律史解释［M］. 曹玉堂，等，译. 北京：华夏出版社，1989.

[12] 梯利. 西方哲学史（增补修订版）［M］. 葛力，译. 北京：商务印书馆，2001.

[13] 休谟. 人类理解研究［M］. 关文运，译. 北京：商务印书馆，1981.

[14] 博登海默. 法理学：法律哲学与法律方法［M］. 邓正来，译. 北京：中国政法大学出版社，1999.

[15] 康德. 判断力批判（下卷）［M］. 韦卓民，译. 北京：商务印书馆，1964.

[16] 劳伦斯·迈耶，约翰·伯内特，苏珊·奥格登. 比较政治学——变化世界中的国家和理论［M］. 罗飞，等，译. 北京：华夏出版社，2001.

[17] 汉密尔顿，杰伊，麦迪逊. 联邦党人文集［M］. 程逢如，等，译. 北京：商务印书馆，1980.

[18] 芦部信喜. 宪法［M］. 高桥和之补订. 林来梵，等，译. 北京：清华大学出版社，2018.

[19] 让-马克·夸克. 合法性与政治［M］. 佟心平、王远飞，译. 北京：中央编译出版社，2008.

[20] 密尔. 代议制政府［M］. 汪瑄，译. 北京：商务印书馆，1982.

[21] 让-皮埃尔·戈丹. 何谓治理［M］. 钟震宇，译. 北京：社会科学文献出版社，2010.

[22] 黑格，哈罗普. 比较政府与政治导论［M］. 张小劲，等，译. 北京：中国人民大学出版社，2007.

[23] 李侃如. 治理中国——从革命到改革［M］. 胡国成，赵梅，译. 北京：中国社会科学出版社，2010.

[24] 罗伯特·达尔. 民主及其批评者［M］. 曹海军，佟德志，译. 长春：吉林人民出版社，2006.

[25] 潘恩选集［M］. 马清槐，等，译. 北京：商务印书馆，1981.

[26] 戴维·米勒，韦农·波格丹诺. 布莱克维尔政治学百科全书 [M]. 邓正来，等，译. 北京：中国政法大学出版社，2002.

四、论文类

[1] 李晓东，罗卫国. 当代中国社会变迁中的立法转型研究 [J]. 南昌大学学报（人文社会科学版），2006（2）.

[2] 章志远. 城镇化与我国行政法治发展模式转型 [J]. 法学研究，2012（6）.

[3] 韩大元. 宪法与社会共识：从宪法统治到宪法治理 [J]. 交大法学，2012（1）.

[4] 杜承铭. 论宪政的人性基础 [J]. 法学，2000（4）.

[5] 高秦伟. 宪政建构的理性主义与经验主义 [J]. 河北法学，2004（8）.

[6] 信春鹰. 当代西方法哲学的认识论和方法论 [J]. 外国法译评，1995（2）.

[7] 习近平. 在首都各界纪念现行宪法公布施行 30 周年大会上的讲话 [J]. 中国人大，2012（23）.

[8] 张千帆. 宪法实施的概念与路径 [J]. 清华法学，2012（6）.

[9] 上官丕亮. 宪法文本中的"宪法实施"及其相关概念辨析 [J]. 国家检察官学院学报，2012（1）.

[10] 范进学. 论宪法全面实施 [J]. 当代法学，2020（5）.

[11] 翟国强. 全面贯彻实施宪法的两种主要方式 [J]. 人民法治，2015（Z1）.

[12] 伊士国. 1982 年宪法实施三十余年的反思与展望 [J]. 中国社会科学院研究生院学报，2014（2）.

[13] 章志远. 法治一体建设地方试验型模式研究 [J]. 中共中央党校（国家行政学院）学报，2021（2）.

[14] 邓联繁. 依宪执政：依法执政之实质 [J]. 武汉大学学报（哲学社会科学版），2005（1）.

[15] 蔡玉龙，伊寿康. 依法执政的宪法学分析 [J]. 河北学刊，2015（2）.

[16] 周叶中，庞远福. 论"法治中国"的内涵与本质 [J]. 政法论丛，2015（3）.

[17] 杨力. 认真对待法治思维 [J]. 政法论丛，2015（2）.

[18] 童之伟. 宪法学研究须重温的常识和规范——从监察体制改革中的一种提法说起 [J]. 法学评论，2018（2）.

[19] 童之伟. "法无授权不可为"的宪法学展开 [J]. 中外法学，2018（3）.

[20] 温家宝. 只有坚持改革开放，国家才有光明前途 [J]. 共产党员，2010（17）.

[21] 俞可平. 推进国家治理体系和治理能力现代化 [J]. 前线，2014（1）.

[22] 徐永利，王维国. 人大常委会监督途径的确立与运行 [J]. 河北法学，2014（3）.

[23] 张文显. 人大在国家治理体系现代化中的作用 [J]. 中国人大，2014（4）.

[24] 陈金钊. 对"以法治方式推进改革"的解读 [J]. 河北法学，2014（2）.

[25] 蔡定剑. 公共预算改革应该如何推进 [J]. 人民论坛, 2010 (5).

[26] 王晨. 习近平法治思想是马克思主义法治理论中国化的新发展新飞跃 [J]. 中国法学, 2021 (2).

[27] 习近平关于全面依法治国的一组论述 [J]. 党的文献, 2015 (3).

[28] 卓泽渊. 习近平法治思想要义的法理解读 [J]. 中国法学, 2021 (1).

[29] 李龙. 中国特色社会主义法治体系的理论基础、指导思想和基本构成 [J]. 中国法学, 2015 (5).

[30] 朱景文. 法治道路与法治体系的关系——习近平法治思想探析 [J]. 法学家, 2021 (3).

[31] 习近平. 加快建设社会主义法治国家 [J]. 求是, 2015 (1).

[32] 伊士国. 社会主义法治国家建设的新纲领 [J]. 湖北社会科学, 2013 (5).

[33] 张文显. 新时代全面依法治国的思想、方略和实践 [J]. 中国法学, 2017 (6).

[34] 黄坤明. 深刻理解"四个全面"的重要意义 [J]. 求是, 2015 (13).

[35] 黄文艺. 论习近平法治思想的形成发展、鲜明特色与重大意义 [J]. 河南大学学报 (社会科学版), 2021 (3).

[36] 李林. 法治中国建设的宏伟蓝图 [J]. 中国司法, 2014 (1).

[37] 周佑勇. 习近平法治思想的人民立场及其根本观点方法 [J]. 东南学术, 2021 (3).

[38] 李林. 论党与法的高度统一 [J]. 法制与社会发展, 2015 (3).

[39] 王世涛. 部门行政法的理论基础与体系建构 [J]. 中国海商法研究, 2020 (4).

[40] 傅政华. 贯彻全面依法治国新要求　推进法治国家、法治政府、法治社会建设 [J]. 行政管理改革, 2018 (7).

[41] 郭洁, 佟彤. 《民法典》推进国家治理现代化的法理阐释 [J]. 政法论丛, 2020 (4).

[42] 周叶中, 张权. 论我国现行宪法的中国特色社会主义最本质特征条款 [J]. 政法论丛, 2019 (3).

[43] 胡锦光. 论我国法院适用宪法的空间 [J]. 政法论丛, 2019 (4).

[44] 伊士国. 论形成完善的党内法规体系 [J]. 学习与实践, 2017 (7).

[45] 习近平. 坚定不移走中国特色社会主义法治道路　为全面建设社会主义现代化国家提供有力法治保障 [J]. 求是, 2021 (5).

[46] 韩大元. 论国家监察体制改革中的若干宪法问题 [J]. 法学评论, 2017 (3).

[47] 徐汉明. 国家监察权的属性探究 [J]. 法学评论, 2018 (1).

[48] 秦前红. 我国监察机关的宪法定位——以国家机关相互间的关系为中心 [J]. 中外法学, 2018 (3).

[49] 韩大元. 论国家监察体制改革中的若干宪法问题 [J]. 法学评论, 2017 (3).

[50] 魏昌东. 国家监察委员会改革方案之辨正：属性、职能与职责定位 [J]. 法学,

2017（3）.

[51] 谭家超.《监察法》实施过程中监察建议的制度建构［J］. 法学，2019（7）.

[52] 乌兰. 公共行政权监督的分野、补强与融合——一种基于监察与行政检察公益保护职能配置的思考［J］. 政法论丛，2018（2）.

[53] 徐汉明. 国家监察权的属性探究［J］. 法学评论，2018（1）.

[54] 刘计划. 侦查监督制度的中国模式及其改革［J］. 中国法学，2014（1）.

[55] 韩大元. 任期制在我国宪法中的规范意义——纪念1982年《宪法》颁布35周年［J］. 法学，2017（11）.

[56] 童之伟. 对监察委员会自身的监督制约何以强化［J］. 法学评论，2017（1）.

[57] 陆国栋. 谁来监督国家监察专责机关——"五大监督"确保监察权力不被滥用［J］. 中国纪检监察，2018（6）.

[58] 谭世贵. 论对国家监察权的制约与监督［J］. 政法论丛，2017（5）.

[59] 韩大元. 论国家监察体制改革中的若干宪法问题［J］. 法学评论，2017（3）.

[60] 刘松山. 对推进监察体制改革的一些建议［J］. 中国法律评论，2017（2）.

[61] 秦前红. 人大监督监察委员会的主要方式与途径——以国家监督体系现代化为视角［J］. 法律科学，2020（2）.

[62] 马岭. 论监察委员会的宪法条款设计［J］. 中国法律评论，2017（6）.

[63] 李红勃. 迈向监察委员会：权力监督中国模式的法治化转型［J］. 法学评论，2017（3）.

[64] 韩大元. 地方人大监督检察机关的合理界限［J］. 国家检察官学院学报，2011（1）.

[65] 刘艳红.《监察法》与其他规范衔接的基本问题研究［J］. 法学论坛，2019（1）.

[66] 姜明安. 国家监察法立法的几个重要问题［J］. 中国法律评论，2017（2）.

[67] 肖金明. 论党内法规体系的基本构成［J］. 中共中央党校学报，2016（6）.

[68] 张志铭，于浩. 现代法治释义［J］. 政法论丛，2015（1）.

[69] 江国华，彭超. 中国宪法委员会制度初论［J］. 政法论丛，2016（1）.

[70] 伊士国. 论形成完善的党内法规体系［J］. 学习与实践，2017（7）.

[71] 周叶中，伊士国. 关于中国特色社会主义法律体系的几个问题［J］. 思想理论教育导刊，2011（6）.

[72] 汪全胜，金玄武. 论构建我国独立第三方的立法后评估制度［J］. 西北师大学报（社会科学版），2009（5）.

[73] 伊士国. 党内法规实施后评估的制度化［J］. 人民法治，2018（Z1）.

[74] 韩强. 论党内法规实施效果评估的标准及价值功能［J］. 湖北行政学院学报，2019（1）.

[75] 林蓉蓉，谷志军. 从文本质量到实施效果：党内法规实施后评估指标体系的构建［J］. 探索，2020（3）.

［76］王建芹，肖寓芳. 试论党内法规实施后评估的程序设计［J］. 桂海论丛，2018（5）.

［77］郭康. 党内法规实施后评估制度研究［D］. 保定：河北大学，2018.

［78］汪全胜，黄兰松. 党内法规的可操作性评估研究［J］. 中共浙江省委党校学报，2017（3）.

［79］张晓燕. 进一步完善党内法规制定体制机制［J］. 中国党政干部论坛，2015（2）.

五、报纸、网络类

［1］"依法执政"应成为建设"法治中国"的重心——专访北京大学法学院教授强世功［N］. 21世纪经济报道，2014-03-04.

［2］习近平. 在庆祝全国人民代表大会成立60周年大会上的讲话［N］. 人民日报，2014-09-06.

［3］胡锦涛. 坚定不移沿着中国特色社会主义道路前进，为全面建成小康社会而奋斗［N］. 人民日报，2012-11-09.

［4］中国政治协商不等同西方协商民主［N］. 北京日报，2011-12-05.

［5］完善和发展中国特色社会主义制度，推进国家治理体系和治理能力现代化［N］. 人民日报，2014-02-18.

［6］授权发布：中共中央关于全面深化改革若干重大问题的决定［EB/OL］. （2013-11-15）［2014-05-02］. http://news. xinhuanet. com/politics/2013/11/15/c_118164235. htm.

［7］习近平. 切实把思想统一到党的十八届三中全会精神上来［EB/OL］. （2013-12-31）［2014-05-30］. http://news. xinhuanet. com/politics/2013/12/31/c_118787463. htm.

［8］习近平. 决胜全面建成小康社会　夺取新时代中国特色社会主义伟大胜利——在中国共产党第十九次全国代表大会上的报告［N］. 人民日报，2017-10-28.

［9］习近平. 关于《中共中央关于全面推进依法治国若干重大问题的决定》的说明［EB/OL］. （2014-10-28）［2018-03-10］. http://cpc. people. com. cn/n/2014/1028/c64094-25926150. html.

［10］中共中央关于制定国民经济和社会发展第十四个五年规划和二〇三五年远景目标的建议［N］. 人民日报，2020-11-04.

［11］王岐山. 实现对公职人员监察全覆盖　完善党和国家的自我监督［N］. 人民日报，2016-11-26.

［12］法工委：监察委不是司法机关，是行使国家监察职能的专责机关［EB/OL］. （2018-02-27）［2020-07-18］. https://www. sohu. com/a/224341746_260616.

［13］积极探索实践　形成宝贵经验　国家监察体制改革试点取得实效——国家监察体制改革试点工作综述［EB/OL］. （2017-11-05）［2018-06-27］. http://www. xinhuanet. com/2017-11/05/c_1121908387. htm.

［14］［圆桌对话］国家监察体制改革是中国特色监察体系创制之举［EB/OL］.
（2018-03-19）［2020-07-17］. http: //www. ccdi. gov. cn/yaowen/201803/t201803
19_166740. html.

［15］习近平. 中央和国家机关首先是政治机关［EB/OL］. （2019-04-14）［2021-
07-17］. https: //www. sohu. com/a/307892008_120056960.

［16］中共中央印发《关于加强和改进中央和国家机关党的建设的意见》［N］. 人民日
报, 2019-03-29.

［17］王晨作关于《中华人民共和国宪法修正案（草案）》的说明［EB/OL］.
（2018-03-06）［2018-06-28］. http: //www. npc. gov. cn/npc/xinwen/2018-03/
06/content_2042586. htm.

［18］李建国. 关于《中华人民共和国监察法（草案）》的说明［N］. 人民日报,
2018-03-14.

［19］闫鸣. 监察委员会是政治机关［N］. 中国纪检监察报, 2018-03-08.

［20］沈春耀. 关于《全国人民代表大会常务委员会关于国家监察委员会制定监察法规的
决定（草案）》的说明［EB/OL］. （2019-10-26）［2020-07-17］. http: //www. npc.
gov. cn/npc/c30834/201910/0f2ffd6c12df47a58f5dc3658d9c0329. shtml.

［21］全国人民代表大会常务委员会关于国家监察委员会制定监察法规的决定［N］.
人民日报, 2019-10-27.

［22］中纪委释疑: 对人大等的监督, 监察的是"人"而不是"机关"!［EB/OL］.
（2017-11-13）［2020-07-21］. https: //www. sohu. com/a/204154607_743837.

［23］王丹. 党性和人民性的高度统一［N］. 中国纪检监察报, 2018-03-10.

［24］媒体称各地政法委书记大多不再兼任公安局长［EB/OL］. （2012-07-07）
［2020-07-10］. https: //news. qq. com/a/20120707/000918. htm.

［25］习近平. 在新的起点上深化国家监察体制改革［EB/OL］. （2019-02-28）［2020-07-
12］. http: //www. 12371. cn/2019/02/28/ARTI1551348850366986. shtml.

［26］加强新时代党内法规制度建设的重要举措——中央办公厅负责人就《中国共产党党
内法规制定条例》等3部党内法规答记者问［EB/OL］. （2019-09-15）［2019-12-
30］. http: //www. xinhuanet. com//2019-09/15/c_1124998391. htm.

［27］中央党内法规制定工作第二个五年规划（2018—2022年）［EB/OL］. （2018-02-
23）［2018-03-15］. http: //www. gov. cn/xinwen/2018-02/23/content_5268274. htm.

［28］我省出台《省委党内法规实施评估办法（试行）》［EB/OL］. （2018-01-22）
［2018-02-15］. http: //www. sc. gov. cn/10462/12771/2018/1/22/10443192. shtml.

［29］全面推进依法行政实施纲要［EB/OL］. （2004-03-22）［2021-07-27］. http: //
www. gov. cn/gongbao/content/2004/content_70309. htm? gs_ws = tsina_6364515361
52493584.

［30］中央党内法规和规范性文件集中清理工作全部完成［EB/OL］．（2014-11-17）
　　　　［2020-08-21］．http://news.xinhuanet.com/politics/2014-11/17/c_1113285412.htm.

［31］中央党内法规制定工作五年规划纲要（2013—2017年）［EB/OL］．（2013-11-
　　　　27）［2021-08-28］．http://www.gov.cn/jrzg/2013-11/27/content_2536600.htm.

［32］祝捷．党内法规建设为全面从严治党"立柱架梁"［EB/OL］．（2017-01-18）［2017-
　　　　03-10］．http://news.xinhuanet.com/politics/2017-01/18/c_129452040.htm.

［33］中共中央关于坚持和完善中国特色社会主义制度　推进国家治理体系和治理能力
　　　　现代化若干重大问题的决定［N］．人民日报，2019-11-06.

［34］中共中央关于全面推进依法治国若干重大问题的决定［N］．人民日报，2014-
　　　　10-29.

后　记

习近平总书记在首都各界纪念 1982 年《宪法》公布施行 30 周年大会上的讲话中指出："30 年来的发展历程充分证明，我国宪法是符合国情、符合实际、符合时代发展要求的好宪法，是充分体现人民共同意志、充分保障人民民主权利、充分维护人民根本利益的好宪法，是推动国家发展进步、保证人民创造幸福生活、保障中华民族实现伟大复兴的好宪法，是我们国家和人民经受住各种困难和风险考验、始终沿着中国特色社会主义道路前进的根本法制保证。"这就需要我们加强宪法理论研究，弄清我国《宪法》的历史逻辑、理论逻辑、实践逻辑，使人们深刻领悟我国《宪法》为什么"能"、我国《宪法》为什么"行"、我国《宪法》为什么"好"等道理，从而更加坚定宪法自信，维护宪法权威。因而，笔者以河北省省级研究生示范课程"宪法学"为依托，选取了当前我国宪法学研究中的几个热点问题进行了系统研究，以穷宪法之理、探我国宪法实施之道，为我国宪法理论研究贡献自己的绵薄之力。由于笔者水平有限，书中的错误在所难免，恳请大家批评指正，以使笔者能够不断学习进步！

最后，要感谢河北大学法学院孟庆瑜教授、陈玉忠教授、张改清教授、陈佳教授以及其他领导、同事、朋友对我的长期关照和支持！感谢河北大学学科建设经费和 2020 年河北省省级研究生示范课程立项建设项目"宪法学"（KCJSX2020002）对本书出版的资助。感谢知识产权出版社韩婷婷编辑对本书出版的大力支持，感谢其他编辑对本书问世付出的辛勤劳动！我的学生吉利、徐龙飞、冯石磊、赵继、王忠鹤、姬敏杰、陈安国、冀钊等承担了资料收集、整理及文字校对工作，在此一并致谢！